JOHN LOCKE

Über die Regierung

(The Second Treatise of Government)

In der Übersetzung von
Dorothee Tidow
mit einem Nachwort
herausgegeben von
Peter Cornelius Mayer-Tasch

PHILIPP RECLAM JUN. STUTTGART

Englischer Originaltitel:
The Second Treatise of Government

Revidierte Fassung der 1966 erstmals publizierten Ausgabe

Universal-Bibliothek Nr. 9691

Bibliographisch ergänzte Ausgabe 1983
Gesamtherstellung: Reclam, Ditzingen. Printed in Germany 1996
RECLAM und UNIVERSAL-BIBLIOTHEK sind eingetragene Marken
der Philipp Reclam jun. GmbH & Co., Stuttgart
ISBN 3-15-009691-X

I

1. In der vorangehenden Abhandlung[1] war gezeigt worden

1) daß Adam weder durch das natürliche Recht der Vaterschaft noch durch positive Schenkung von Gott irgendeine solche Gewalt über seine Kinder oder Herrschaft über die Welt besaß, wie man behauptet;

2) daß, auch wenn er sie besessen hätte, dennoch seine Erben kein Recht darauf gehabt hätten;

3) daß, wenn seine Erben sie besessen hätten, das Recht der Erbfolge und somit auch das Recht auf die Herrschaft nicht mit Gewißheit hätten bestimmt werden können, da es weder ein Naturgesetz noch ein positives Gesetz Gottes gibt, das für alle möglichen Fälle bestimmt, wer der rechte Erbe ist;

4) daß, selbst wenn das bestimmt worden wäre, doch keine unter all den menschlichen Rassen und Familien einem anderen gegenüber irgendeinen Anspruch geltend machen könnte, dem ältesten Hause anzugehören und das Erbrecht zu haben, da die Kenntnis darüber, welches die älteste Linie der Nachkommenschaft Adams ist, seit so langer Zeit völlig verlorengegangen ist.

Nachdem diese Voraussetzungen, wie ich hoffe, hinreichend geklärt worden sind, können die jetzigen Herrscher dieser Welt aus dem, was als die Quelle aller Macht angesehen wird, nämlich: Adams persönliche Herrschaft und väterliche Gewalt, unmöglich irgendwelchen Gewinn ziehen oder auch nur eine Spur an Autorität herleiten. Wer sich dagegen wehrt, begründeten Anlaß zu der Überzeugung zu sehen, alle Regierung der Welt sei allein das Produkt von Stärke und Gewalt und die Menschen lebten nach keinen anderen Regeln miteinander als nach denen der Tiere, wo der Stärkste den Sieg davonträgt, und legten so immerfort den Grund zu Unordnung und Unheil,

1. Gemeint ist das gegen Sir Robert Filmers Patriarchaltheorie gerichtete *First Treatise of Government*. Vgl. hierzu das Nachwort S. 189 ff.

Aufruhr und Rebellion (worüber sich die Anhänger dieser Hypothese so laut beklagen), wird sich deshalb notwendigerweise nach einer anderen Grundlegung der Regierung umsehen müssen, nach einem anderen Ursprung politischer Macht und nach anderen Möglichkeiten, ihre Träger zu bestimmen und zu erkennen, als es uns Sir Robert F. gelehrt hat.

2. Zu diesem Zweck ist es, glaube ich, wohl angebracht, darzulegen, was ich unter politischer Macht verstehe. Die Macht der Obrigkeit nämlich über einen Untertan ist zu unterscheiden von der eines Vaters über seine Kinder, eines Herrn über seinen Diener, eines Ehemannes über seine Frau und eines Herrn über seinen Sklaven. Wenn es auch zuweilen vorkommt, daß all diese Arten von Macht einem einzigen Menschen zufallen, wenn man ihn unter diesen verschiedenen Aspekten betrachtet, so mag es doch helfen, sie im einzelnen gegeneinander abzugrenzen und den Unterschied zu zeigen zwischen dem Herrscher eines Staates, einem Familienvater und einem Galeerenkapitän.

3. Politische Gewalt dann halte ich für das Recht, zur Regelung und Erhaltung des Eigentums Gesetze zu schaffen und die Todesstrafe und folglich auch alle geringeren Strafen anzusetzen, wie auch das Recht, bei der Vollstreckung dieser Gesetze und bei der Verteidigung des Staates gegen fremdes Unrecht die Gewalt der Gemeinschaft zu gebrauchen – und zwar einzig zugunsten des gemeinen Wohls.

II

Der Naturzustand

4. Um politische Gewalt richtig zu verstehen und sie von ihrem Ursprung herzuleiten, müssen wir sehen, in welchem Zustand sich die Menschen von Natur aus befinden. Es ist

ein Zustand vollkommener Freiheit, innerhalb der Grenzen des Naturgesetzes seine Handlungen zu lenken und über seinen Besitz und seine Person zu verfügen, wie es einem am besten scheint – ohne jemandes Erlaubnis einzuholen und ohne von dem Willen eines anderen abhängig zu sein.
Es ist überdies ein Zustand der Gleichheit, in dem alle Macht und Rechtsprechung wechselseitig sind, da niemand mehr besitzt als ein anderer: Ist doch nichts offensichtlicher, als daß Lebewesen von gleicher Art und gleichem Rang, die unterschiedslos zum Genuß derselben Vorteile der Natur und zum Gebrauch der gleichen Fähigkeiten geboren sind, auch gleichgestellt leben sollen, ohne Unterordnung oder Unterwerfung – es sei denn, ihrer aller Herr und Meister würde in einer offensichtlichen Willensäußerung den einen über den anderen setzen und ihm durch eine offenkundige und klare Ernennung ein unzweifelhaftes Recht auf Herrschaft und Souveränität verleihen.
5. Diese natürliche Gleichheit der Menschen steht in den Augen des scharfsinnigen Hooker[2] außer aller Frage und erscheint so selbstverständlich, daß er in ihr den Grund für jene Verpflichtung zur gegenseitigen Liebe unter den Menschen sieht, auf die er die Pflichten, die sie einander schuldig sind, gründet, und von der er die großen Leitsätze der Gerechtigkeit und Nächstenliebe herleitet. Seine Worte sind:
Der gleiche natürliche Impuls hat die Menschen erkennen lassen, daß es ihre Pflicht ist, die anderen wie sich selbst zu lieben, denn sie sahen, daß Gleiches notwendigerweise auch mit dem gleichen Maß gemessen werden müsse. Wenn ich

2. Der von Locke häufig – jedoch nicht immer zu Recht – zitierte Richard Hooker (1554–1600) suchte in seinem berühmten Werk *The Lawes of Ecclesiasticall Politic* die Monarchie auf die Lehre vom Sozialvertrag zu gründen. – Zur Lehre Hookers vgl. etwa Gottfried Michaelis (Richard Hooker als politischer Denker. Ein Beitrag zur Geschichte der naturrechtlichen Staatstheorien in England im 16. und 17. Jahrhundert. Berlin 1933), zu seiner Bedeutung für Locke die im Literaturverzeichnis genannten Schriften von Alessandro Passerin d'Entrèves und George Bull.

nicht umhinkann zu wünschen, aus der Hand eines jeden so viel Gutes zu empfangen, wie es ein jeder in seinem Innern nur wünschen kann, wie könnte ich auch nur in irgendeinem Teil die Befriedigung meines Wunsches erwarten, wenn ich nicht selbst darauf bedacht wäre, den gleichen Wunsch auch einem anderen Menschen zu erfüllen, den er zweifellos hegt, da wir von einer Natur sind! Handele ich in irgendeiner Weise diesem ihrem Wunsche zuwider, so muß dies in jeder Hinsicht sie wie mich selbst in gleichem Maße verletzen, so daß auch ich werde leiden müssen, wenn ich anderen Schaden zufüge; denn es gibt keinerlei Grund zu glauben, daß andere mir gegenüber mehr Liebe beweisen sollten, als ihnen selbst von mir entgegengebracht wird. Durch mein Verlangen also, von denen, die mir von Natur her gleich sind, so stark als möglich geliebt zu werden, ist mir die natürliche Pflicht auferlegt, auch ihnen völlig gleiche Gefühle entgegenzubringen. Welche Vorschriften und Regeln die natürliche Vernunft aus dieser Gleichheit zwischen uns und denen, die sind wie wir, als Leitfaden für das Leben abgeleitet hat, ist niemandem unbekannt. (Eccl. Pol. lib. I.)

6. Ist dies zwar ein Zustand der Freiheit, so ist es doch nicht ein Zustand der Zügellosigkeit. Obwohl der Mensch in diesem Zustand die unkontrollierbare Freiheit besitzt, über seine Person und seinen Besitz zu verfügen, hat er doch nicht die Freiheit, sich selbst oder irgendein in seinem Besitz befindliches Lebewesen zu zerstören, es sei denn, ein edlerer Zweck als die bloße Erhaltung erfordere es. Im Naturzustand herrscht ein natürliches Gesetz, das für alle verbindlich ist. Die Vernunft aber, welcher dieses Gesetz entspringt, lehrt alle Menschen, wenn sie sie nur um Rat fragen wollen, daß niemand einem anderen, da alle gleich und unabhängig sind, an seinem Leben, seiner Gesundheit, seiner Freiheit oder seinem Besitz Schaden zufügen soll. Alle Menschen nämlich sind das Werk eines einzigen allmächtigen und unendlich weisen Schöpfers, die Diener eines einzigen souveränen Herrn, auf dessen Befehl und in dessen Auftrag sie in

die Welt gesandt wurden. Sie sind sein Eigentum, denn sie sind sein Werk, von ihm geschaffen, daß sie so lange bestehen, wie es ihm gefällt, nicht aber, wie es ihnen untereinander gefällt. Und da uns allen die gleichen Fähigkeiten verliehen wurden und wir alle Glieder einer einzigen Gemeinschaft, der der Natur, sind, kann nicht angenommen werden, daß uns irgendeine Rangordnung unter uns dazu ermächtigt, einander zu zerstören, als wären wir einer zu des anderen Nutzen geschaffen, so wie die untergeordneten Lebewesen zu unserem Nutzen geschaffen sind. Wie ein jeder verpflichtet ist, sich selbst zu erhalten und seinen Platz nicht freiwillig zu verlassen, so sollte er aus dem gleichen Grund, wenn es seine eigene Selbsterhaltung nicht gefährdet, nach Möglichkeit auch die übrige Menschheit erhalten. Er sollte niemanden seines Lebens oder dessen, was zur Erhaltung des Lebens dient: seiner Freiheit, seiner Gesundheit, seiner Glieder oder seiner Güter berauben oder sie beeinträchtigen – es sei denn, um an einem Verbrecher Gerechtigkeit zu üben.

7. Damit nun die Menschen davon abgehalten werden, sich gegenseitig in ihren Rechten zu beeinträchtigen und einander Schaden zuzufügen, und damit das Naturgesetz beobachtet werde, das den Frieden und die Erhaltung der ganzen Menschheit verlangt, so ist in jenem Zustand die Vollstrekkung des Naturgesetzes in die Hand aller gegeben. Ein jeder hat somit das Recht, diejenigen, die das Gesetz überschreiten, in dem Maße zu strafen, wie es nötig ist, eine neue Verletzung zu verhindern. Denn gleich allen anderen die Menschen dieser Welt betreffenden Gesetzen wäre das Naturgesetz nichtig, wenn im Naturzustand niemand die Macht hätte, dieses Gesetz zu vollstrecken, um den Unschuldigen zu schützen und den, der es überschreitet, in Schranken zu halten. Wenn aber jeder einzelne im Naturzustand einen anderen für jedes von ihm begangene Unrecht bestrafen kann, so können es alle tun. Denn was in diesem Zustande der vollkommenen Gleichheit, wo es von Natur weder Überordnung

noch Rechtsprechung des einen über den anderen gibt, zur Vollstreckung dieses Gesetzes irgendeinem zu tun erlaubt ist, muß notwendigerweise auch das Recht aller sein.

8. So kann es im Naturzustande geschehen, daß ein Mensch über einen anderen Macht erlangt. Er hat jedoch keine absolute und willkürliche Macht, einen Verbrecher, wenn er ihn in seine Hände bekommen hat, so zu behandeln, wie es ihm seine hitzige Leidenschaft oder die grenzenlose Zügellosigkeit seines Willens eingeben, sondern er hat einzig die Macht, nach dem Urteil ruhiger Überlegung und nach der Sprache seines Gewissens im Verhältnis zu der Schwere seines Vergehens Vergeltung an ihm zu üben, d. h. in dem Maße, wie es der Wiedergutmachung und Abschreckung dient. Nur zu diesen beiden Zwecken nämlich darf ein Mensch einem anderen rechtmäßig Schaden zufügen. Wir nennen dies Strafe. Mit seiner Übertretung des Naturgesetzes erklärt der Übeltäter, daß er nach einer anderen Regel lebt als der der Vernunft und der allgemeinen Billigkeit, die Gott den Menschen zur Sicherheit voreinander als Maß für ihre Handlungen gesetzt hat. Er wird eine Gefahr für die Menschheit, denn jenes Band, welches sie vor Unrecht und Gewalttätigkeit schützen soll, wird von ihm gelockert und zerrissen. Da dies ein Vergehen gegen das ganze Menschengeschlecht bedeutet, gegen seinen in dem Naturgesetz begründeten Frieden und seine Sicherheit, darf ein jeder aus diesem Grunde kraft seines Rechtes, das Menschengeschlecht im allgemeinen zu erhalten, Dinge, die ihm schädlich sind, abwehren oder, wo es notwendig ist, zerstören und somit jedem, der sich gegen das Gesetz vergangen hat, soviel Schaden zufügen, wie notwendig ist, ihn seine Tat bereuen zu lassen, um auf diese Weise ihn und durch sein Beispiel auch andere davon abzuhalten, ein ähnliches Unrecht zu tun. In diesem Fall also und aus diesem Grunde hat ein jeder das Recht, den Übeltäter zu bestrafen und somit das Naturgesetz zu vollstrecken.

9. Dies wird ohne Zweifel manchem eine sehr seltsame Lehre scheinen. Bevor er sie aber verurteilt, möge er mir die Frage

beantworten, nach welchem Recht irgendein Fürst oder Staat einen Fremden für ein in dem jeweiligen Staat begangenes Verbrechen hinrichten oder sonst strafen kann. Fest steht, daß ihre wie auch immer durch den verkündeten Willen der Legislative sanktionierten Gesetze den Fremden nicht erreichen können. Weder können sie zu ihm sprechen, noch, falls sie es täten, ist er verpflichtet, ihnen zu gehorchen. Die gesetzgebende Gewalt, die sie in dem jeweiligen Staat für die Untertanen in Kraft setzt, hat über ihn keine Macht. Diejenigen, die in England, Frankreich oder Holland die höchste Gewalt haben, Gesetze zu geben, sind für einen Indianer Menschen wie alle anderen auf der Welt – ohne Autorität. Wenn deshalb nicht ein jeder kraft des Naturgesetzes die Macht hat, Vergehen gegen jenes Gesetz so zu bestrafen, wie es nach seinem nüchternen Urteil der jeweilige Fall verlangt, so will mir nicht einleuchten, daß die Obrigkeit irgendeiner Gemeinschaft einen Ausländer bestrafen könnte, da sie doch keine andere Gewalt über ihn haben kann, als alle Menschen von Natur her über die übrigen haben.

10. Abgesehen von dem Verbrechen der Gesetzesverletzung und des Abweichens von den rechten Vorschriften der Vernunft – wodurch ein Mensch entartet, sich von den Prinzipien der menschlichen Natur lossagt und erklärt, ein schädliches Wesen zu sein –, wird gemeinhin durch die Überschreitung des Gesetzes irgendwelchen Menschen ein Unrecht zugefügt und irgendeinem anderen entsteht ein Schaden. In diesem Fall erhält derjenige, der irgendwelchen Schaden erlitten hat, zu jenem Recht auf Strafe, das ihm mit allen anderen Menschen gemein ist, noch ein besonderes Recht, welches ihm erlaubt, von dem, der ihm den Schaden zugefügt hat, Wiedergutmachung zu verlangen. Jeder andere, der es für richtig hält, mag sich darüber hinaus mit dem Geschädigten verbinden und ihm helfen, von dem Übeltäter so viel wiederzuerlangen, wie es der Wiedergutmachung für den erlittenen Schaden dient.

11. Diese beiden gesonderten Rechte – auf der einen Seite

das allen gemeinsame Recht, zu bestrafen, um abzuschrecken und einem ähnlichen Vergehen vorzubeugen, auf der anderen Seite das Recht auf Wiedergutmachung, das nur dem geschädigten Teil zusteht – können es der Obrigkeit, der eben als der Obrigkeit das allgemeine Recht zu strafen zukommt, bei kriminellen Handlungen, wenn nicht das öffentliche Wohl die Vollstreckung des Gesetzes verlangt, oftmals erlauben, kraft ihrer Autorität die Strafe zu erlassen. Nicht erlassen aber kann sie die Entschädigung, auf die ein Privatmann Anspruch hat, wenn er einen Schaden erlitten hat. Eine solche Entschädigung in eigenem Namen zu fordern ist das Recht des Geschädigten, und nur er allein kann sie erlassen. Diese Gewalt, den Besitz oder die Dienstleistungen des Rechtsbrechers zu beanspruchen, hat die geschädigte Person kraft ihres Rechtes auf Selbsterhaltung, wie ein jeder kraft des Rechtes, die Menschheit zu erhalten und alles zu tun, was vernünftigerweise zur Verfolgung dieses Zieles gereicht, die Macht hat, das Verbrechen zu ahnden, um zu verhindern, daß es weiterhin begangen werde. Aus diesem Grund hat im Naturzustand ein jeder die Macht, einen Mörder zu töten – einmal, um andere durch das Beispiel der Strafe, die allen von einem jeden droht, abzuschrecken, dieses selbe Unrecht zu begehen, für das es keine Wiedergutmachung gibt, zum anderen, um die Menschen vor den Anschlägen eines Verbrechers zu sichern, der der Vernunft, der den Menschen von Gott gegebenen gemeinen Regel und Richtschnur, mit seiner an einem einzelnen verübten ungerechten Gewalt- und Bluttat entsagt hat und damit der ganzen Menschheit den Krieg erklärt hat und folglich wie ein Löwe oder Tiger vernichtet werden mag – wie eines jener wilden Raubtiere, mit denen die Menschen weder in Gesellschaft noch in Sicherheit leben können. Hierin auch gründet das große Gesetz der Natur: *Wer Menschenblut vergießt, des Blut soll auch durch Menschen vergossen werden.* Und Kain war so voll und ganz davon überzeugt, daß ein jeder das Recht hat, einen solchen Verbrecher zu vernichten, daß er nach dem Mord an seinem Bruder ausruft: *So wird mir's gehen, daß mich totschlage, wer mich findet;* so klar war dies den Menschen ins Herz geschrieben.

12. Aus demselben Grunde können die Menschen im Naturzustand auch die geringeren Verletzungen jenes Gesetzes bestrafen. Es mag hier gefragt werden: Mit dem Tod? Meine Antwort ist: Jede Überschreitung des Gesetzes mag in dem Maße und mit soviel Strenge bestraft werden, wie erforderlich ist, den Rechtsbrecher seine Tat teuer bezahlen zu lassen und ihn zur Reue zu bewegen – und zugleich andere von ähnlichen Taten abzuschrecken. Jedes Verbrechen, das im Naturzustand begangen werden kann, kann im Naturzustand auch ebenso und mit derselben Strenge bestraft werden wie in einem Staatswesen. Und wenn es auch nicht meinem gegenwärtigen Ziel entspricht, das Naturgesetz oder sein Strafmaß an dieser Stelle im einzelnen zu erörtern, so ist doch gewiß, daß es ein solches Gesetz gibt und daß es dazu einem vernunftbegabten Wesen und jemandem, der sich um die Kenntnis jenes Gesetzes bemüht, ebenso einsichtig und klar ist wie die positiven Gesetze eines Staates – ja, möglicherweise sogar klarer, in dem Maße, als Vernunft verständlicher ist als die in Worte geformten, widersprüchliche und geheime Interessen verfolgenden Einfälle und Machenschaften der Menschen. Denn geradeso verhält es sich mit einem Großteil der jeweiligen staatlichen Gesetze, die nur insoweit gerecht sind, als sie im Naturgesetz gründen, nach welchem sie auszurichten und auszulegen sind.

13. Jener eigenartigen Lehre, daß im Naturzustand ein jeder die vollstreckende Gewalt des Naturgesetzes innehabe, wird man sicherlich entgegenhalten, es sei nicht vernünftig, daß die Menschen in eigener Sache Richter seien, die Eigenliebe werde sie sich selbst und ihren Freunden gegenüber parteiisch machen. Auf der anderen Seite ließen sie ihre Bosheit, Leidenschaft und Rachsucht in der Bestrafung anderer das rechte Maß überschreiten, so daß nichts als Verwirrung und Unordnung die Folge sein werde – und Gott habe sicherlich

Regierungen eingesetzt, um der Menschen Parteilichkeit und Gewalttätigkeit in Schranken zu halten. Ich will gern zugeben, daß eine bürgerliche Regierung das geeignete Heilmittel ist gegen die Unbilden des Naturzustandes – die gewiß groß sein müssen, wo Menschen in eigener Sache Richter sind. Man wird sich schließlich leicht vorstellen können, daß jemand, der so ungerecht war, seinem Bruder einen Schaden zuzufügen, kaum jemals so gerecht sein wird, daß er sich selbst dafür verurteilen würde. Ich möchte aber die bitten, die diesen Einwand machen, sich zu erinnern, daß auch absolute Monarchen nur Menschen sind. Wenn Regierung das Heilmittel für jene Übel sein soll, die sich als unmittelbare Folge ergeben, wenn Menschen in eigener Sache Richter sind – was den Naturzustand so unerträglich macht –, so möchte ich gerne wissen, wie jene Regierung aussieht und inwieweit sie besser ist als der Naturzustand, in welcher ein einziger, der über eine große Anzahl von Menschen gebietet, die Freiheit hat, sein eigener Richter zu sein und mit allen seinen Untertanen zu tun, was ihm gefällt, ohne daß irgend jemand die geringste Freiheit hätte, von denjenigen Rechenschaft zu fordern oder über sie Kontrolle zu üben, die ausführen, was ihm beliebt! Wenn man sich fügen muß, was immer er tun mag, ganz gleich, ob ihn Vernunft, ein Irrtum oder seine Leidenschaft leitet! Bei weitem besser haben es die Menschen im Naturzustand, wo sie nicht gezwungen sind, sich eines anderen ungerechtem Willen zu unterwerfen: wer in eigener oder fremder Sache fehlurteilt, ist der ganzen Menschheit dafür verantwortlich.

14. Es wird oft als gewichtiger Einwand die Frage erhoben: Wo sind oder wo haben sich jemals Menschen in einem solchen Naturzustande befunden? Als vorläufige Antwort darauf mag es genug sein, hier anzuführen, daß ganz offensichtlich, da sich doch alle Fürsten und Herrscher unabhängiger Regierungen in der ganzen Welt im Naturzustande befinden, die Welt niemals ohne eine Anzahl von Menschen in jenem Zustande war noch sein wird. Ich habe gesagt, alle

Regierenden unabhängiger Gemeinschaften – ob sie mit anderen verbündet sind oder nicht. Nicht jeder Vertrag nämlich setzt dem Naturzustand unter den Menschen ein Ende, sondern nur jener, in welchem sie gegenseitig übereinkommen, in eine Gemeinschaft einzutreten und einen politischen Körper zu bilden. Man mag sich andere Versprechen geben untereinander und andere Verträge eingehen und dennoch im Naturzustand verbleiben. Die Versprechen und Tauschgeschäfte der beiden Männer auf der verlassenen Insel, von denen Garcilaso de la Vega in seiner Geschichte Perus[3] berichtet, oder eines Schweizers und eines Indianers in den Wäldern Amerikas sind für sie bindend, obwohl sich einer dem anderen gegenüber vollkommen im Naturzustand befindet. Wahrheit und Treue nämlich gebührt dem Menschen als Menschen und nicht als Glied der Gesellschaft.

15. Denen, die behaupten, es habe niemals Menschen im Naturzustande gegeben, will ich nicht nur die Autorität des scharfsinnigen Hooker entgegenstellen. Er sagt (Eccl. Pol. lib. I. sect. 10): *Die Gesetze, von denen bis hierher die Rede war* – nämlich die Naturgesetze –, *binden die Menschen absolut, und zwar in ihrer Eigenschaft als Menschen, selbst wenn sie niemals in ständiger Gesellschaft anderer lebten und nie ein feierliches Übereinkommen miteinander getroffen haben, was sie tun wollen und was nicht, sondern sie binden uns in dem Maße, als wir selbst nicht in der Lage sind, uns mit einem hinreichenden Vorrat an den Dingen zu versorgen, die für ein Leben notwendig sind, wie es unsere Natur erstrebt, nämlich ein Leben in Menschenwürde. Um diese Mängel und Unvollkommenheiten auszugleichen, die uns anhaften, solange wir einzeln und auf uns selbst gestellt leben, sind wir von unserer Natur her geneigt, Gemeinschaft und die Gesellschaft anderer zu suchen. Dies war die Ur-*

3. Garcilaso de la Vega (1535–1616), genannt ›el Inca‹, war ein peruanischer Historiker spanischer Herkunft. Bekannt wurde er vor allem durch sein Hauptwerk, eine Geschichte Perus unter dem Titel *Commentarios reales que tratan del origen de los Incas* (Lissabon 1609–17).

sache für die ersten Vereinigungen der Menschen zu politischen Gesellschaften. Ich will vielmehr darüber hinaus behaupten, daß sich alle Menschen von Natur her in jenem Zustand befinden und daß sie darin verbleiben, bis sie sich selbst kraft ihrer eigenen Zustimmung zu Gliedern einer politischen Gesellschaft machen. Und ich zweifle nicht, daß ich dies in der Folge dieser Abhandlung hinreichend klarmachen werde.

III

Der Kriegszustand

16. Der Kriegszustand ist ein Zustand der Feindschaft und Vernichtung. Wer daher durch Wort oder Tat einen nicht aus Erregung oder Übereilung veranlaßten, sondern geplanten Anschlag auf eines anderen Leben kundgibt, versetzt sich dem gegenüber, gegen den er eine solche Absicht erklärt hat, in den Kriegszustand. Er setzt sein Leben der Gewalt des anderen aus, so daß es ihm dieser oder irgend jemand sonst, der sich zu seiner Verteidigung mit ihm zusammentut und für ihn Partei ergreift, nehmen kann: ist es doch nur vernünftig und gerecht, daß ich ein Recht habe zu vernichten, was mir mit Vernichtung droht. Denn das Grundgesetz der Natur, das die Erhaltung der Menschheit fordert, verlangt, wenn nicht alle erhalten bleiben können, daß die Sicherheit der Unschuldigen den Vorrang haben soll. Man darf einen Menschen, der einem den Krieg erklärt oder sich als ein Feind der eigenen Existenz herausstellt, töten, aus demselben Grund, aus dem man einen Wolf oder einen Löwen tötet. Ein solcher Mensch nämlich ist nicht gebunden durch das gemeine Gesetz der Vernunft und kennt keine anderen Regeln als die der bloßen Stärke und Gewalt. Man mag ihn deshalb behandeln wie Raubtiere – jene gefahrvollen und

schädlichen Geschöpfe, von denen man sicher vernichtet wird, sobald man in ihre Gewalt gerät.

17. Daraus folgt: Wer versucht, einen anderen Menschen in seine absolute Gewalt zu bringen, versetzt sich selbst gegenüber diesem Menschen in den Kriegszustand, denn sein Handeln muß als die Erklärung eines Anschlags auf sein Leben aufgefaßt werden. Ich muß vernünftigerweise zu dem Schluß gelangen, daß ein Mensch, der mich ohne meine Zustimmung in seine Gewalt zu bringen sucht, nach seinem Belieben über mich verfügen wird, hat er mich einmal in seine Gewalt gebracht – und mich, wenn es ihm einfällt, selbst töten wird. Denn niemand kann den Wunsch haben, mich in seine absolute Gewalt zu bringen, es sei denn, er wolle mich gewaltsam zu etwas zwingen, was gegen mein Recht auf Freiheit verstößt, d. h. mich zum Sklaven machen. Von solcher Gewalt frei zu sein, ist die einzige Sicherheit für meine Selbsterhaltung, und die Vernunft gebietet mir, denjenigen als einen Feind meiner Selbsterhaltung anzusehen, der mir diese Freiheit, die doch ihr Schutz ist, nehmen will. Wer also versucht, mich zum Sklaven zu machen, versetzt sich damit mir gegenüber in den Kriegszustand. Wollte jemand im Naturzustande die Freiheit rauben, die in diesem Zustand ein jeder genießt, so wird man zwangsläufig annehmen müssen, daß er auch die Absicht hat, alles andere zu rauben: denn jene Freiheit ist die Grundlage alles weiteren – ebenso wie man annehmen muß, daß derjenige, der in einer Gesellschaft den Gliedern dieser Gesellschaft oder dieses Staates die ihnen gebührende Freiheit raubt, auch die Absicht haben wird, ihnen alles übrige zu nehmen, und ihn deshalb als im Kriegszustande betrachten muß.

18. Dies gibt dem Menschen auch das Recht, einen Dieb zu töten, der ihm weder das geringste zuleide getan noch irgendeine Absicht gegen sein Leben bekundet hat, sondern ihn nur unter Anwendung von Gewalt in seine Macht zu bekommen suchte, um ihm sein Geld, oder was immer ihm sonst gefällt, zu nehmen. Wenn er ohne jegliches Recht Gewalt anwendet,

um mich in seine Macht zu bekommen, so mag seine Absicht sein, wie sie will, ich habe allen Grund anzunehmen, daß er mir, wenn er mir meine Freiheit nähme, auch alles übrige nehmen würde, so er mich nur in seine Gewalt bekäme. Ich kann ihn deshalb mit Recht behandeln wie jemanden, der sich mir gegenüber in den Kriegszustand versetzt hat, d. h., ich kann ihn töten, wenn ich es vermag – eben dieser Gefahr nämlich setzt sich zu Recht aus, wer immer den Kriegszustand herbeiführt und als Angreifer dabei auftritt.

19. Hierin liegt der deutliche Unterschied zwischen dem Naturzustand und dem Kriegszustand. Obwohl sie mancher verwechselt hat, liegt eines dem anderen doch so fern wie der Zustand des Friedens, des Wohlwollens, des gegenseitigen Beistands und der Erhaltung einem Zustande der Feindschaft, der Bosheit, der Gewalttätigkeit und der gegenseitigen Vernichtung. Das Zusammenleben der Menschen nach ihrer Vernunft, ohne einen gemeinsamen Oberherrn auf Erden mit der Macht, ihnen Recht zu sprechen, bedeutet den reinen Naturzustand. Gewalt aber, oder die erklärte Absicht, gegen die Person eines anderen Gewalt zu gebrauchen, bedeutet, wo es keinen gemeinsamen Oberherrn gibt auf Erden, den man um Hilfe anrufen könnte, den Kriegszustand. Und gerade das Fehlen einer solchen Berufungsmöglichkeit gibt dem Menschen das Recht, Krieg zu führen gegen einen Angreifer, mag er auch in der Gesellschaft leben und gleich ihm Untertan sein. Einen Dieb, dem ich nur durch Anrufung des Gesetzes etwas anhaben kann, selbst wenn er mir all mein Gut gestohlen hat, darf ich dennoch töten, wenn er mich angreift, um mir auch nur mein Pferd oder meinen Mantel zu rauben. Denn da mein Leben durch nichts ersetzt werden kann, wenn es einmal verloren ist, gestattet mir das Gesetz, welches zu meiner Erhaltung geschaffen worden ist, in allen Fällen, wo es nicht eingreifen kann, mein Leben vor unmittelbarer Gewalt zu schützen. Das Kriegsrecht gibt mir die Freiheit, den Angreifenden zu töten, da er mir in einem Fall, wo das Unrecht nicht wiedergutzumachen wäre, ja

keine Zeit läßt, unseren gemeinsamen Richter und den Entscheid des Gesetzes anzurufen. Das Fehlen eines mit Autorität ausgestatteten gemeinsamen Richters versetzt alle Menschen in den Naturzustand; Gewalt ohne Recht, gegen jemandes Person gerichtet, erzeugt den Kriegszustand, ganz gleich, ob es einen gemeinsamen Richter gibt oder nicht.

20. Sobald aber die unmittelbare Gewaltanwendung vorüber ist, hat der Kriegszustand unter denen, die in der Gesellschaft leben, ein Ende, und beide Seiten sind gleichermaßen dem gerechten Entscheid der Gesetze unterworfen, denn es steht einem dann offen, zur Sühnung des erlittenen Unrechts und um zukünftigem Schaden vorzubeugen, als Heilmittel das Gesetz anzurufen. Wo jedoch dies, wie im Naturzustand, mangels positiver Gesetze und eines mit Autorität ausgestatteten Richters, an den man sich wenden könnte, nicht möglich ist, dauert der einmal begonnene Kriegszustand fort. Die unschuldige Partei hat so lange das Recht, den Angreifenden, wenn sie es vermag, zu vernichten, bis dieser den Frieden anbietet und den Wunsch zur Versöhnung kundtut, unter Bedingungen, die jedwedes bis dahin begangene Unrecht wiedergutzumachen und den Unschuldigen für die Zukunft zu sichern vermögen. Ja, wo es einem offensteht, die Gesetze und die ernannten Richter anzurufen, dieses Heilmittel jedoch durch offenkundige Verkehrung der Gerechtigkeit und unverhüllte Rechtsverdrehung verweigert wird, um die Gewalttätigkeit und das Unrecht irgendwelcher Menschen oder einer Partei zu protegieren oder straflos zu halten, da ist es schwer, an etwas anderes zu denken als an den Kriegszustand. Wo immer nämlich Gewalt geübt wird und Unrecht geschieht – mag es auch das Werk jener sein, die man ernannt hatte, Gerechtigkeit zu üben –, es bleibt Gewalt und Unrecht, sosehr man es auch mit dem Namen, unter dem Vorwand oder der Form des Gesetzes beschönigt. Denn der Sinn der Gesetze ist es, durch unvoreingenommene Anwendung auf alle, die unter ihnen stehen, den Unschuldigen zu schützen und ihm zu seinem Recht zu verhelfen. Wo dies

nicht *bona fide* geschieht, ist gegen die Leidtragenden der Krieg erklärt; wenn sie keine Instanz auf Erden haben, die sie anrufen könnten, daß sie ihnen zu ihrem Recht verhelfe, bleibt ihnen in solchen Fällen als einziger Ausweg, den Himmel anzurufen.

21. Diesem Zustand des Krieges zu entgehen (in dem man allein den Himmel anrufen kann und der leicht das Ergebnis jeder kleinsten Streitigkeit ist, wenn es keine Autorität gibt, die zwischen den streitenden Parteien entscheidet), ist ein Hauptgrund, daß sich die Menschen zu einer Gesellschaft vereinigen und den Naturzustand verlassen. Denn wo es eine Autorität gibt, eine Macht auf Erden, die einem Hilfe gewährt, wenn man sie anruft, kann der Kriegszustand nicht fortdauern, und der Streit wird von jener Gewalt entschieden. Hätte es einen solchen Gerichtshof, irgendeine höhere Rechtsprechung auf Erden gegeben, die das Recht zwischen Jephta und den Ammonitern hätte festlegen können, so wäre es niemals zum Kriegszustand zwischen ihnen gekommen. Wir sehen jedoch, daß Jephta gezwungen war, den Himmel anzurufen: *Der Herr fälle heute ein Urteil zwischen Israel und den Kindern Ammons* (Richt. 11, 27), und daß er weiterzieht und im Vertrauen auf den Anruf des Himmels sein Heer in die Schlacht führt. In solchen Streitfällen folglich, wo sich die Frage erhebt: Wer soll Richter sein?, kann nicht gemeint sein: Wer soll den Streit entscheiden? Ein jeder weiß, was Jephta uns hier sagt, daß nämlich der Herr, der Richter, richten wird. Gibt es keinen Richter auf Erden, so muß man Gott im Himmel anrufen. Jene Frage also kann auch nicht bedeuten, wer darüber richten soll, ob sich ein anderer mir gegenüber in den Kriegszustand versetzt hat und ob ich wie damals Jephta den Himmel anrufen darf. – Darüber kann nur ich allein mit meinem Gewissen Richter sein, da ich an dem großen Tage dem höchsten Richter aller Menschen dafür Antwort stehen werde.

IV

Die Sklaverei

22. Die natürliche Freiheit des Menschen bedeutet, daß er frei ist von jeder höheren Gewalt auf Erden und nicht dem Willen oder der gesetzgebenden Gewalt eines Menschen untersteht, sondern allein das Gesetz der Natur zu seinem Rechtsgrundsatz erhebt. Die Freiheit des Menschen in der Gesellschaft bedeutet, daß er keiner anderen gesetzgebenden Gewalt untersteht als der durch Übereinkunft in dem Staatswesen begründeten noch unter der Herrschaft eines Willens oder der Beschränkung irgendwelcher Gesetze als lediglich derjenigen, die von der Legislative gemäß dem in sie gesetzten Vertrauen beschlossen werden. Freiheit ist folglich nicht, was Sir R. F. uns lehrt (O. A. 55[4]): *die Freiheit eines jeden, zu tun, was ihm beliebt, zu leben, wie es ihm gefällt, und durch keinerlei Gesetze gebunden zu sein*, sondern: Die Freiheit der Menschen unter einer Regierung bedeutet, unter einem feststehenden Gesetz zu leben, welches für alle in jener Gesellschaft gültig ist und von der in ihr errichteten Legislative geschaffen wurde. Es ist die Freiheit, überall dort meinem eigenen Willen zu folgen, wo jene Regel nichts vorschreibt; und nicht dem unbeständigen, ungewissen, unbekannten, eigenmächtigen Willen eines anderen Menschen unterworfen zu sein – so wie natürliche Freiheit bedeutet, keiner anderen Einschränkung unterworfen zu sein als der des Naturgesetzes.

23. Diese Freiheit von absoluter und willkürlicher Gewalt ist so notwendig und eng mit der Erhaltung des Menschen verknüpft, daß er sie nicht aufgeben kann, ohne gleichzeitig seine Erhaltung und sein Leben zu verwirken. Denn da der Mensch nicht über das eigene Leben Gewalt hat, kann er sich weder durch einen Vertrag noch durch seine eigene Zu-

4. R. Filmer: *Observations upon Aristotle's Politics.* In: Patriarcha, and other Political Works . . . Ed. P. Laslett. Oxford 1949. S. 224.

stimmung zu irgend jemandes Sklaven machen oder sich der absoluten und willkürlichen Gewalt eines anderen unterstellen, die es jenem erlaubte, wenn es ihm gefiele, ihm sein Leben zu nehmen. Niemand kann mehr Gewalt verleihen, als er selbst besitzt. Und wer sich sein eigenes Leben nicht nehmen darf, kann keinem anderen Gewalt darüber verleihen. Hat er aber tatsächlich durch eigene Schuld, durch irgendeine Tat, die mit dem Tode bestraft werden müßte, sein Leben verwirkt, so mag derjenige, an den er es verwirkt hat (wenn dieser ihn in seiner Gewalt hat), seinen Tod aufschieben und ihn zu eigenen Diensten gebrauchen, ohne ihm damit ein Unrecht zu tun. Scheint jenem nämlich die Drangsal seiner Sklaverei schwerer zu wiegen als der Wert seines Lebens, so steht es in seiner Macht, sich durch Widerstand gegen den Willen seines Herrn den gewünschten Tod zu erwirken.

24. Dies ist der wahre Zustand der Sklaverei, er ist nichts anderes als der fortgesetzte Kriegszustand zwischen einem rechtmäßigen Eroberer und einem Gefangenen. Denn würden sie irgendwann einen Vertrag eingehen und ein Abkommen treffen über eine begrenzte Gewalt auf der einen Seite und Gehorsam auf der anderen, so würde der Zustand des Krieges und der Sklaverei ein Ende haben, solange der Vertrag dauert. Niemand kann nämlich, wie schon gesagt, auf Grund einer Übereinkunft einem anderen übertragen, was er nicht selbst besitzt: Gewalt über sein Leben.

Ich gebe zu, daß wir sowohl bei den Juden als auch bei anderen Völkern sehen können, daß sich Menschen verkauften, allein sie verkauften sich offensichtlich einzig zu schwerer Arbeit und nicht in die Sklaverei. Es ist nämlich deutlich, daß sich die verkaufte Person nicht unter einer absoluten, willkürlichen und despotischen Gewalt befand; denn der Herr konnte nicht die Macht haben, einen Menschen jederzeit zu töten, den er zu einem bestimmten Zeitpunkt frei aus seinen Diensten zu entlassen verpflichtet war. Der Herr eines solchen Knechtes war weit davon entfernt, willkürliche

Macht über sein Leben zu besitzen: Er konnte ihn nicht einmal beliebig an seinem Körper verletzen – der Verlust eines Auges oder eines Zahnes schon setzte ihn frei. (2. Mose 21.)

V

Das Eigentum

25. Ob wir die natürliche Vernunft zu Rate ziehen, die sagt, daß die Menschen, nachdem sie einmal geboren sind, ein Recht haben auf ihre Erhaltung und somit auf Speise und Trank und alle anderen Dinge, die die Natur für ihren Unterhalt hervorbringt, oder ob wir uns an die Offenbarung halten, die uns von Gottes Verleihung der Welt an Adam und Noah und seine Söhne berichtet, fest steht, wie König David sagt (Ps. 115, 16): *Die Erde hat er den Menschenkindern gegeben*, daß Gott sie den Menschen gemeinsam gegeben hat. Wenn wir dies aber annehmen, scheint es einigen eine sehr schwierige Frage, wie denn irgend jemand überhaupt irgendeinen Gegenstand als Eigentum besitzen könne. Ich will mich nicht mit folgender Antwort bescheiden: Ist es schon schwer, das Eigentum zu erklären, wenn man annimmt, Gott habe die Welt Adam und seinen Nachkommen gemeinsam gegeben, so ist es unmöglich, daß irgendein Mensch außer einem einzigen universalen Monarchen, irgendwelches Eigentum besitzen könne, wenn man annimmt, Gott habe die Welt Adam und danach seinen Erben gegeben unter Ausschluß der gesamten übrigen Nachkommenschaft. Ich will mich vielmehr bemühen zu zeigen, wie Menschen zu Eigentum an einzelnen Teilen dessen gelangen konnten, was Gott der Menschheit insgemein gegeben hat, und dies ohne einen ausdrücklichen Vertrag mit allen anderen Menschen.

26. Gott, der die Welt den Menschen gemeinsam gegeben hat, hat ihnen auch Vernunft verliehen, sie zum größtmöglichen

Vorteil und zur Annehmlichkeit ihres Lebens zu nutzen. Die Erde und alles, was auf ihr ist, ist den Menschen zum Unterhalt und zum Genuß ihres Daseins gegeben. Alle Früchte, die sie auf natürliche Weise hervorbringt, und alle Tiere, die sie ernährt, gehören den Menschen gemeinsam, weil sie wildwachsend von der Natur hervorgebracht werden; und niemand hat über irgend etwas, so wie es sich in einem natürlichen Zustand befindet, ursprünglich ein privates Herrschaftsrecht, welches das der übrigen Menschen ausschlösse. Da die Früchte der Erde dennoch den Menschen zu ihrem Gebrauch gegeben sind, muß es notwendigerweise, bevor sie dem einzelnen Menschen von irgendwelchem Wert oder nützlich sein könnten, Wege geben, auf irgendeine Weise in ihren Besitz zu gelangen. Die Frucht oder das Wildbret, die den wildlebenden Indianer ernähren, der sich keinerlei Land eingegrenzt hat und alles als Gemeingut besitzt, müssen sein eigen sein, und zwar so sein eigen, d. h. Teil des Seinen, daß kein anderer mehr ein Recht darauf haben kann. Erst dann vermögen sie ihm zur Erhaltung seines Lebens von irgendwelchem Nutzen zu sein.

27. Wenn die Erde und alle niederen Lebewesen wohl allen Menschen gemeinsam eignen, so hat doch jeder Mensch ein Eigentum an seiner eigenen Person. Über seine Person hat niemand ein Recht als nur er allein. Die Arbeit seines Körpers und das Werk seiner Hände, so können wir sagen, sind im eigentlichen Sinne sein. Was immer er also jenem Zustand entrückt, den die Natur vorgesehen und in dem sie es belassen hat, hat er mit seiner Arbeit gemischt und hat ihm etwas hinzugefügt, was sein eigen ist – es folglich zu seinem Eigentum gemacht. Da er es jenem Zustand des gemeinsamen Besitzes enthoben, in den es die Natur gesetzt hat, hat er ihm durch seine Arbeit etwas hinzugefügt, was das gemeinsame Recht der anderen Menschen ausschließt. Denn diese Arbeit ist das unbestreitbare Eigentum des Arbeitenden, und niemand außer ihm selbst kann ein Recht haben auf irgend etwas, was einmal mit seiner Arbeit verbunden ist – zumin-

dest dort nicht, wo für die anderen bei gleicher Qualität noch genug davon in gleicher Güte vorhanden ist.

28. Wer sich von den Eicheln ernährt, die er unter einer Eiche aufliest, oder von den Äpfeln, die er von den Bäumen des Waldes sammelt, hat sich diese offensichtlich zu eigen gemacht. Niemand kann in Abrede stellen, daß diese Nahrung sein ist. Meine Frage nun lautet: Wann fingen sie an, sein Eigentum zu sein? Als er sie verdaute? Oder als er sie aß? Als er sie kochte? Als er sie nach Hause brachte? Oder als er sie auflas? Und es ist eindeutig, daß nichts sie ihm zu eigen machen konnte, wenn nicht das erste Aufsammeln. Jene Arbeit ließ einen Unterschied zwischen ihnen und dem gemeinsamen Besitz entstehen. Sie fügte ihnen etwas über das hinaus hinzu, was die Natur, die gemeine Mutter von allem, ihnen gegeben hatte, und so erlangte er ein persönliches Recht auf sie. Und will jemand sagen, er hätte kein Recht auf jene Eicheln oder Äpfel, die er auf diese Weise in seinen Besitz gebracht hat, weil er nicht die Zustimmung der gesamten Menschheit hatte, sie sich anzueignen? War es Raub, so für sich zu beanspruchen, was allen gemeinsam gehörte? Wäre eine solche Zustimmung notwendig, so wären die Menschen Hungers gestorben, ungeachtet der Fülle, die ihnen von Gott gegeben war. Was nach Abschluß eines Vertrages Gemeingut geblieben ist, beginnt, wie wir sehen, dadurch Eigentum zu werden, daß wir irgendeinen Teil aus dem, was gemein ist, herausnehmen und es jenem Zustand entfernen, in dem es die Natur beläßt. Ohne dies ist Gemeingut von keinerlei Nutzen. Und wir sind nicht an die ausdrückliche Zustimmung aller Mitbesitzenden gebunden, wenn wir diesen oder jenen Teil nehmen. Das Gras, das mein Pferd gefressen, der Torf, den mein Knecht gestochen, das Erz, das ich an irgendeinem Ort gegraben, an dem ich mit anderen gemeinsam ein Recht dazu habe, werden demnach mein Eigentum, ohne irgend jemandes Zuweisung oder Zustimmung. Meine Arbeit, die sie dem gemeinen Zustand, in dem sie sich befanden, enthoben hat, hat mein Eigentum an ihnen bestimmt.

29. Würde man die ausdrückliche Zustimmung aller Mitbesitzenden notwendig machen, damit sich jemand irgendeinen Teil dessen zu eigen machen kann, was als Gemeingut gegeben wurde, so könnten weder Kinder noch Knechte das Fleisch schneiden, das ihr Vater oder Herr für sie gemeinsam besorgt hat, ohne daß er einem jeden sein besonderes Stück zugeteilt hätte. Ist auch das Wasser, das aus der Quelle rinnt, allen eigen, wer wollte in Zweifel stellen, daß das Wasser im Krug nur dem gehört, der es geschöpft hat? Seine Arbeit hat es aus den Händen der Natur genommen, wo es Gemeingut war und allen ihren Kindern gleichermaßen gehörte, und er hat es sich dadurch zu eigen gemacht.

30. So gibt dieses Gesetz der Vernunft das Wild dem Indianer zum Eigentum, der es getötet hat. Obwohl vorher alle ein gemeinsames Recht darauf hatten, wird es als das Eigentum dessen anerkannt, der seine Arbeit darauf verwandt hat. Auch unter denen, die man zu dem zivilisierten Teil der Menschheit rechnet und die immer mehr positive Gesetze geschaffen haben, um das Eigentum zu bestimmen, hat dieses ursprüngliche Naturgesetz für die Entstehung des Eigentums an dem, was vorher Gemeinbesitz war, noch immer Gültigkeit; und kraft dieses Gesetzes wird der Fisch, den jemand im Ozean fängt – jenem großen fortdauernden Gemeingut der Menschheit –, oder der Bernstein, den jemand dort aufliest, durch seine Arbeit zum Eigentum dessen, der sich dieser Mühe unterzieht: Diese Arbeit nämlich enthebt ihn jenem Zustand des gemeinsamen Besitzes, in dem ihn die Natur belassen hat. Und selbst bei uns wird der Hase, den jemand jagt, als Eigentum dessen angesehen, der ihn während der Jagd verfolgt. Denn da er ein Tier ist, das noch als Gemeingut und niemandes persönliches Eigentum gilt, hat ihn, wer immer die Arbeit auf ihn verwandt hat, ihn aufzuspüren und ihm nachzujagen, jenem Naturzustande entfernt, in dem er Gemeingut war, und hat das Eigentum an ihm begründet.

31. Man mag hier vielleicht einwenden: Falls man ein Recht

erwirbt, wenn man die Eicheln oder die anderen Früchte der Erde sammelt usw., so kann sich ein jeder so viel anhäufen, wie er will. Worauf ich die Antwort gebe: Das ist nicht so. Dasselbe Naturgesetz, welches uns auf diesem Wege Eigentum gibt, begrenzt dieses Eigentum auch. *Gott gibt uns reichlich allerlei zu genießen* (1. Tim. 6, 17), sagt die durch die Erleuchtung bekräftigte Stimme der Vernunft. Wieweit jedoch hat er es uns gegeben? Es zu genießen. So viel, als ein jeder zu irgendwelchem Vorteil für sein Leben nutzen kann, bevor es verdirbt, darf er sich zu seinem Eigentum machen. Was darüber hinausgeht, ist mehr, als ihm zusteht, und gehört den anderen. Nichts ist von Gott geschaffen worden, damit es die Menschen verderben lassen oder vernichten. Und wenn wir unter diesem Gesichtspunkt in Betracht ziehen, welche Fülle natürlicher Vorräte es lange Zeit gegeben hat auf der Welt und wie wenig Verbraucher, auf einen wie geringen Teil jener Vorräte sich der Fleiß eines einzelnen nur erstrecken und wie wenig er zum Nachteil anderer anhäufen konnte – namentlich wenn er sich in den von seiner Vernunft gesetzten Grenzen dessen hielt, was er zu nutzen vermochte –, so konnte um das so begründete Eigentum nur wenig Zank und Streit aufkommen.

32. Der Hauptgegenstand des Eigentums heute sind jedoch nicht die Früchte der Erde und die Tiere, die auf ihr leben, sondern die Erde selbst als das, was alles übrige hält und trägt, und ich glaube, es ist offensichtlich, daß auch das Eigentum daran auf die gleiche Weise erworben wird wie das vorige. Soviel Land ein Mensch bepflügt, bepflanzt, bebaut, kultiviert und soviel er verwerten kann durch die Nutzung seines Ertrages, soviel ist sein eigen. Durch seine Arbeit grenzt er es gleichsam gegen das Gemeingut ab. Und sein Recht wird nicht entkräftet durch den Einwand, daß alle anderen Menschen den gleichen Anspruch darauf haben, daß er es deshalb nicht ohne die Zustimmung aller Mitbesitzenden, also der ganzen Menschheit, in Besitz nehmen, es nicht abgrenzen könne. Als Gott die Welt der ganzen

Menschheit zu gemeinsamem Besitz gab, gebot er dem Menschen auch, zu arbeiten – der überdies durch seinen armseligen Zustand dazu gezwungen wurde. Gott wie auch seine Vernunft befahlen ihm, sich die Erde untertan zu machen, d. h. sie zum Nutzen für sein Leben zu bebauen und etwas Eigenes, seine Arbeit, darauf zu verwenden. Wer sich, diesem Gebote Gottes folgend, irgendein Stück Land unterwarf, es bebaute und besäte, fügte ihm folglich etwas hinzu, was sein Eigentum war, und kein anderer hatte Anspruch darauf oder konnte es ihm nehmen, ohne ein Unrecht zu begehen.

33. Es gereichte auch niemandem zum Schaden, wenn man sich derart, indem man es bebaute, irgendein Stück Land aneignete, denn es war noch genügend und ebenso gutes Land vorhanden – und mehr sogar, als die nutzen konnten, die noch ohne Land waren. Wenn man sich auch etwas für sich selbst abgegrenzt hatte, so war in Wirklichkeit trotzdem noch Land für die anderen vorhanden. Läßt nämlich jemand dem anderen, soviel dieser nutzen kann, übrig, so ist es, als nehme er ihm überhaupt nichts. Niemand kann sich geschädigt fühlen, wenn ein anderer trinkt – mag dieser auch einen mächtigen Schluck tun –, solange ihm selbst ein ganzer Fluß desselben Wassers bleibt, um seinen Durst zu stillen. Wo aber von beidem genügend vorhanden ist, kann man Land und Wasser wie ein und denselben Fall betrachten.

34. Gott gab die Welt den Menschen gemeinsam. Da er sie ihnen jedoch zu ihrem Nutzen gab und zu den größtmöglichen Annehmlichkeiten des Lebens, die sie ihr abzugewinnen vermöchten, kann man unmöglich annehmen, es sei sein Wille gewesen, daß sie immer Gemeingut und unkultiviert bleiben sollte. Er gab sie dem Fleißigen und Verständigen zum Gebrauch (und seine Arbeit sollte seinen Rechtsanspruch darauf begründen), nicht jedoch dem Streitsüchtigen und Querulanten für seine Launen und Begierden. Derjenige, dem ebensoviel zur eigenen Bebauung blieb, wie bereits in Besitz genommen war, hatte keinen Grund, sich zu beklagen,

und hatte sich nicht um das zu kümmern, was bereits durch eines anderen Arbeit bebaut worden war. Tat er es dennoch, so trachtete er offensichtlich nach dem Nutzen aus eines anderen Mühen – wozu er kein Recht hatte –, nicht aber nach dem Boden, den ihm Gott gemeinsam mit anderen zur Bearbeitung gegeben hatte und von dem es noch ebensoviel gab, wie bereits in Besitz genommen war – mehr sogar, als daß er gewußt hätte, was er damit anfangen sollte, oder als sein Fleiß ausgereicht hätte zu nutzen.

35. In England allerdings oder irgendeinem anderen Land, wo eine große Anzahl von Menschen unter einer Regierung zusammenlebt und Geld und Handel besitzt, kann sich niemand von dem Grund und Boden, der Gemeingut ist, ohne die Zustimmung aller Mitbesitzenden irgendein Stück abgrenzen oder aneignen. Dieser Boden nämlich ist durch Vertrag Gemeingut geblieben – durch das Gesetz des Landes, welches nicht verletzt werden darf. Ist er aber wohl einigen Menschen als Gemeingut geblieben, so ist er doch nicht Gemeingut der ganzen Menschheit, sondern er ist das gemeinschaftliche Eigentum dieses Landes oder dieser Gemeinde. Überdies würde nach einer solchen Abgrenzung der restliche Grund für die übrigen Rechtsgenossen nicht mehr von gleichem Wert sein, wie es der ganze war, als sie alle den gesamten Grund nutzen konnten, während es am Anfang, als sich das große Gemeingut der Welt zu bevölkern begann, vollkommen anders war: Das Gesetz, welchem der Mensch unterstand, empfahl ihm geradezu, sich die Welt anzueignen. Gott gebot ihm, zu arbeiten, und seine Bedürfnisse zwangen ihn dazu. Worauf immer er seine Arbeit verwandte, war sein Eigentum, welches ihm nicht genommen werden konnte. So sehen wir, daß die Unterwerfung oder Bebauung der Erde und Ausübung von Herrschaft eng miteinander verbunden sind. Eines gibt ein Recht auf das andere, so daß Gott, als er befahl, sich die Erde zu unterwerfen, die Befugnis gab, sie sich anzueignen. Und die Bedingung des menschlichen Lebens, Arbeit und ein Material vorzufinden, das

bearbeitet werden kann, führt notwendigerweise zu Privatbesitz.

36. Das Maß des Eigentums hat die Natur sehr wohl mit den Grenzen, die der menschlichen Arbeit gesetzt sind, und mit den Annehmlichkeiten des Lebens festgesetzt. Niemand vermochte sich mit seiner Arbeit alles zu unterwerfen oder anzueignen oder zu seinem Genuß mehr als einen kleinen Teil zu verbrauchen. Es war also niemandem möglich, auf diesem Wege in die Rechte eines anderen einzugreifen oder sich irgendwelches Eigentum zum Schaden seines Nächsten zu erwerben. Diesem blieb (nachdem der andere sich sein Land genommen hatte) noch immer Raum für ebenso guten und ebenso großen Besitz wie vordem, bevor sich jener sein Land angeeignet hatte. Dieses Maß beschränkte den Besitz eines Menschen auf einen sehr bescheidenen Teil – auf das nämlich, was er sich aneignen konnte, ohne irgend jemandem Schaden zuzufügen. So war es in jenen ersten Zeiten der Welt, als die Menschen eher Gefahr liefen, zugrunde zu gehen, wenn sie von ihren Gefährten fort in die damals weite Wildnis der Erde zogen, als Not zu leiden, weil nicht genügend Land zu bebauen da war. Und dasselbe Maß mag man ohne irgend jemandes Schaden bis heute gelten lassen, so bevölkert die Welt auch scheinen mag. Nehmen wir nämlich an, ein Mann oder eine Familie befände sich in jenem Zustand, in dem sich die Menschen bei der ersten Bevölkerung der Welt durch die Kinder Adams und Noahs befanden, und besiedelte irgendein Stück unbewohnten Landes im Innern Amerikas, so könnte ihr Besitz nach dem oben gegebenen Maßstab nicht sehr groß sein und selbst heute den übrigen Menschen nicht zum Schaden gereichen. Sie hätten auch keine Veranlassung zur Klage, oder sich durch die Besitznahme jener Menschen geschädigt zu fühlen – obschon sich das Menschengeschlecht inzwischen bis in alle Winkel der Welt verbreitet hat und eine unendlich größere Zahl aufweist als zu Anfang. Ja, ohne daß man Arbeit auf ihn verwendet, ist der weite Boden von so geringem Wert, daß

man – wie mir versichert wurde – sogar in Spanien auf einem Stück Land ungestört pflügen, säen und ernten darf, auf das man keinen anderen Rechtsanspruch hat, als daß man es nutzt. Im Gegenteil, die Einwohner fühlen sich sogar dem gegenüber zu Dank verpflichtet, der durch seinen Fleiß auf vernachlässigtem und daher brachliegendem Land den ihnen notwendigen Getreidevorrat vergrößert hat. Aber wie dem auch sei, ich will das nicht besonders betonen. Dies aber wage ich kühn zu behaupten: daß ebendiese Eigentumsregel, daß nämlich ein jeder so viel haben sollte, wie er nutzen kann, auch jetzt noch gelten würde, und zwar ohne daß jemand Not leiden müßte (denn es gibt genug Land auf der Welt, genügend sogar für die doppelte Zahl von Bewohnern), wenn nicht die Erfindung des Geldes und das stillschweigende Übereinkommen der Menschen, ihm einen Wert zuzumessen, (mit ihrer Zustimmung) die Bildung größerer Besitztümer und das Recht darauf mit sich gebracht hätte. Wie das geschehen ist, werde ich alsbald ausführlich darlegen.

37. Ohne Zweifel hatte anfangs – bevor das Verlangen nach mehr, als man brauchte, den inneren, nur von ihrem Nutzen für das menschliche Leben abhängigen Wert der Dinge geändert hatte oder die Menschen übereingekommen waren, daß ein kleines Stück gelben Metalls, das sich weder abnutzt noch verdirbt, so viel wert sein sollte, wie ein großes Stück Fleisch oder ein ganzer Haufen Getreide –, ohne Zweifel hatte damals jedermann das Recht, sich durch seine Arbeit von dem, was ihm die Natur darbot, anzueignen, soviel er nutzen konnte. Dies konnte jedoch nicht viel sein und niemandem zum Schaden gereichen, solange dieselbe Fülle den anderen blieb, wenn sie nur denselben Fleiß aufwenden wollten. Dem will ich noch hinzufügen, daß jeder, der sich durch seine Arbeit Land aneignet, das gemeinsame Gut der Menschheit nicht vermindert, sondern vermehrt. Denn die zum Unterhalt des menschlichen Lebens auf einem Morgen eingegrenzten und urbar gemachten Landes geernteten Vor-

räte sind (um sehr bescheiden zu sprechen) zehnmal mehr als der Ertrag eines ebenso reichen Stück Landes, das als Gemeingut brachliegt. Man kann deshalb wirklich sagen, daß er der Menschheit neunzig Morgen Land zum Geschenk gibt, wenn jemand Land eingrenzt und von zehn Morgen einen größeren Vorrat an Lebensmitteln erntet, als er von hundert der Natur überlassenen ernten könnte. Seine Arbeit liefert ihm jetzt aus zehn Morgen Land Lebensmittel, die der Ertrag von hundert Morgen Gemeingut waren. Ich habe das bebaute Land hier nur sehr gering eingeschätzt, wenn ich seinen Ertrag mit zehn zu eins ansetze. Es ist in Wirklichkeit eher hundert zu eins. Denn ich frage nur: Vermögen tausend Morgen Land in den Urwäldern und unbebauten Einöden Amerikas, die ohne Verbesserung, Feldbau oder Landwirtschaft der Natur überlassen sind, den bedürftigen, armseligen Bewohnern ebenso große Annehmlichkeiten des Lebens zu bringen wie zehn Morgen gleich fruchtbaren Bodens in Devonshire, wo sie ordnungsgemäß bebaut sind?
Wer, bevor das Land in Besitz genommen war, so viele wilde Früchte sammelte, so viele Tiere tötete, fing oder zähmte, wie er vermochte, wer dieserart seine Mühe darauf verwandte, jene ursprünglichen Naturgüter mittels seiner Arbeit ihrem natürlichen Zustand auf irgendeine Weise zu entziehen, erwarb Eigentum an ihnen. Gingen sie jedoch in seinem Besitz zugrunde, ohne daß er sie richtig nutzte, verfaulten die Früchte oder verweste das Wild, bevor er sie verbrauchen konnte, so verletzte er das gemeine Gesetz der Natur und machte sich strafbar: Er vergriff sich an dem Anteil seines Nachbarn, denn sein Recht reichte nicht weiter, als sie ihm zu seiner Nutzung notwendig waren und ihm zur Annehmlichkeit seines Lebens dienen konnten.

38. Derselbe Maßstab galt auch für den Besitz von Land: Was jemand bebaute, erntete, lagerte und verbrauchte, ehe es verdarb, darauf hatte er ein besonderes Recht. Was immer er eingrenzte, alles Vieh, das er füttern, und alle Erzeugnisse, die er nutzen konnte, waren sein eigen. Wenn aber das

Gras in dem Gebiet, das er eingezäunt hatte, am Boden verdarb oder wenn die Früchte verfaulten, ohne daß er sie aufsammelte und aufbewahrte, so war dieser Teil der Erde, obwohl er sich ihn abgegrenzt hatte, weiterhin als herrenlos anzusehen und mochte irgendeines anderen Menschen Besitz werden. So konnte sich zu Anfang Kain soviel Land nehmen, wie er bebauen konnte, um es zu seinem eigenen Land zu machen, und konnte dennoch genügend Land übriglassen, daß auch Abels Schafe weiden konnten. Einige wenige Morgen genügten für beider Besitz. Als die Familien jedoch größer wurden und ihr Fleiß ihre Herden zahlreicher werden ließ, vergrößerte sich mit den wachsenden Bedürfnissen auch ihr Besitz. Im allgemeinen jedoch ohne ein fest bestimmtes Eigentum an dem Boden, den sie in Gebrauch nahmen, bis sie sich zu Gemeinschaften zusammenschlossen, sich zusammen ansiedelten und Städte bauten. Von diesem Augenblick an gelangten sie mit der Zeit dahin, durch Übereinkunft ihre verschiedenen Territorien gegeneinander abzugrenzen und sich über die Grenzen zwischen ihnen und ihren Nachbarn zu einigen. Durch Gesetze im Innern bestimmten sie das Eigentum derer, die derselben Gesellschaft angehörten. Wir sehen nämlich, daß die Menschen in jenem Teil der Welt, der zuerst bewohnt und daher wahrscheinlich am dichtesten bevölkert war, bis zurück zu Abrahams Zeit mit ihren Herden, die ihr Vermögen ausmachten, frei umherzogen, daß es Abraham sogar in einem Lande tat, in dem er Fremder war. Daraus wird deutlich, daß zumindest ein großer Teil des Landes Gemeingut war, daß die Bewohner es nicht wertschätzten und weiter keinen Eigentumsanspruch erhoben als auf das, was sie nutzten. Wenn aber an derselben Stelle nicht genug Raum war, daß ihre Herden gemeinsam weiden konnten, einigten sie sich und gingen auseinander – wie es Abraham und Lot taten (1. Mose 13, 5) – und dehnten ihre Weidegründe aus, wo es ihnen am besten schien. Aus diesem Grunde auch zog Esau von seinem Vater und seinem Bruder fort und siedelte sich auf dem Berge Seir an (1. Mose 36, 6).

39. Ohne also anzunehmen, Adam habe – unter Ausschluß aller übrigen Menschen – irgendwelche persönliche Herrschaft oder das Eigentum an der Welt besessen (was man auf keine Art beweisen kann, und es ist unmöglich, irgend jemandes Eigentum daraus herzuleiten), sondern angenommen vielmehr, die Welt sei so, wie sie war, den Menschenkindern gemeinsam gegeben, so sehen wir, wie die Arbeit den Menschen gesonderte Ansprüche auf einzelne Teile der Welt zu ihrer persönlichen Nutzung schaffen konnte. Es konnte keinerlei Zweifel an der Berechtigung dabei geben und keine Veranlassung zu Streitigkeiten.

40. Es ist so auch nicht verwunderlich – wie es auf den ersten Blick hin scheinen mag –, daß das durch die Arbeit geschaffene Eigentum größeren Wert zu erlangen vermochte als der gemeinsame Landbesitz. In der Tat nämlich ist es die Arbeit, die den unterschiedlichen Wert aller Dinge ausmacht. Man betrachte nur den Unterschied zwischen einem mit Tabak oder Zucker bepflanzten oder aber mit Weizen oder Gerste besäten Morgen Landes und einem Morgen desselben Landes, das Gemeingut und überhaupt nicht bewirtschaftet ist, und man wird sehen, daß die Verbesserung durch die Arbeit den weitaus größten Teil des Wertes ausmacht. Meiner Meinung nach ist es sehr bescheiden veranschlagt zu sagen, die für das menschliche Leben nützlichen Erzeugnisse der Erde seien zu neun Zehnteln das Ergebnis der Arbeit. Ja, wenn wir die Dinge richtig einschätzen wollen, so wie sie in unseren Gebrauch gelangen, und die einzelnen Kosten berechnen, die man für sie aufbringen muß, wenn wir fragen, was sie im Eigentlichen der Natur verdanken und was der Arbeit, so werden wir sogar sehen, daß man in den meisten Fällen neunundneunzig Hundertstel ganz auf das Konto der Arbeit schreiben muß.

41. Für keine Behauptung kann es einen klareren Beweis geben, als ihn für die hier aufgestellte einige Völker Amerikas liefern: Reich an Land, sind sie doch arm an allen Bequemlichkeiten des Lebens. Die Natur hat sie ebenso frei-

gebig wie irgendein anderes Volk mit den Grundlagen zum Reichtum ausgestattet, d. h. mit einem fruchtbaren Boden, der im Überfluß schenken könnte, was zu Nahrung, Kleidung und Genuß dienen könnte – weil sie ihn jedoch nicht durch ihre Arbeit veredeln, kennen sie nicht den hundertsten Teil jener Annehmlichkeiten, deren wir uns erfreuen. Der König eines großen und fruchtbaren Landes dort wohnt, nährt und kleidet sich schlechter als ein Tagelöhner in England.

42. Um dies etwas klarer zu machen, wollen wir nur einige der gewöhnlichen Lebensmittel in ihren verschiedenen Stadien bis zu dem Zeitpunkt hin, an dem sie in anderen Gebrauch gelangten, verfolgen, und wir werden sehen, einen wie großen Teil ihres Wertes sie durch den menschlichen Fleiß erhalten. Brot, Wein und Kleider sind Dinge des täglichen Gebrauchs und sind in reichlicher Menge vorhanden. Es müßten aber Eicheln, Wasser, Blätter oder Felle unsere Speise, unser Trank und unsere Kleidung sein, wenn uns nicht die Arbeit jene nützlicheren Waren lieferte. Denn was Brot mehr wert ist als Eicheln, Wein als Wasser und Tuch oder Seide als Blätter, Felle oder Moos, ist allein der Arbeit und dem menschlichen Fleiß zu danken. Dort waren es Nahrung und Kleidung, wie sie die Natur ohne jegliches Zutun darbietet, hier sind es Lebensmittel, die uns unser Fleiß und unsere Mühe verschaffen. Berechnet nun jemand, um wieviel diese die anderen an Wert übertreffen, so wird er sehen, daß den weitaus größten Anteil ihres Wertes die Arbeit den Dingen verleiht, deren wir uns in dieser Welt erfreuen. Der Boden, der die Rohstoffe liefert, ist dabei kaum in die Rechnung einzubeziehen, und wenn überhaupt, so macht er höchstens einen ganz geringen Anteil aus – einen Anteil, der so gering ist, daß man sogar bei uns ganz der Natur überlassenes Land, das weder durch Viehzucht noch durch Ackerbau oder Bepflanzung veredelt ist, seinem wirklichen Zustand entsprechend als Ödland bezeichnet; und wir werden sehen, daß sich sein Nutzen auf wenig mehr als auf nichts beläuft.

Dies zeigt, wie sehr eine große Bevölkerungszahl der Größe des Herrschaftsgebietes vorzuziehen ist und daß die Erschließung des Landes und seine richtige Nutzung die große Kunst aller Regierung ist. Ein Fürst, der so weise und gottähnlich ist, durch fest eingeführte, freiheitliche Gesetze den ehrlichen Fleiß der Menschen gegen Unterdrückung durch Gewalt und engstirnigen Parteigeist zu schützen und zu ermutigen, wird seinen Nachbarn bald zu unbequem werden. Dies jedoch nur am Rande, kehren wir zurück zu dem vorliegenden Thema.

43. Ein Morgen Land, der bei uns zwanzig Scheffel Weizen einbringt, und ein anderer in Amerika, der bei der gleichen Bewirtschaftung ebensoviel eintragen würde, haben ohne Zweifel den gleichen natürlichen, ihnen innewohnenden Wert. Dennoch beträgt der Nutzen, den die Menschheit von dem einen hat, pro Kopf fünf Pfund, der von dem anderen vielleicht nicht einen Penny, wenn der ganze Ertrag, den der Indianer daraus erzielt, nach hiesigem Preis angesetzt und verkauft werden sollte. Er würde jedenfalls – wie ich wohl mit Sicherheit sagen kann – nicht einmal ein Tausendstel ausmachen. Die Arbeit also verleiht dem Boden den größten Teil seines Wertes, denn ohne sie würde er kaum etwas wert sein. Sie ist es, der wir den größten Teil seiner nützlichen Erzeugnisse verdanken. Denn um wieviel höher der Wert des Strohs, der Kleie, des Brotes von einem Morgen Weizen ist als der Ertrag von einem Morgen ebenso guten Landes, das brachliegt, ist voll und ganz das Ergebnis der Arbeit. Es ist nämlich nicht die schwere Arbeit des Mannes am Pfluge, nicht die Mühe des Schnitters und Dreschers und der Schweiß des Bäckers allein, die wir rechnen müssen bei dem Brot, das wir essen, sondern zugleich auch die Arbeit derer, die die Ochsen zähmten, das Eisen schmiedeten und die Steine gruben, die das Holz fällten und es bearbeiteten, so daß man sie für den Pflug, die Mühle, den Ofen oder die anderen zahlreichen Werkzeuge gebrauchen konnte, die nötig waren, um von dem Getreide aus dem Saatkorn Brot zu machen. All

dies ist auf das Konto der Arbeit zu schreiben und als Auswirkung von Arbeit zu betrachten. Die Natur und die Erde lieferten nur die an sich fast wertlosen Rohstoffe. Eine seltsame Zusammenstellung von Dingen, die unser Fleiß bei einem jeden Laib Brot, bevor es in unseren Gebrauch kommt, hervorbringt und nützt, würde sich ergeben, wenn wir sie alle aufzeichnen könnten: Eisen, Holz, Leder, Rinde, Bretter, Steine, Ziegel, Kohle, Leim, Tuch, Farbstoff, Pech, Teer, Masten, Taue und alle Materialien, die man zu dem Schiff gebraucht hat, das irgendeine der Waren brachte, die einer der Arbeiter zu irgendeinem Teil der Arbeit benutzte – all dies aufzuzählen wäre jedoch beinahe unmöglich oder zumindest zu lang.

44. Aus all dem wird ersichtlich, daß zwar die Dinge der Natur allen gemeinsam gegeben sind, daß jedoch die große Grundlage des Eigentums im Menschen selbst lag (weil er Herr seiner selbst ist und Eigentümer seiner eigenen Person und ihrer Handlungen oder Arbeit) und daß der größere Teil dessen, was er zum Unterhalt oder zur Bequemlichkeit seines Daseins nutzte, nachdem Erfindung und Kunst die Lebensbedürfnisse verfeinert hatten – vollständig sein eigen war und nicht etwa anderen mit ihm gemeinsam gehörte.

45. So verlieh zu Anfang die Arbeit ein Eigentumsrecht, wo immer es dem Menschen gefiel, sie auf das anzuwenden, was allen gemeinsam gehörte. Das Gemeingut aber blieb noch lange der weitaus größere Teil und ist noch immer mehr, als die Menschheit zu nutzen vermag. Zu Anfang begnügten sich die Menschen zumeist mit dem, was ihnen die Natur von sich aus zur Befriedigung ihrer Bedürfnisse gab. Später hatten die Zunahme der Bevölkerung, das Anwachsen des Viehbestandes und der Gebrauch des Geldes in manchen Teilen der Welt das Land knapp werden lassen und ihm einigen Wert verliehen. Die einzelnen Gemeinschaften setzten deshalb die Grenzen ihres jeweiligen Gebietes fest, regelten durch Gesetze im Innern das private Eigentum ihrer Gesellschaft und verankerten so durch Vertrag und Übereinkunft

das Eigentum, welches durch Arbeit und menschlichen Fleiß entstanden war. Durch Bündnisse untereinander verwarfen die einzelnen Staaten und Königreiche ausdrücklich oder stillschweigend jeden Anspruch und jegliches Recht auf das Land, das sich im Besitz eines anderen befand, und entsagten damit in gemeinsamer Übereinkunft auch den Ansprüchen auf ihr natürliches gemeinsames Recht, welches sie ursprünglich auf jene Länder besaßen. Auf diese Art setzten sie untereinander durch positives Abkommen an verschiedenen Teilen und Parzellen der Erde Eigentum fest. Trotzdem lassen sich noch große Flächen Ödlandes finden (weil die Bewohner sich nicht der Übereinkunft der übrigen Menschheit über den Gebrauch ihres gemeinsamen Geldes angeschlossen haben), größer, als daß die Menschen, die darauf wohnen, sie nutzten oder nutzen könnten, und die aus diesem Grunde noch Gemeingut sind. Schwerlich kann dies jedoch bei jenem Teil der Menschheit der Fall sein, der sich über den Gebrauch des Geldes geeinigt hat.

46. Der größte Teil der für das Leben der Menschen wirklich nützlichen Dinge – nach denen zu suchen jene ersten Menschen, denen alles gemeinsam gehörte, wie auch heute noch die Bewohner Amerikas die Notwendigkeit zu überleben veranlaßte – sind gewöhnlich Dinge von kurzer Dauer, die, wenn sie nicht verbraucht werden, von selbst vergehen oder verderben. Gold, Silber und Diamanten aber haben eher durch Laune oder Übereinkunft der Menschen ihren Wert erhalten als durch tatsächlichen Gebrauch und die Notwendigkeiten des Lebensunterhaltes. Nun hatte, wie schon gesagt, auf jene Güter, die die Natur als Gemeingut gegeben hatte, ein jeder so weit ein Recht, wie er sie nutzen konnte, und alles, worauf er mit seiner Arbeit einwirken konnte, war sein Eigentum – alles nämlich war sein, worauf sich sein Fleiß erstrecken konnte, um es aus dem Zustand zu lösen, in den es von der Natur gesetzt war. Wer hundert Scheffel Eicheln oder Äpfel gesammelt hatte, hatte dadurch Eigentum an ihnen erlangt. Sie waren sein, sobald er sie gesam-

melt hatte. Er hatte einzig darauf zu achten, daß er sie nutzte, bevor sie verdarben; oder er hatte sich mehr, als ihm zustand, genommen und andere Menschen beraubt. Es war wirklich ebenso töricht wie unrecht, mehr anzuhäufen, als er gebrauchen konnte. Gab er einen Teil an andere weiter, damit er nicht ungenutzt in seinem Besitz verdarb, so nutzte er auch diese Güter. Und wenn er Pflaumen, die nach einer Woche verfault wären, gegen Nüsse eintauschte, die sich ein ganzes Jahr lang aufheben ließen, so beging er kein Unrecht. Er vergeudete nichts von dem gemeinsamen Vorrat, er vernichtete nichts von dem Anteil der Güter, der anderen gehörte, solange er nichts ungenutzt in seinen Händen verderben ließ. Gab er dann auch seine Nüsse für ein Stück Metall, dessen Farbe ihm gefiel, tauschte er seine Schafe gegen Muscheln ein oder Wolle gegen einen funkelnden Kiesel oder Diamanten, um sie sein ganzes Leben lang bei sich tragen zu können, so griff er nicht in die Rechte anderer ein, mochte er von diesen beständigen Dingen auch so viel anhäufen, wie er wollte. Er überschritt die Grenzen rechtmäßigen Eigentums nicht durch Vergrößerung seines Besitzes, sondern dann, wenn irgend etwas ungenutzt umkam.

47. So entstand der Gebrauch des Geldes als eines beständigen Gegenstandes, den die Menschen, ohne daß er verdarb, aufheben und nach gegenseitiger Übereinkunft gegen die wirklich nützlichen, aber verderblichen Versorgungsmittel eintauschen konnten.

48. Wie die verschiedenen Grade des Fleißes den Menschen Eigentum von unterschiedlichem Ausmaß zu geben vermochten, so gab die Erfindung des Geldes den Menschen die Gelegenheit, den Besitz dauerhaft zu machen und ihn zu vergrößern. Wir mögen uns nur eine Insel vorstellen – abgeschnitten von jeder Möglichkeit des Handels mit der übrigen Welt, die nur von hundert Familien bewohnt ist, auf der es zwar Schafe, Pferde, Kühe und andere nützliche Tiere gibt und auch gesunde Früchte und Land genug, um für hunderttausendmal so viele Menschen Getreide zu liefern, nichts

aber (weil alles Gemeingut oder aber verderblich ist), was die Rolle des Geldes spielen könnte –, was wohl könnte auf einer solchen Insel irgendeinen Menschen veranlassen, seinen Besitz an dem, was er mit dem eigenen Fleiß erworben oder was er für ebenfalls verderbliche nützliche Dinge mit anderen eintauschen könnte, über das hinaus zu vergrößern, was dem Bedarf seiner Familie und ihrer reichlichen Versorgung dient? Wo es nichts gibt, was zugleich dauerhaft, selten und wertvoll genug ist, um gehortet zu werden, werden die Menschen kein Verlangen haben, ihren Besitz an Land zu vergrößern, wäre der Boden noch so reich, und stünde es ihnen auch frei, ihn an sich zu nehmen. Denn ich frage, was für einen Wert soll ein Mensch zehn- oder hunderttausend Morgen ausgezeichneten, fertig bebauten und gut mit Vieh besetzten Landes mitten im Innern Amerikas beimessen, wenn er dort keinerlei Hoffnung haben kann, mit der übrigen Welt Handel zu treiben, um durch den Verkauf der Erzeugnisse in den Besitz von Geld zu gelangen. Sie wären nicht wert, daß er sie abgrenzte, und man könnte bald sehen, wie er alles, was mehr wäre, als ihm und seiner Familie zur Annehmlichkeit ihres Leben gereichte, wieder dem wilden Gemeinbesitz der Natur anheimgäbe.

49. So war zu Anfang, und mehr als es heute der Fall ist, die ganze Welt ein Amerika; denn nirgendwo kannte man etwas wie Geld. Man denke sich aber etwas, was bei eines Menschen Nachbarn dem Gebrauch und dem Wert des Geldes gleichkommt, und man wird sehen, wie derselbe Mensch unverzüglich beginnt, seinen Besitz zu vergrößern.

50. Da jedoch Gold und Silber im Verhältnis zu Speise, Kleidung und Transportmitteln für das Leben des Menschen von geringem Nutzen sind und ihren Wert allein auf Grund menschlichen Übereinkommens erhalten – wenn auch zum großen Teil die Arbeit den Maßstab setzt –, liegt es klar auf der Hand, daß sich die Menschen mit unproportionalem und ungleichem Grundbesitz einverstanden erklärt haben. Denn mit ihrer stillschweigenden und freiwilligen Zustim-

mung haben sie einen Weg gefunden, wie der Mensch auf billige Weise mehr Land besitzen kann, als er selbst zu nutzen vermag, wenn er nämlich als Gegenwert für den Überschuß an Produkten Gold und Silber erhält – Metalle, die man horten kann, ohne jemanden zu schädigen, weil sie in der Hand des Besitzers weder verderben noch zerfallen. Diese Verteilung der Dinge zu ungleichem Privatbesitz haben die Menschen – außerhalb der Grenzen der Gesellschaft und nicht durch Vertrag – allein dadurch ermöglicht, daß sie Gold und Silber Wert beimaßen und stillschweigend in den Gebrauch des Geldes einwilligten. In Staaten nämlich regeln die Gesetze das Eigentumsrecht, und der Grundbesitz wird durch positive Satzungen festgesetzt.

51. Und so, denke ich, ist es leicht zu erkennen, wie die Arbeit zu Anfang einen Anspruch auf Eigentum an den gemeinsamen Naturgütern begründen konnte und wie diesem Eigentum durch die Verwendung zu unserem Gebrauch die Grenzen gesetzt wurden, so daß man keine Veranlassung hatte, über irgendwelche Rechtsansprüche zu streiten und es keinen Zweifel gab an der Größe des Besitzes, zu dem man berechtigt war. Recht und Annehmlichkeit liefen zusammen; denn da die Menschen ein Recht hatten auf alles, worauf sie mit ihrer Arbeit einwirken konnten, erlagen sie nicht der Versuchung, mehr zu bearbeiten, als sie zu nutzen vermochten. So blieb weder Raum für Streit über ihren Rechtsanspruch noch für Eingriffe in die Rechte anderer. Wieviel jemand an sich nahm, war leicht zu erkennen, und es war sowohl nutzlos als auch unredlich, zuviel an sich zu nehmen oder mehr zu nehmen, als man benötigte.

VI

Die väterliche Gewalt

52. Es mag vielleicht als eine ungehörige Kritik getadelt werden, in einer Abhandlung wie dieser an Wörtern und Bezeichnungen, die in der Welt allgemein anerkannt wurden, einen Fehl zu finden. Dennoch dürfte es vielleicht nicht unangebracht sein, neue Bezeichnungen vorzuschlagen, wenn die alten geeignet sind, die Menschen irrezuführen, wie es bei dem Ausdruck ›väterliche Gewalt‹ wahrscheinlich der Fall gewesen ist: Er scheint die Gewalt der Eltern über ihre Kinder ganz in die Hände des Vaters zu legen, als hätte die Mutter gar keinen Teil daran, während wir finden werden, wenn wir die Vernunft oder die Offenbarung befragen, daß ihr ein gleicher Rechtsanspruch zukommt. Das mag uns Anlaß zu der Frage geben, ob diese Gewalt nicht richtiger elterliche Gewalt genannt werden sollte. Denn welcherart jene Verpflichtung auch sei, welche Natur und das Recht der Zeugung den Kindern auferlegen, sie muß sie ohne Zweifel in gleichem Maße an beide der zusammenwirkenden Ursachen binden. Und entsprechend auch sehen wir, daß das positive Gesetz Gottes sie überall unterschiedslos zusammenstellt, wo es den Gehorsam der Kinder fordert: *Du sollst deinen Vater und deine Mutter ehren* (2. Mose 20, 12); *Wer seinem Vater und seiner Mutter flucht* (3. Mose 20, 9); *Ein jeglicher fürchte seine Mutter und seinen Vater* (3. Mose 19, 3); *Ihr Kinder seid gehorsam euren Eltern* (Eph. 6, 1). Dies ist die Sprache des Alten und Neuen Testaments.

53. Hätte man, ohne sich tiefer mit dem Problem zu befassen, auch nur diesem einen Sachverhalt mehr Beachtung geschenkt, so wäre es den Menschen vielleicht erspart geblieben, in jene großen Irrtümer über diese Gewalt der Eltern zu verfallen, wie es geschehen ist. Denn so gut man sie – ohne daß dies zu barsch klingen würde – als eine absolute Herrschaft und königliche Autorität bezeichnen könnte,

wenn sie unter der Bezeichnung ›väterliche Gewalt‹ dem Vater eigen schiene, so seltsam würde es doch klingen – und wie absurd es wäre, zeigt sich schon in dem Namen selbst –, wenn man diese angeblich absolute Gewalt über die Kinder ›elterliche Gewalt‹ genannt und damit offen gezeigt hätte, daß sie ebenfalls der Mutter zukomme. Jenen Männern, die so sehr für die – wie sie sagen – absolute Gewalt und Autorität der Vaterschaft streiten, würde es schlecht ins Konzept passen, daß die Mutter irgendwelchen Anteil an ihr haben sollte. Und der Monarchie, für die sie streiten, wäre es eine schlechte Stütze gewesen, wenn schon aus dem Namen selbst ersichtlich wäre, daß jene grundlegende Autorität, von der allein sie ihre Regierung einer einzigen Person herleiten, nicht einer, sondern zwei Personen gemeinsam beigelegt worden war. Damit aber wollen wir es mit den Benennungen genug sein lassen.

54. Obwohl ich oben, in Kapitel II, gesagt habe, daß alle Menschen von Natur aus gleich sind, so darf man doch nicht annehmen, daß ich darunter jede Art von Gleichheit verstehe. Alter oder Tüchtigkeit können einigen Menschen einen gerechten Vorrang verleihen. Hervorragende Talente und Verdienste mögen andere über den Durchschnitt heben. Geburt mag den einen verpflichten, Verwandtschaft oder Wohltaten einen anderen, denjenigen Ehrerbietung zu erweisen, welchen sie von Natur, aus Dankbarkeit oder sonstiger Rücksicht, gebührt. Trotzdem ist dies vereinbar mit der Gleichheit aller Menschen in bezug auf die Rechtsprechung und die Herrschaft des einen über den anderen. Es ist jene Gleichheit, von der ich im Zusammenhang mit dem oben behandelten Thema gesprochen habe, nämlich jenes gleiche Recht eines jeden auf seine natürliche Freiheit, ohne dem Willen oder der Autorität irgendeines anderen Menschen unterworfen zu sein.

55. Kinder sind, wie ich zugebe, nicht in diesem vollkommenen Zustand der Gleichheit geboren, sie sind aber gleichwohl für ihn geboren. Ihre Eltern haben eine Art Herrschaft oder

Rechtsprechung über sie, wenn sie zur Welt kommen und noch einige Zeit danach, sie ist jedoch nur vorübergehend. Die Fesseln dieser Unterwerfung gleichen den Windeln, in die sie zu ihrem Schutze während ihrer Kindheit gehüllt sind, solange sie hilflos sind. Alter und Vernunft lassen sie mit dem Wachstum der Kinder loser werden, bis sie endlich abgestreift werden und den Menschen ganz frei auf sich gestellt zurücklassen.

56. Adam wurde als vollkommener Mensch geschaffen, Körper und Geist in vollem Besitz von Kraft und Vernunft. Er war deshalb vom ersten Moment seines Daseins an fähig, für seinen eigenen Unterhalt und seine Erhaltung zu sorgen und sich in seinen Handlungen nach den Vorschriften des ihm von Gott eingepflanzten Gesetzes der Vernunft zu richten. Seine Nachkommen bevölkern die Welt, sie sind alle als unmündige Kinder geboren, schwach und hilflos, ohne Wissen und Verstand. Um jedoch den Mangel dieses unvollkommenen Zustandes auszugleichen, bis fortschreitendes Wachstum und Alter ihn beheben, hat das Naturgesetz Adam und Eva und nach ihnen alle Eltern dazu verpflichtet, die von ihnen gezeugten Kinder zu erhalten, zu ernähren und zu erziehen, und zwar nicht als ihr eigenes Werk, sondern als das Werk ihres eigenen Schöpfers, des Allmächtigen, dem sie für sie verantwortlich sein sollten.

57. Das Gesetz, das Adam regieren sollte, war dasselbe Gesetz, das alle seine Nachkommen regieren sollte: das Gesetz der Vernunft. Da seine Nachkommen aber, durch die natürliche Geburt unwissend, und ohne in dem Gebrauch ihrer Vernunft zu sein, die Welt anders betraten als er, unterstanden sie nicht sofort jenem Gesetz. Niemand nämlich kann unter einem Gesetz stehen, das ihm nicht bekanntgemacht worden ist. Und da dieses Gesetz nur kraft der Vernunft verbreitet oder bekanntgemacht wird, kann man von dem, der noch nicht in der Lage ist, seine Vernunft zu gebrauchen, nicht sagen, er sei diesem Gesetz unterworfen. Die Kinder Adams standen nicht unmittelbar nach ihrer Ge-

burt unter diesem Gesetz der Vernunft und waren folglich nicht sogleich frei. Denn der Begriff Gesetz bedeutet im Eigentlichen nicht so sehr die Beschränkung, sondern vielmehr die Leitung des frei und einsichtig Handelnden in seinem eigenen Interesse, und seine Vorschriften reichen nicht weiter, als sie dem allgemeinen Wohl derer, die ihm unterstehen, dienen. Könnten sie ohne das Gesetz glücklicher leben, so würde es, als ein nutzloses Etwas, von allein verschwinden; und den Namen ›Beschränkung‹ verdient wohl kaum, was uns von Sümpfen und Abgründen fernhält. So ist das Ziel des Gesetzes, mag es auch mißverstanden werden, nicht, die Freiheit abzuschaffen oder einzuschränken, sondern sie zu erhalten und zu erweitern. Denn bei allen Geschöpfen, die zu Gesetzen fähig sind, gilt: Gibt es kein Gesetz, so gibt es auch keine Freiheit. Freiheit nämlich bedeutet frei sein von Zwang und Gewalttätigkeit anderer, was nicht sein kann, wo es keine Gesetze gibt. Doch Freiheit ist nicht, wie man uns sagt, die Freiheit für jeden, zu tun, was ihm einfällt (denn wer könnte frei sein, wenn ihn die Laune jedes anderen tyrannisieren dürfte), sondern die Freiheit, innerhalb der erlaubten Grenzen jener Gesetze, denen er untersteht, über seine Person, seine Handlungen, seinen Besitz und sein gesamtes Eigentum zu verfügen, damit zu tun, was ihm gefällt, und dabei niemandes eigenmächtigem Willen unterworfen zu sein, sondern frei dem eigenen folgen zu können.

58. Die Gewalt also, die Eltern über ihre Kinder haben, erwächst ihnen aus der ihnen auferlegten Pflicht, für ihre Nachkommen während des unvollkommenen Zustands der Kindheit zu sorgen. Die Ausbildung des Geistes und die Leitung der Handlungen während ihrer noch unwissenden Minderjährigkeit bis zu dem Zeitpunkt, wo die Vernunft den Platz der Eltern einnimmt und sie dieser Mühe enthebt: das ist es, wessen die Kinder bedürfen und wozu die Eltern verpflichtet sind. Denn Gott hat dem Menschen Verstand verliehen, seine Handlungen zu lenken, und hat ihm – als

unmittelbar dazugehörig – innerhalb der Grenzen jener Gesetze, denen er untersteht, Willens- und Handlungsfreiheit gewährt. Solange er sich aber in einem Zustand befindet, wo er keinen eigenen Verstand besitzt, seinen Willen zu lenken, darf er auch keinen eigenen Willen haben, dem er folgen könnte. Wer an seiner Stelle versteht, muß auch für ihn wollen; er muß seinem Willen Vorschriften machen und seine Handlungen lenken. Wenn der Sohn jedoch jenes Alter erreicht, das seinen Vater zum freien Manne gemacht hat, ist auch der Sohn ein freier Mann.

59. Dies gilt für alle Gesetze, denen der Mensch untersteht, natürliche wie auch staatliche. Untersteht ein Mensch dem Naturgesetz? Was machte ihn frei unter diesem Gesetz? Was gab ihm die Erlaubnis, innerhalb der Grenzen dieses Gesetzes nach dem eigenen Willen frei über sein Eigentum zu verfügen? Meine Antwort: Sein Zustand der Reife, in dem er, wie man annehmen darf, in der Lage ist, jenes Gesetz zu verstehen, um seine Handlungen innerhalb seiner Grenzen zu halten. Hat er diesen Zustand erreicht, so nimmt man an, daß er weiß, wie weit dieses Gesetz sein Führer zu sein hat und wie weit er seine Freiheit gebrauchen kann, um sie wirklich zu besitzen. Bis dahin muß ein anderer ihn lenken – jemand, von dem man erwarten darf, daß er weiß, wieviel Freiheit das Gesetz gewährt. Wenn dieses Stadium der Vernunft, dieses Alter der Selbstverantwortlichkeit ihn selbst frei machte, so soll dasselbe auch seinen Sohn frei machen. Steht ein Mensch unter dem Gesetz Englands? Was machte ihn frei unter diesem Gesetz? Das heißt, was gab ihm die Freiheit, innerhalb des gesetzlich Erlaubten nach seinem eigenen Willen über seine Handlungen und seinen Besitz zu verfügen? Die Fähigkeit, jenes Gesetz zu verstehen. Und nach jenem Gesetz nimmt man an, daß er im Alter von einundzwanzig Jahren und in manchen Fällen schon früher dazu fähig ist. Wenn dies den Vater frei gemacht hatte, so muß es auch den Sohn frei machen. Bis dahin erlaubt das Gesetz, wie wir sehen, dem Sohn nicht, einen eigenen Willen

zu haben. Er muß vielmehr durch den Willen seines Vaters oder Vormunds geleitet werden, welche für ihn denken müssen. Und falls der Vater stirbt, ohne daß er für sein Amt einen Vertreter ernannt hat, falls er nicht für einen Vormund gesorgt hat, der den Sohn lenken soll, solange er minderjährig ist und es ihm an Verstand mangelt, so sorgt das Gesetz dafür. Ein anderer muß ihn leiten und seinen Willen verkörpern, bis er zu dem Stadium der Freiheit gelangt ist, bis sein Verstand in der Lage ist, die Herrschaft über seinen Willen zu übernehmen. Danach aber sind Vater und Sohn gleichermaßen frei, ganz so wie Vormund und Mündel nach der Minderjährigkeit. Sie sind in gleicher Weise demselben Gesetz unterworfen, ohne daß dem Vater irgendwelche Herrschaft über das Leben, die Freiheit oder das Gut des Sohnes bleibt, gleichviel ob sie sich nur im Naturzustand befinden und unter dem Naturgesetz stehen oder aber unter den positiven Gesetzen einer begründeten Regierung.

60. Wenn aber irgendwelcher Mängel zufolge, die entgegen dem gewöhnlichen Gang der Natur einmal auftreten mögen, jemand nicht jenen Grad der Vernunft erreicht, in dem er, wie man annehmen darf, fähig ist, das Gesetz zu verstehen und dementsprechend nach seinen Bestimmungen zu leben, so ist er niemals fähig, ein freier Mensch zu sein. Man wird ihn niemals über seinen eigenen Willen frei verfügen lassen (weil er keine Grenzen darin kennt und des Verstandes, seines eigentlichen Führers, ermangelt), er bleibt vielmehr weiterhin unter der Vormundschaft und Leitung anderer, solange sein eigener Verstand dieser Aufgabe nicht gewachsen ist. Geisteskranke und Idioten werden daher nie aus der Vormundschaft ihrer Eltern entlassen. *Kinder, die noch nicht jenes Alter erreicht haben, daß sie Vernunft haben können, und Schwachsinnige, die durch einen natürlichen Defekt niemals zu Verstand gelangen werden, zum dritten Wahnsinnige, die ihre Vernunft in dem gegenwärtigen Zeitpunkt zu ihrer Leitung unmöglich richtig gebrauchen können, haben die Vernunft anderer Männer, ihrer Vormünder, als Richt-*

schnur, daß diese für sie sorgen und sehen, was gut für sie ist, heißt es bei Hooker (Eccl. Pol. lib. I, sect. 7). All das scheint nicht mehr als jene Pflicht zu sein, die Gott und die Natur den Menschen und mit ihnen auch anderen Lebewesen auferlegt haben, um ihre Nachkommen zu erhalten, bis sie in der Lage sind, für sich selbst zu sorgen – und es wird schwerlich als Beispiel oder Beweis für die königliche Autorität der Eltern ausreichen.

61. So sind wir frei geboren, wie wir vernünftig geboren sind; was noch nicht besagen will, daß wir sofort frei und vernünftig handeln könnten. Das Alter, welches das eine bringt, bringt auch das andere mit sich. Und so auch können wir sehen, wie natürliche Freiheit und Unterwerfung gegenüber den Eltern miteinander vereinbar sind und wie beide auf demselben Prinzip beruhen. Das Kind ist frei durch das Recht des Vaters – durch des Vaters Verstand, der es leiten soll, bis es selbst Verstand hat. Die Freiheit eines Menschen im Alter der Selbstverantwortlichkeit und der Unterwerfung eines Kindes seinen Eltern gegenüber, solange es jenes Alter nicht erreicht hat, sind so gut miteinander vereinbar und so klar unterscheidbar, daß selbst dem blindesten Streiter für die Monarchie auf Grund des Rechtes der Vaterschaft dieser Unterschied nicht entgehen kann und auch der Hartnäckigste anerkennen muß, daß sie miteinander bestehen können. Denn wären die Lehren dieser Leute wahr, würde man den wahren Erben Adams heute kennen und wäre auf Grund dieses Rechtsanspruches ein Monarch auf den Thron gesetzt, mit all jener absoluten und uneingeschränkten Macht ausgestattet, von der Sir Robert Filmer spricht, müßte dann nicht, falls er gleich nach der Geburt seines Erben stürbe, das Kind – mag es auch noch so frei sein und noch so souverän – seiner Mutter und Amme untertan sein, seinen Vormündern und Erziehern, bis Alter und Erziehung ihm die Vernunft und die Fähigkeit verleihen, sich selbst und andere zu regieren? Was ihm zum Leben notwendig ist, seine Gesundheit und die Ausbildung seines Geistes verlangten, daß es nach

dem Willen anderer und nicht nach dem eigenen geleitet würde. Und will etwa jemand annehmen, daß diese Beschränkung und Unterwerfung mit jener Freiheit oder Souveränität, auf die ein solches Kind ein Recht hat, unvereinbar seien oder daß sie sie ihm raubten oder aber sein Reich an die auslieferten, die während seiner Minderjährigkeit über seine Person die Regierung innehatten? Diese Regierung, unter der es stünde, bereitete es nur besser und schneller darauf vor. Würde mich jemand fragen: Wann ist mein Sohn alt genug, frei zu sein? so antwortete ich ihm: Wenn er das Alter erreicht hat, mit welchem sein Monarch an die Regierung kommt. *Aber wann* – spricht der weise Hooker (Eccl. Pol. lib. I, sect. 6) – *man von einem Menschen sagen kann, er sei so weit in den Besitz der Vernunft gelangt, daß er jene Gesetze hinreichend verstehen könne, nach denen er sich in seinen Handlungen ausrichten muß, das ist sehr viel leichter mit dem Gefühl zu entscheiden, als es irgend jemand nach Erfahrung und Wissen beurteilen könnte.*

62. Auch Staaten beachten und erkennen an, daß es einen Zeitpunkt gibt, von dem an die Menschen als freie Menschen handeln. Vor dieser Zeit werden deshalb weder Lehns- noch Untertaneneide von ihnen verlangt noch sonst irgendwelche öffentlichen Treue- und Unterwerfungserklärungen gegenüber der Regierung ihrer Länder.

63. Des Menschen Freiheit folglich wie auch insbesondere jene Freiheit, die es ihm erlaubt, nach seinem eigenen Willen zu handeln, gründet in seiner Vernunft, denn sie vermag ihn in dem Gesetz, nach dem er sich zu richten hat, zu unterweisen, und verrät ihm, wieweit sein freier Wille über ihn entscheiden darf. Wollte man ihm eine uneingeschränkte Freiheit gewähren, bevor er Vernunft besitzt, die ihn leitet, so würde man ihm nicht das Privileg seiner Natur, frei zu sein, lassen, sondern man würde ihn unter das Vieh ausstoßen und ihn einem Zustand aussetzen, der ebenso armselig ist und so weit unter dem eines Menschen steht wie der der Tiere. Gerade deshalb ist den Eltern die Autorität in die

Hände gegeben, über ihre Kinder, solange sie minderjährig sind, zu regieren. Gott hat ihnen diese Sorge für ihre Nachkommen zur Aufgabe gemacht und hat ihnen, um diese Gewalt zu mildern, die geeigneten Neigungen wie Zärtlichkeit und Fürsorglichkeit eingegeben, damit sie sie, so wie es seine Weisheit vorsah, zu der Kinder Wohl gebrauchen, solange diese es nötig haben, unter ihr zu stehen.

64. Wie aber kann diese Fürsorge, die die Eltern ihren Kindern schuldig sind, zu einer absoluten, willkürlichen Herrschaft des Vaters werden? Denn die Gewalt des Vaters reicht nicht weiter, als daß er durch die ihm am wirksamsten scheinende Zucht dem Körper der Kinder jene Stärke und Gesundheit verleihe, ihrem Geist jene Schärfe und Gradheit, wie sie ihnen selbst und den anderen zum größten Nutzen gereicht – und daß er sie, wenn es die Lebensbedingungen erforderlich machen, für ihren eigenen Unterhalt arbeiten lasse, sobald sie dazu in der Lage sind. An dieser Gewalt aber hat die Mutter mit dem Vater gemeinsam Anteil.

65. Ja, diese Gewalt ist dem Vater so wenig durch ein ihm besonderes Naturrecht, sondern allein in seiner Eigenschaft als Vormund seiner Kinder eigen, daß er seine Gewalt über sie verliert, wenn er seine Fürsorge für sie aufgibt. Denn diese Gewalt geht Hand in Hand mit ihrer Ernährung und Erziehung und ist untrennbar damit verbunden, und sie eignet dem Pflegevater eines ausgesetzten Kindes in gleichem Maße wie dem natürlichen Vater eines anderen – so wenig Macht über seine Nachkommen verleiht einem Menschen der bloße Zeugungsakt, wenn mit ihm all seine Fürsorge ein Ende hat und darin allein jeglicher Anspruch auf den Namen und die Autorität eines Vaters beschlossen liegt. Und was wird aus dieser väterlichen Gewalt in jenem Teil der Welt, wo die Frauen zu gleicher Zeit mehr als einen Mann haben? Oder in jenen Gebieten Amerikas, wo alle Kinder bei der Mutter bleiben, ihr folgen und ganz unter ihrer Obhut und Fürsorge stehen, wenn sich Mann und Frau trennen, wie es häufig geschieht? Wenn der Vater stirbt, solange die

Kinder noch klein sind, sind sie nicht überall während ihrer Minderjährigkeit von Natur her der Mutter den gleichen Gehorsam schuldig wie ihrem Vater, würde er noch leben? Und will jemand sagen, die Mutter habe gesetzgebende Gewalt über die Kinder? Sie könne verbindliche Gesetze geben, die von dauernder Gültigkeit sein sollten, nach denen die Kinder alle Fragen ihres Eigentums regeln und ihre Freiheit für ihr ganzes Leben einschränken müßten? Oder kann sie die Befolgung solcher Gesetze mit der Todesstrafe erzwingen? Denn das macht die eigentliche Gewalt der Obrigkeit aus. Der Vater aber hat nicht einmal die Spur einer solchen Gewalt. Seine Herrschaft über seine Kinder besteht nur vorübergehend und erstreckt sich nicht auf ihr Leben oder ihr Eigentum. Sie ist ihnen lediglich eine Hilfe für ihre Schwäche und Unvollkommenheit während der Zeit ihrer Unmündigkeit, eine Zucht, die zu ihrer Erziehung notwendig ist. Und obwohl der Vater über seinen eigenen Besitz nach seinem Belieben verfügen kann, wenn die Kinder nicht mehr Gefahr laufen, aus Mangel umzukommen, erstreckt sich seine Gewalt doch weder auf ihr Leben oder auf jene Güter, die entweder durch ihren eigenen Fleiß oder durch die Gunst anderer ihr eigen geworden sind, noch auf ihre Freiheit, sobald sie einmal mit dem Alter der Selbstverantwortlichkeit zu freien Bürgern geworden sind. Des Vaters Herrschaft hört damit auf; und er kann von nun an über die Freiheit seines Sohnes nicht weiter verfügen als über die jedes anderen Menschen. Sie muß auch weit von einer absoluten und dauernden Rechtsprechung entfernt sein, wenn man sich ihr entziehen darf mit der von göttlicher Autorität erteilten Erlaubnis, *Vater und Mutter zu verlassen und an seinem Weibe zu hangen* (1. Mose 2, 24).

66. Jedoch wenn auch die Zeit kommt, wo das Kind von der Unterwerfung gegenüber Willen und Befehl des Vaters ebenso frei wird, wie der Vater selbst frei ist von der Unterwerfung gegenüber dem Willen irgendeines anderen Menschen, und sie also beide unter keiner anderen als der ihnen

gemeinsamen Beschränkung leben – sei es das Naturgesetz oder das staatliche Gesetz ihres Landes –, so entbindet diese Freiheit den Sohn doch nicht von jener Ehrerbietung, die er nach dem Gesetz Gottes und der Natur seinen Eltern schuldet. Wie Gott die Eltern zu den Werkzeugen seiner großen Absicht gemacht hat, die Menschheit und die Lebenschancen für die Kinder fortbestehen zu lassen, und ihnen die Verpflichtung auferlegt hat, ihre Nachkommen zu ernähren, zu erhalten und aufzuziehen, so hat er den Kindern eine ewige Verpflichtung auferlegt, ihre Eltern zu ehren. Es schließt dies eine innere Hochachtung und Verehrung in sich, die bei allen Lebensäußerungen zum Ausdruck kommen soll und die das Kind abhält von allem, was das Glück oder das Leben jener Menschen, von denen es sein Leben erhalten hat, in irgendeiner Weise verletzen, schädigen, stören oder gefährden könnte. Zugleich ist es verpflichtet, jenen Menschen, durch die es ins Dasein getreten ist und die es dazu befähigt haben, sich seines Lebens zu erfreuen, zu jeglicher Verteidigung, Unterstützung, Hilfe und Bequemlichkeit dienlich zu sein. Von dieser Verpflichtung kann die Kinder weder ein Staat noch die Freiheit entbinden. Dennoch verleiht dies den Eltern bei weitem keine Befehlsgewalt über ihre Kinder oder eine Autorität, Gesetze zu geben und, wie es ihnen beliebt, über ihr Leben und ihre Freiheit zu verfügen. Ehrerbietung, Respekt, Dankbarkeit und Hilfe schulden ist etwas anderes als absoluten Gehorsam und Unterwerfung fordern. Die den Eltern gebührende Ehrerbietung schuldet auch der Monarch auf dem Thron seiner Mutter. Trotzdem schwächt dies nicht seine Autorität und unterwirft ihn nicht ihrer Herrschaft.

67. Die Unterwerfung eines Minderjährigen legt in die Hände des Vaters eine vorübergehende Herrschaft, die mit der Minderjährigkeit des Kindes endet; und die von einem Kind geschuldete Ehrerbietung verleiht den Eltern darüber hinaus ein dauerndes Recht auf Achtung, Verehrung, Hilfe und Willfährigkeit, das mehr oder weniger weit reicht, je nach des Vaters Fürsorge bei der Erziehung, seinen Kosten

und seiner Güte. Dies endet nicht mit der Minderjährigkeit, sondern ist gültig zu allen Zeiten seines Lebens und in jeder Lebenslage des Menschen. Die mangelnde Unterscheidung dieser beiden Arten von Gewalt: derjenigen, welche der Vater durch das Recht der Vormundschaft während der Minderjährigkeit besitzt, und des Rechts auf Ehrerbietung während seines ganzen Lebens, mag vielleicht einen Großteil der Irrtümer in dieser Frage verursacht haben. Denn will man ihr Wesen kennzeichnen, so ist die erste eher ein Privileg der Kinder und eine Pflicht der Eltern als irgendein Vorrecht der väterlichen Gewalt. Die Ernährung und Erziehung ihrer Kinder ist eine Aufgabe, die die Eltern zum Wohle ihrer Kinder so sehr verpflichtet, daß nichts sie davon befreien kann, sie zu erfüllen. Und obwohl die Gewalt, ihnen zu gebieten und sie zu züchtigen, Hand in Hand damit geht, hat doch Gott in die Grundzüge der menschlichen Natur eine solche Zärtlichkeit für ihre Nachkommen verwoben, daß wenig Grund zu der Besorgnis besteht, die Eltern könnten ihre Gewalt mit allzu großer Strenge anwenden. Selten wird sie zur Strenge hin überschritten, drängt die Natur doch stark in die andere Richtung. Deshalb sprach Gott zu den Israeliten, als er ihnen seine Milde kundtun wollte: selbst wenn er sie züchtige, *daß er sie züchtige wie ein Mann seinen Sohn züchtigt* (5. Mose 8, 5), nämlich mit Zärtlichkeit und Zuneigung. Und er unterstellte sie keiner strengeren Zucht, als unbedingt zu ihrem Besten gereichte; ja, hätte er sie gemildert, hätte er weniger Güte bewiesen. Einer solchen Macht gegenüber ist den Kindern Gehorsam geboten, damit die Sorgen und Mühen der Eltern nicht noch erhöht oder schlecht belohnt würden.

68. Auf der anderen Seite ist Ehrerbietung und Unterstützung, all das, was Dankbarkeit zur Vergeltung der durch sie und von ihnen empfangenen Wohltaten verlangt, die unerläßliche Pflicht des Kindes und das eigentliche Vorrecht der Eltern. Dies soll den Eltern zum Vorteil gereichen, das andere den Kindern, obwohl in der Erziehung, der Pflicht

der Eltern, die größte Gewalt zu liegen scheint, weil die Unwissenheit und Schwachheit während der Kindheit des Zwanges und der Berichtigung bedürfen, dies aber das sichtbare Ausüben von Regierung bedeutet und eine Art von Herrschaft. Jene Pflicht, die in dem Wort Ehrerbietung liegt, verlangt demgegenüber weniger Gehorsam, obwohl die Verpflichtung dazu bei erwachsenen Kindern größer ist als bei jüngeren. Denn wer wollte glauben, das Gebot: *Kinder, seid untertan euren Eltern!* verlange von einem Mann mit eigenen Kindern dieselbe Untertänigkeit gegenüber seinem Vater wie von seinen noch kleinen Kindern ihm selbst gegenüber! Und er wäre durch diese Vorschrift verpflichtet, allen Befehlen seines Vaters zu gehorchen, selbst wenn ihn dieser auf Grund einer falschen Vorstellung von Autorität gegen alle Vernunft noch immer wie einen Knaben behandeln sollte!

69. Der erste Teil der väterlichen Gewalt oder vielmehr Pflicht, die Erziehung, gehört dem Vater also derart, daß sie zu einem bestimmten Zeitpunkt endet. Wenn die Erziehung abgeschlossen ist, findet diese Gewalt von selbst ein Ende und ist auch vorher veräußerlich. Denn man kann die Erziehung seines Sohnes in fremde Hände legen, und wer seinen Sohn einem anderen in die Lehre gibt, entbindet ihn während dieser Zeit zu einem großen Teil von seinem ihm selbst und seiner Mutter schuldigen Gehorsam. Doch die Pflicht der Ehrerbietung, der andere Teil der Gewalt, verbleibt ihnen trotzdem uneingeschränkt, denn nichts kann ihn aufheben. Er ist mit beiden so untrennbar verbunden, daß weder die Autorität des Vaters die Mutter dieses Rechtes berauben kann, noch irgend jemand seinen Sohn der Pflicht zu entheben vermag, diejenige zu ehren, die ihn geboren hat. Beide aber sind weit entfernt von einer Gewalt, Gesetze zu erlassen und diese Gesetze mit Strafen zu erzwingen, die sich auf den Besitz, die Freiheit, den Körper und das Leben erstrecken. Die Gewalt zu herrschen endet mit der Minderjährigkeit; und wenn auch danach Ehrerbietung und Ach-

tung, Unterstützung und Verteidigung und alles, wozu den Menschen Dankbarkeit für die größten Wohltaten, deren er von Natur aus fähig ist, zu verpflichten vermag, immer die Schuldigkeit des Sohnes gegenüber seinen Eltern bleiben, so gibt dies dem Vater doch nicht das Zepter in die Hand, es gibt ihm keine souveräne Herrschaftsgewalt. Er hat keine Herrschaft über seines Sohnes Eigentum oder Handlungen, und er hat kein Recht, mit seinem Willen dem Willen seines Sohnes in allem Vorschriften zu setzen. Trotzdem mag es dem Sohn oftmals ziemen, wenn es ihm und seiner Familie nicht allzu große Unannehmlichkeiten bereitet, ihm mit Nachgiebigkeit zu begegnen.

70. Ein Mensch mag einem alten oder weisen Menschen Ehrerbietung und Achtung, seinem Kinde oder Freund Schutz, einem Unglücklichen Hilfe und Unterstützung und seinem Wohltäter Dankbarkeit schulden, und dies bis zu einem solchen Grade, daß alles, was er besitzt oder zu tun vermag, nicht ausreichen würde, die Schuld zu begleichen. All dies verleiht jedoch niemandem Autorität oder irgendein Recht, für diejenigen, die in seiner Schuld stehen, Gesetze zu erlassen. Und es ist offensichtlich, daß nicht alles auf dem bloßen Rechtsanspruch des Vaters beruht. Nicht nur, wie schon gesagt wurde, weil es der Mutter ebenso zukommt, sondern weil diese Verpflichtung den Eltern gegenüber und das Ausmaß dessen, was die Kinder ihnen schulden, unterschiedlich groß sein können je nach der Sorge und Liebe, der Mühe und den Kosten, die oftmals auf ein Kind mehr verwandt wurden als auf ein anderes.

71. Dies zeigt uns, wie es dazu kommt, daß Eltern in Gesellschaften, in denen sie selbst Untertanen sind, Gewalt über ihre Kinder behalten und ebensoviel Recht auf ihre Unterwerfung haben wie Eltern, die im Naturzustand leben. Es wäre dies unmöglich, wenn alle politische Gewalt nur väterliche Gewalt und beide in Wahrheit ein und dasselbe wären. Denn da der Fürst dann alle väterliche Gewalt besäße, könnte der Untertan natürlich keinerlei Gewalt mehr besit-

zen. Diese beiden Gewalten, die politische und die väterliche, sind jedoch so völlig verschieden und unabhängig voneinander, beruhen auf so unterschiedlichen Grundlagen und sind zu so verschiedenem Zweck bestimmt, daß jeglicher Untertan, der Vater ist, ebensoviel väterliche Gewalt über seine Kinder hat wie ein Fürst über die seinen. Und jeder Fürst, der Eltern hat, schuldet ihnen ebensoviel Kindespflicht und Gehorsam wie der mindeste seiner Untertanen den seinen. Die väterliche Gewalt kann deshalb nicht den geringsten Teil jener Art von Herrschaft enthalten, die ein Fürst oder die Obrigkeit über ihre Untertanen besitzen.

72. Obwohl die Verpflichtung der Eltern, ihre Kinder aufzuziehen, und die Verpflichtung der Kinder, ihre Eltern zu ehren, auf der einen Seite alle Gewalt und auf der anderen Seite alle Unterwerfung enthält, wie es diesem Verhältnis eigen ist, so wohnt dem Vater gewöhnlich doch noch eine andere Gewalt inne, durch die seine Kinder ihm gegenüber zum Gehorsam verpflichtet sind. Sie ist ihm zwar mit anderen Menschen gemeinsam, da aber der Vater in seiner eigenen Familie fast ständig Gelegenheit hat, sie zu beweisen, und es anderswo nur selten Beispiele dafür gibt und man ihr sonst auch weniger Beachtung schenkt, gilt sie in der Welt als ein Teil der väterlichen Gewalt. Es ist die den Menschen gemeinhin eigene Macht, ihr Vermögen denen zu vermachen, die ihnen am liebsten sind. Der Besitz des Vaters ist zumeist in einem ganz bestimmten Verhältnis, gemäß dem Gesetz und dem Brauch eines jeden Landes, die Anwartschaft oder das Erbe der Kinder. Trotzdem hat gewöhnlich der Vater die Macht, es den Kindern mit mehr oder weniger freigebiger Hand zu hinterlassen, ganz wie dieses oder jenes Kind in seinem Verhalten seinem Willen oder seinen Wünschen entgegengekommen ist.

73. Dies ist kein geringer Druck auf den Gehorsam der Kinder. Und da mit dem Besitz von Land immer eine Untertänigkeit gegenüber der Regierung jenes Landes verbunden ist, von dem dieser Besitz ein Teil ist, ist man gemeinhin zu

der Ansicht gelangt, daß der Vater seine Nachkommen derselben Regierung verpflichten könne, deren Untertan er selbst war, und daß sein Vertrag für sie verbindlich sei. Weil es jedoch nur eine notwendige, an den Landbesitz geknüpfte Bedingung ist und das Erbe eines unter dieser Regierung stehenden Landbesitzes nur an die fällt, welche es unter dieser Bedingung annehmen wollen, handelt es sich folglich um keine natürliche Bindung oder Verpflichtung, sondern um eine freiwillige Unterwerfung. Denn die Kinder eines jeden sind von Natur aus ebenso frei, wie er selbst oder irgendeiner seiner Vorfahren es jemals waren, und sie können daher, solange sie in jener Freiheit leben, wählen, welcher Gesellschaft sie sich anschließen oder welchem Staatswesen sie sich unterwerfen wollen. Wenn sie aber in den Genuß des Erbes ihrer Vorfahren gelangen wollen, so müssen sie es unter denselben Bedingungen annehmen, unter denen es diese besaßen, und sie müssen sich allen Bestimmungen unterwerfen, die mit einem solchen Besitz verbunden sind. Durch diese Gewalt verpflichten die Väter ihre Kinder in der Tat zum Gehorsam gegen sich – selbst wenn sie der Minderjährigkeit entwachsen sind –, und in den meisten Fällen unterwerfen sie sie auch dieser oder jener politischen Macht – allein, beides nicht durch ein besonderes Recht der Vaterschaft, sondern durch den Lohn, den sie in der Hand haben, mit welchem sie eine solche Bereitwilligkeit erzwingen und vergelten können. Es ist dies keine größere Macht, als ein Franzose über einen Engländer besitzt: Er besitzt sicher ein starkes Mittel, um ihn sich gehorsam zu machen, wenn er ihm Hoffnungen macht auf Ländereien, die er ihm vererben will. Wenn dieser sie in Besitz nehmen will, nachdem sie ihm hinterlassen worden sind, muß er sie natürlich unter den an den Besitz von Land geknüpften Bedingungen jenes Landes annehmen, in dem sie sich befinden, sei es nun Frankreich oder England.

74. Um also zu schließen: Obwohl sich des Vaters Gewalt auf die Zeit der Minderjährigkeit seiner Kinder beschränkt

und nicht größer ist, als es die Erziehung und Leitung während jener Zeit verlangen, und obwohl ihm jene Ehrerbietung und Achtung und alles, was man im Lateinischen unter Pietät verstand, welche während ihres ganzen Lebens und in allen Lebenslagen die unerläßliche Pflicht der Kinder ihren Eltern gegenüber ist, zusammen mit jeglicher Unterstützung und Verteidigung, die sie ihnen schuldig sind, erhält der Vater doch keinerlei Macht zu herrschen, d. h. Gesetze zu geben und seine Kinder mit Strafen zu verfolgen. Obwohl ihm also all dies keinerlei Herrschaft über das Eigentum oder die Handlungen seines Sohnes verleiht, ist doch nicht schwer zu ersehen, daß es in den ersten Zeitaltern der Welt (wie auch heute noch in Gegenden, wo es die geringe Bevölkerung den Familien gestattet, sich über das herrenlose Gebiet zu verteilen, und wo sie Raum haben, umherzuziehen, um sich an noch freien Wohnstätten anzusiedeln) dem Vater einer Familie leichtfiel, ihr Fürst zu werden.* Seit ihrer frühesten Kindheit war er der Herrscher über seine Kinder gewesen. Und da sie nur schwer ohne jegliche Regierung miteinander leben konnten, lag es nahe, daß die Regierung durch das ausdrückliche oder stillschweigende Übereinkom-

* »Die Ansicht, die der Erzphilosoph vertritt, ist daher von nicht geringer Wahrscheinlichkeit: daß die höchste Person in jedem Haus gleichsam ein König war. Als sich die einzelnen Haushalte dann zu bürgerlichen Gesellschaften zusammenschlossen, war die erste Art der Regierung die des Königtums. Deshalb auch scheint der Name Vater bei denen noch weiterzuleben, die man von Vätern zu Königen machte. Auch der alte Brauch der Regierenden, es Melchisedech gleichzutun und als Könige das Amt der Priester auszuüben, das vormals in den Händen der Väter lag, mag ganz entsprechend entstanden sein. Wie dem aber auch sei, dies ist nicht die einzige Regierungsform, die die Welt kennt. Die Mängel der einen waren die Ursache, daß eine Vielzahl anderer ersonnen wurden. In einem Wort, alle öffentliche Regierung, welcher Art sie auch sei, scheint offensichtlich der wohlbedachten Aussprache und Abfassung der Menschen entsprungen zu sein. Sie müssen sie jeweils für vorteilhaft und notwendig angesehen haben, denn betrachtet man die Natur allein, so läßt sie es keinesfalls unmöglich scheinen, daß die Menschen nicht auch ohne irgendwelche öffentliche Regierung gelebt haben könnten.« (Hooker, Eccl. Pol. lib. I, sect. 10.)

men der Kinder, wenn sie erwachsen waren, dem Vater verblieb, bei dem sie ohne jeden Wandel einfach fortzudauern schien. Und es war in der Tat nichts weiter dazu erforderlich, als daß dem Vater erlaubt wurde, als einziger in seiner Familie jene vollziehende Gewalt des Naturgesetzes auszuüben, die alle freien Menschen von Natur her besitzen, und ihm mit dieser Erlaubnis, solange sie weiter in der Familie lebten, eine monarchische Gewalt zu übertragen. Daß dies aber nicht in einem väterlichen Recht seine Ursache hatte, sondern in der Zustimmung der Kinder, wird aus dem folgenden offenbar: Niemand wird daran zweifeln, daß der Vater einen Fremden, den der Zufall oder ein Geschäft in seine Familie geführt, wenn er eines seiner Kinder getötet oder sonst ein Verbrechen begangen hätte, ihn geradeso wie ein jedes seiner Kinder verurteilen und töten oder sonstwie bestrafen könnte. Unmöglich hätte er das gegenüber einem Menschen, der nicht sein Kind war, kraft seiner väterlichen Autorität tun können, er konnte es vielmehr allein kraft jener vollziehenden Gewalt des Naturgesetzes, zu der er als Mensch berechtigt war. Und nur er allein konnte ihn in seiner Familie strafen, denn die Achtung seiner Kinder hatte die Ausübung einer solchen Gewalt in seine Hände gelegt, um der Würde und Autorität Platz zu machen, die sie in ihm über die übrige Familie erhalten zu sehen wünschten.

75. So war es den Kindern leicht und beinahe natürlich, mit ihrer schweigenden und kaum zu umgehenden Zustimmung der Autorität und Regierung des Vaters den Weg zu bereiten. In ihrer Kindheit waren sie es gewohnt gewesen, seiner Führung zu folgen und ihre kleinen Uneinigkeiten vor ihn zu tragen – und als sie zu Männern geworden waren, wer wäre geeigneter gewesen, sie zu regieren? Ihre bescheidene Habe und ihre noch geringere Begehrlichkeit gaben selten Anlaß zu größeren Streitigkeiten. Und wenn doch einmal ein Streit entstehen sollte, in wem hätten sie einen besseren Schiedsrichter finden können als in dem, der einen jeden von ihnen mit seiner Fürsorge ernährt und aufgezogen hatte und der

für sie alle Zärtlichkeit empfand! Es ist nicht zu verwundern, daß sie zwischen Minderjährigkeit und Volljährigkeit keinen Unterschied machten und nicht auf das Alter von 21 Jahren oder irgendein sonstiges Alter acht hatten, das sie frei über sich selbst und ihr Vermögen entscheiden ließe, wenn sie kein Verlangen haben konnten, ihre Unmündigkeit abzustreifen! Die Herrschaft, unter der sie bis dahin standen, blieb ihnen auch weiterhin mehr Schutz als Beschränkung; und nirgendwo konnten sie größere Sicherheit finden für ihren Frieden, ihre Freiheit und ihr Vermögen als in der Herrschaft des Vaters.

76. So wurden die natürlichen Väter der Familien durch einen unmerklichen Wandel auch zu ihren politischen Monarchen. Und wenn sie zufällig lange lebten und über mehrere Generationen fähige und würdige Erben als Nachfolger oder sonstwie hinterließen oder dergleichen mehr, so wurde damit die Grundlage gelegt für Erb- oder Wahlkönigreiche verschiedener Art und Verfassung – ganz wie Zufall, Überlegung oder Gelegenheit sie gerade gestalteten. Wenn aber Fürsten ihren Rechtsanspruch auf das Recht des Vaters gründen und wenn darin ein hinreichender Beweis für das natürliche Recht des Vaters auf die politische Autorität liegen soll – weil wir gewöhnlich in den Händen der Väter *de facto* die Regierung ausgeübt sehen –, so sage ich, daß, falls dieser Schluß richtig wäre, er ebenso zwingend beweisen müßte, daß alle Fürsten, ja sogar Fürsten allein, Priester sein müßten. War doch der Vater einer Familie anfangs ebenso sicher Priester wie Herrscher in seinem Hause.

VII

Die politische oder bürgerliche Gesellschaft

77. Gott hat den Menschen so geschaffen, daß es nach seinem eigenen Urteil nicht gut für ihn war, allein zu sein. Er stellte ihn unter den starken Zwang von Bedürfnis, Annehmlichkeit und Neigung, um ihn in die Gesellschaft zu lenken, und stattete ihn zugleich mit Verstand und Sprache aus, daß er in ihr verbleibe und sich ihrer erfreue. Die erste Gesellschaft war die Gesellschaft von Mann und Frau. Sie setzte den Anfang für diejenige von Eltern und Kindern, welcher sich mit der Zeit die von Herr und Knecht zugesellte. Und obwohl diese alle zusammenfallen konnten – und es im allgemeinen auch taten – und eine einzige Familie entstand, in der der Herr und die Herrin eine gewisse in der Familie gründende Art der Herrschaft ausübten, so werden wir doch sehen, wenn wir ihre verschiedenen Ziele, Bindungen und Grenzen ins Auge fassen, daß jede für sich, wie auch alle gemeinsam, an die politische Gesellschaft nicht heranreichen konnten.

78. Die eheliche Gesellschaft[5] wird durch einen freiwilligen Vertrag zwischen Mann und Frau geschlossen. Obwohl vor allem eine solche Vereinigung und gegenseitige Berechtigung auf des anderen Körper ihr Wesen ausmacht, wie es für ihr Hauptziel, die Zeugung notwendig ist, bringt sie doch den gegenseitigen Unterhalt und Beistand und eine Gemeinschaft der Interessen mit sich. Nicht allein die Vereinigung ihrer Fürsorge und Zuneigung macht dies erforderlich, sondern auch ihre gemeinsame Nachkommenschaft, die ein Recht

5. Locke betrachtet an dieser Stelle die eheliche Gemeinschaft und den Kreis der Familie als die Beispiele der kleinsten Vereinigungen der Menschen mit festen Regeln und wertet sie als direkte Vorstufen der bürgerlichen Gesellschaft. Um seinen Gedankengang folgerichtig nachzuvollziehen, wurde hier auch in der Übersetzung die Bezeichnung ›Gesellschaft‹ beibehalten, obwohl der deutsche Sprachgebrauch auf ›Gemeinschaft‹ verweisen würde. (D. Übers.)

darauf hat, von ihnen ernährt und unterhalten zu werden, bis sie in der Lage ist, für sich selbst zu sorgen.

79. Da das Ziel der Verbindung von Mann und Frau nicht nur die Zeugung ist, sondern vielmehr die Erhaltung der Art, sollte diese Verbindung von Mann und Frau – auch nach der Zeugung – so lange dauern, wie es für die Ernährung und den Unterhalt der Kinder erforderlich ist, welche von denen, die sie gezeugt haben, so lange versorgt werden müssen, bis sie sich selbst zu helfen und für sich zu sorgen imstande sind. Diese Regel, die der unendlich weise Schöpfer dem Werk seiner Hände gesetzt hat, sehen wir die niederen Geschöpfe beständig befolgen. Bei den sich von Gras nährenden Säugetieren dauert die Vereinigung von Männchen und Weibchen nicht länger als der eigentliche Akt der Paarung: Die Zitzen der Mutter können das Junge so lange nähren, bis es in der Lage ist, sich von Gras zu ernähren. Das Männchen zeugt lediglich, sorgt jedoch seinerseits nicht für das Weibchen oder das Junge, zu dessen Erhaltung es nichts beitragen kann. Bei den Raubtieren aber währt die Verbindung länger: Da das Weibchen von der eigenen Beute allein nicht gut für den eigenen Unterhalt sorgen und gleichzeitig die zahlreichen Jungen nähren kann und da diese Lebensweise mühsamer und auch gefährlicher ist, als sich von Gras zu ernähren, ist der Beistand des Männchens für die Erhaltung der gemeinsamen Familie notwendig. Denn bis die Jungen die Fähigkeit erlangt haben, selbst Beute zu machen, können sie nur mit Hilfe der gemeinsamen Fürsorge von Männchen und Weibchen bestehen. Dasselbe auch kann man bei allen Vögeln beobachten (mit Ausnahme von einigen Haustieren, wo der Hahn die junge Brut nicht zu füttern und nicht für sie zu sorgen braucht, weil reichlich Nahrung vorhanden ist): Da die Jungen im Nest Nahrung brauchen, bleiben der Hahn und die Henne zusammen, bis die Jungen flügge geworden sind und für sich selbst zu sorgen vermögen.

80. Und hierin scheint mir der wichtigste, wenn nicht der

einzige Grund zu liegen, weshalb bei den Menschen Mann und Frau eine längere Verbindung eingehen müssen als andere Lebewesen. Weil die Frau nämlich erneut schwanger werden kann und *de facto* in der Regel wieder ein Kind trägt und niederkommt, lange bevor das ältere Kind zu seiner Unterstützung auf die Hilfe der Eltern nicht mehr angewiesen ist und für sich selbst zu sorgen vermag, ihm vielmehr noch all die Hilfe zukommt, die ihm die Eltern schuldig sind. Und der Vater, dem es obliegt, für die zu sorgen, die er gezeugt hat, steht deshalb auch unter der Verpflichtung, länger mit derselben Frau in ehelicher Gemeinschaft zu leben als andere Lebewesen. Da deren Junge imstande sind, sich selbst zu erhalten, bevor die Zeit der Zeugung erneut wiederkehrt, löst sich das eheliche Band von selbst, und sie sind frei, bis sie Hymen zu der üblichen Brunstzeit wieder aufruft, sich neue Partner zu wählen. Man kann dabei nicht umhin, die Weisheit des großen Schöpfers zu bewundern, der den Menschen Voraussicht verliehen hat und die Fähigkeit, sowohl für die Zukunft zu sorgen, wie auch die Bedürfnisse der Gegenwart zu befriedigen, und es weiterhin erforderlich machte, daß die Gesellschaft von Mann und Frau länger dauere als die von Männchen und Weibchen bei den anderen Lebewesen, damit so ihr Fleiß ermutigt und ihr Interesse besser vereinigt werde, ihre gemeinsamen Nachkommen zu versorgen und Güter für sie zurückzulegen, was durch unbeständige Paarung oder leichte und häufige Auflösung der ehelichen Gesellschaft sehr stark beeinträchtigt würde.

81. Obwohl aber diese der Menschheit auferlegten Fesseln das eheliche Band beim Menschen fester und dauerhafter machen als bei anderen Tiergattungen, so wäre doch die Frage berechtigt, warum dieser Vertrag nicht wie jeder andere freiwillige Vertrag durch Übereinkommen oder an einem bestimmten Zeitpunkt oder unter bestimmten Bedingungen gelöst werden dürfe, wenn die Fortpflanzung und die Erziehung gesichert sind und auch für das Erbe gesorgt

ist – liegt doch weder in der Natur der Sache noch in ihrer Zielsetzung die Notwendigkeit begründet, daß er das ganze Leben über dauern sollte. Zumindest gilt das für die Menschen, meine ich, die nicht den Einschränkungen irgendwelcher positiver Gesetze unterworfen sind, die bestimmen, daß alle solchen Eheverträge lebenslänglich sein sollen.

82. Ehegatten haben zwar ein gemeinsames Interesse, aber sie haben nicht dieselben Meinungen, und so werden sie unvermeidlich auch manchmal nicht denselben Willen haben. Es ist daher notwendig, daß irgendwo die letzte Entscheidung bzw. die Herrschaft liegen sollte. Und dies fällt naturgemäß dem Manne als dem Fähigeren und Stärkeren zu. Es erstreckt sich diese Herrschaft aber nur auf die Dinge ihres gemeinsamen Interesses und Eigentums. Sie beläßt die Frau in dem vollen und freien Besitz alles dessen, was dem Vertrage nach ihr besonderes Recht ist, und gibt ihrem Mann keine größere Gewalt über ihr Leben, als sie auch über das seine hat. Die Gewalt des Ehegatten ist von der eines absoluten Monarchen so weit entfernt, daß die Frau in vielen Fällen die Freiheit hat, sich von ihm zu trennen, wenn das natürliche Recht oder ihr Vertrag es erlauben – ob dieser Vertrag nun von ihnen selbst im Naturzustande geschlossen wurde oder ob er durch die Bräuche und Gesetze des Landes, in dem sie leben, zustande kam. Die Kinder fallen bei einer solchen Trennung dem Vater oder der Mutter zu, je nachdem es der Vertrag bestimmt.

83. Da aller Zweck einer Heirat unter einer politischen Regierung ebenso zu erreichen sein muß wie im Naturzustand, schmälert die staatliche Obrigkeit keinem von beiden jenes Recht oder jene Gewalt, die von Natur für jene Ziele – für die Zeugung und die gegenseitige Hilfe und Unterstützung während ihres Zusammenlebens – notwendig sind, sondern sie entscheidet einzig die Streitfälle, die zwischen Mann und Frau daraus erwachsen könnten. Wäre es anders, eignete jene absolute Souveränität und Gewalt über Leben und Tod von Natur her dem Manne und wäre sie unerläßlich für die

Gesellschaft von Mann und Frau, so könnte es in keinem jener Länder eine Ehe geben, in denen dem Manne keine solche absolute Autorität zugestanden wird. Da aber das Ziel der Ehe keine solche Gewalt bei dem Ehemann verlangt, so ist sie ihm auch nicht durch den Stand der ehelichen Gesellschaft beigelegt worden, denn sie ist keinesfalls notwendig für den Ehestand. Die eheliche Gesellschaft kann ohne sie bestehen und ihre Zwecke erreichen. Ja, die Gemeinschaft der Güter und die Verfügungsgewalt über sie, gegenseitiger Beistand und Unterhalt, und was sonst zur ehelichen Gesellschaft gehört, könnten in jenem Vertrag, der Mann und Frau zu dieser Gesellschaft vereinigt, so weit geändert und neu geregelt werden, wie es sich mit der Zeugung und Aufzucht ihrer Kinder verträgt, bis diese selbst für sich zu sorgen vermögen. Denn nichts kann für eine Gesellschaft notwendig sein, was nicht für die Ziele notwendig ist, derentwegen sie gegründet wurde.

84. Die Gesellschaft von Eltern und Kindern sowie die unterschiedlichen Gewalten, die jeder von ihnen darin besitzt, habe ich so ausführlich in dem vorangehenden Kapitel behandelt, daß ich an dieser Stelle nicht mehr davon zu sprechen brauche. Ich meine, es ist offensichtlich, daß sie sich von einer politischen Gesellschaft weit unterscheidet.

85. Die Bezeichnungen Herr und Knecht sind so alt wie die Geschichte, man hat sie aber Menschen beigelegt, die unter ganz verschiedenen Bedingungen lebten. Ein freier Mensch macht sich dadurch zum Knecht eines anderen, daß er ihm für eine gewisse Zeit Dienste, die zu leisten er sich verpflichtet, gegen einen Lohn, den er dafür erhält, verkauft. Obwohl ihn dies gemeinhin der Familie seines Herrn und der dort üblichen Zucht unterstellt, verleiht es dem Herrn doch nur eine vorübergehende Gewalt über ihn, die nicht größer ist, als es der zwischen ihnen geschlossene Vertrag besagt. Es gibt aber eine andere Art von Knechten, die wir mit einem besonderen Namen als Sklaven bezeichnen. Als Gefangene, die in einem gerechten Krieg ergriffen wurden, stehen sie

nach dem Recht der Natur unter der absoluten Herrschaft und willkürlichen Gewalt ihrer Herren. Diese Menschen haben gleichsam ihr Leben verwirkt – und mit diesem auch ihre Freiheit – und ihre Güter verloren. Da sie sich im Zustand der Sklaverei befinden und zu keinerlei Eigentum fähig sind, können sie in diesem Zustand auch nicht als ein Teil der bürgerlichen Gesellschaft betrachtet werden, da deren Hauptziel die Erhaltung des Eigentums ist.

86. Wir wollen deshalb den Herrn einer Familie betrachten mit all jenen untergeordneten Beziehungen von Weib, Kind, Knechten und Sklaven, welche unter der häuslichen Herrschaft der Familie vereinigt sind. Wie groß die Ähnlichkeit einer Familie nach Ordnung, Ämtern und Zahl mit einem kleinen Staatswesen auch sein mag, sie ist doch in Verfassung, Gewalt und Zielsetzung weit von einem Staat entfernt. Wenn sie aber für eine Monarchie gehalten werden soll, mit dem *pater familias* als absolutem Monarchen, dann besitzt die absolute Monarchie nur eine sehr zerbrechliche und geringe Gewalt – wenn doch, wie aus dem oben Gesagten deutlich hervorgeht, der Herr einer Familie eine sowohl zeitlich, als auch in ihrem Ausmaß genau bestimmte und unterschiedlich begrenzte Gewalt über die einzelnen Menschen besitzt, die in der Familie leben. Denn abgesehen von den Sklaven (und die Familie ist ebensosehr Familie und seine Gewalt als pater familias gleich groß, ob es nun Sklaven in seiner Familie gibt oder nicht) hat er keinerlei gesetzgebende Gewalt über Leben und Tod auch nur eines einzigen von ihnen und auch keinerlei Gewalt, die nicht die Herrin der Familie ebensogut wie er haben könnte. Und er kann sicher keine absolute Gewalt über die ganze Familie haben, wenn er nur eine sehr begrenzte über jedes Einzelwesen in ihr besitzt. Worin sich aber eine Familie oder irgendeine andere Gesellschaft von Menschen von dem unterscheidet, was das Wesen der politischen Gesellschaft ausmacht, werden wir am besten sehen, wenn wir überlegen, worin insbesondere die politische Gesellschaft besteht.

87. Der Mensch ist, wie nachgewiesen wurde, mit einem Rechtsanspruch auf vollkommene Freiheit und auf den uneingeschränkten Genuß aller Rechte und Vorrechte des Naturgesetzes in Gleichheit mit jedem anderen Menschen oder jeglicher Anzahl von Menschen auf dieser Welt geboren. Er hat von Natur aus nicht nur die Macht, sein Eigentum – nämlich sein Leben, seine Freiheit und seinen Besitz – gegen die Schädigungen und Angriffe anderer Menschen zu schützen, sondern darüber hinaus, andere wegen der Verletzungen dieses Gesetzes zu verurteilen und sie so zu bestrafen, wie es seiner Überzeugung nach das Vergehen verdient – sogar mit dem Tode, wenn es Verbrechen sind, die ihm so abscheulich scheinen, daß sie den Tod verdienen. Da aber keine politische Gesellschaft bestehen und fortdauern kann, ohne daß es in ihr eine Gewalt gibt, das Eigentum zu schützen und zu diesem Zweck die Überschreitungen aller, die dieser Gesellschaft angehören, zu bestrafen, gibt es dort und dort allein politische Gesellschaft, wo jedes einzelne Mitglied seiner natürlichen Macht entsagt und für all die Fälle zugunsten der Gemeinschaft auf sie verzichtet hat, in denen es ihm nicht verwehrt ist, das von ihr geschaffene Gesetz zu seinem Schutz anzurufen. Auf diese Weise wird das Strafgericht der einzelnen Mitglieder beseitigt, und die Gemeinschaft wird nach festen, beständigen Regeln zum unparteiischen Schiedsrichter für alle. Durch Männer, denen von der Gemeinschaft Autorität verliehen wurde, um jene Regeln zu vollziehen, entscheidet sie alle Streitigkeiten, die unter den Mitgliedern dieser Gesellschaft auftreten mögen, und ahndet gegen die Gemeinschaft gerichtete Vergehen irgendwelcher Mitglieder mit den von dem Gesetz vorgesehenen Strafen. Daran ist leicht zu erkennen, welche Menschen in einer politischen Gesellschaft zusammenleben und welche nicht. Diejenigen, die zu einem einzigen Körper vereinigt sind und allgemeine, feststehende Gesetzgebung und ein Gerichtswesen haben, das sie anrufen können und das Autorität besitzt, um Streitfälle zu entscheiden und Ver-

brecher zu strafen, leben in einer bürgerlichen Gesellschaft zusammen. Diejenigen aber, die keine solche gemeinsame Berufungsinstanz besitzen – zumindest nicht auf Erden –, befinden sich noch im Naturzustand: Ein jeder ist sein eigener Richter – da es keinen anderen Richter gibt – und zugleich auch Vollstrecker. Dies aber ist, wie ich schon früher gezeigt habe, der vollkommene Naturzustand.

88. So gelangt das Staatswesen zu einer Gewalt, für die jeweiligen Überschreitungen des Gesetzes – die unter den Mitgliedern jener Gesellschaft begangen werden – die Strafen festzusetzen, die man für angemessen hält, (zu der Gewalt also, Gesetze zu erlassen) und zugleich zu jener, jegliches Unrecht zu bestrafen, das einem der Mitglieder von jemandem zugefügt wird, der jener Gesellschaft nicht angehört (also zu der Gewalt über Krieg und Frieden); und dies alles zur Erhaltung des Eigentums aller Glieder dieser Gesellschaft – soweit es möglich ist. Hat nun auch jeder, der in die bürgerliche Gesellschaft eingetreten und Mitglied eines Staates geworden ist, dadurch seine Macht, Verbrechen gegen das Naturgesetz nach dem eigenen, persönlichen Urteil zu ahnden, von sich gegeben, so hat er doch dem Staat gleichzeitig mit der Urteilssprechung über die Vergehen – welche er der gesetzgebenden Gewalt für alle Fälle überantwortet hat, in denen er den obersten Gesetzgeber anrufen kann – auch das Recht übertragen, zur Vollstreckung der Urteile des Staates seine Kräfte in Anspruch zu nehmen, wann immer dies von ihm verlangt wird. In Wahrheit sind es ja seine eigenen Urteile, da sie von ihm selbst oder von seinen Vertretern gefällt werden. Und darin liegt der Ursprung der legislativen und exekutiven Gewalt der bürgerlichen Gesellschaft: einerseits nämlich nach stehenden Gesetzen über das Ausmaß der Strafen jener Vergehen zu urteilen, die innerhalb der Grenzen des Staates begangen wurden, und auf der anderen Seite durch das jeweilige, an den Umständen des gegenwärtigen Falles orientierte Urteil zu entscheiden, wie weit ein Unrecht von außen gerächt werden soll – und in

beiden Fällen die gesamte Kraft aller Mitglieder zu gebrauchen, wenn dies notwendig sein sollte.

89. Wo immer daher eine Anzahl von Menschen sich so zu einer Gesellschaft vereinigt hat, daß jeder seines Rechtes, das Naturgesetz zu vollstrecken, entsagt und zugunsten der Allgemeinheit darauf verzichtet, dort – und einzig dort entsteht eine politische oder bürgerliche Gesellschaft. Und das ist überall dort der Fall, wo eine Anzahl im Naturzustand lebender Menschen sich zu einer Gesellschaft vereinigt, um *ein* Volk, einen einzigen politischen Körper unter einer einzigen höchsten Regierung zu bilden – oder wo sich irgend jemand einer schon bestehenden Regierung anschließt und sich ihr einverleibt. Dadurch ermächtigt er die Gesellschaft oder – was dasselbe ist – die Legislative, ihm Gesetze zu geben, wie sie das öffentliche Wohl der Gesellschaft erfordert – Gesetze, zu deren Vollziehung beizutragen er verpflichtet ist (da sie als seine eigenen Beschlüsse gelten). Und dies versetzt die Menschen aus dem Naturzustand in ein Staatswesen: es wird ein Richter auf Erden eingesetzt, der Autorität besitzt, alle Streitfälle zu entscheiden und jegliches Unrecht zu sühnen, das irgendeinem Mitglied des Staates zugefügt wird. Dieser Richter ist die Legislative oder die von ihr ernannte Obrigkeit. Wo aber irgendeine Anzahl von Menschen, selbst wenn sie sich vereinigt haben, keine solche Gewalt, die sie anrufen können, besitzen, befinden sie sich noch im Naturzustand.

90. Hieraus geht deutlich hervor, daß die absolute Monarchie, die manche Menschen für die einzige Regierung der Welt halten, in Wahrheit mit bürgerlicher Gesellschaft unverträglich ist und deshalb keinerlei Art bürgerlicher Regierung sein kann. Denn das Ziel der bürgerlichen Gesellschaft ist es, jene Mängel des Naturzustandes, die die notwendige Folge sind, wenn ein jeder in eigener Sache Richter ist, zu vermeiden und ihnen abzuhelfen, indem eine allen bekannte Autorität eingesetzt wird, die jedes Mitglied der Gesellschaft anrufen kann, wenn es ein Unrecht erlitten hat oder wenn

ein Streit entstanden ist, und der jeder in der Gesellschaft sich fügen muß.* Wo immer Menschen ohne eine solche Autorität leben, die sie zur Entscheidung ihrer Streitigkeiten untereinander anrufen können, befinden sie sich noch immer im Naturzustand. Und im gleichen Zustand befindet sich auch jeder absolute Fürst gegenüber denjenigen, die unter seiner Herrschaft stehen.

91. Denn da man von ihm annimmt, daß er allein sowohl die legislative als auch die exekutive Gewalt in sich vereinigt, so ist kein Richter zu finden, den man anrufen könnte und der gerecht, unparteiisch und mit Autorität entscheiden könnte und von dessen Entscheid man sich bei jedwedem Unrecht oder Schaden, welche man von seiten des Fürsten oder auf seinen Befehl hin erleidet, Abhilfe und Wiedergutmachung versprechen könnte. Ein solcher Mensch – man mag ihn Zar oder Grandseigneur oder sonstwie nennen – befindet sich denen gegenüber, die unter seiner Herrschaft leben, ganz so im Naturzustand wie gegenüber der übrigen Menschheit. Denn überall, wo zwei Menschen ohne feste Regel miteinander leben und ohne einen gemeinsamen Richter auf Erden, den sie zur Entscheidung ihrer Rechtsstreitigkeiten anrufen könnten, befinden sie sich noch im Naturzustand mit all seinen Unannehmlichkeiten.** Es besteht allein folgender

* »Die öffentliche Gewalt einer jeden Gesellschaft steht über jedem Individuum dieser Gesellschaft. Und sie dient vor allem dazu, Gesetze zu geben für alle, die ihr unterstehen. Diesen Gesetzen müssen wir in denjenigen Fällen Gehorsam leisten, in denen nicht zwingend bewiesen werden kann, daß das Gesetz der Vernunft oder das Gesetz Gottes das Gegenteil befiehlt.« (Hooker, Eccl. Pol. lib. I, sect. 16.)

** »All dies gegenseitige Leid, Unrecht und Übel (die den Menschen im Naturzustand begleiten) zu beseitigen, gab es keine andere Möglichkeit, als miteinander zu einem Übereinkommen und Einverständnis zu gelangen und eine Art öffentlicher Regierung zu bestimmen, der man sich selbst unterstellte, damit durch diejenigen, denen man Autorität zum Herrschen und Regieren verliehen hatte, für den Frieden, die Ruhe und das Glück der übrigen Menschen gesorgt werde. Die Menschen waren sich immer bewußt, daß sie sich selbst verteidigen durften, wenn man ihnen mit Gewalt begegnete und ihnen ein Unrecht antat. Sie wußten auch, daß die Menschen zwar ihren eigenen Vorteil suchen durften, daß man

schmerzliche Unterschied für den Untertan oder vielmehr den Sklaven des absoluten Fürsten: Während er im gewöhnlichen Naturzustand die Freiheit hat, über sein Recht zu urteilen und dieses Recht nach besten Kräften zu behaupten, hat er jetzt, wenn nach dem Willen oder auf des Monarchen Befehl hin sein Eigentum angegriffen wird, nicht nur keine Berufungsmöglichkeit, wie es doch die Menschen in der Gesellschaft haben sollten, sondern er ist auch der Freiheit beraubt, über sein Recht zu urteilen und es zu verteidigen – als sei er unter den normalen Zustand vernünftiger Wesen erniedrigt worden –, und er ist somit allem Elend und allem Ungemach ausgesetzt, das man von einem Menschen zu fürchten hat, der sich im unbeschränkten Naturzustand befindet und noch dazu von Schmeichlern verdorben ist und mit Gewalt gewappnet.

92. Wer nämlich glaubt, absolute Gewalt reinige der Menschen Blut und ändere etwas an der Niedrigkeit der menschlichen Natur, der braucht nur in der Geschichte des jetzigen oder irgendeines anderen Zeitalters nachzulesen, um von dem Gegenteil überzeugt zu werden. Wer sich in den Wäldern Amerikas unverschämt und ungerecht gezeigt hätte, wäre wahrscheinlich auch auf dem Thron nicht besser, wo sich Gelehrsamkeit und Religion vielleicht bereit finden, alles zu rechtfertigen, was er seinen Untertanen zufügt, und wo das Schwert auf der Stelle alle zum Schweigen bringt, die es in Zweifel zu stellen wagen. Wie es um den Schutz in einer absoluten Monarchie bestellt ist, wenn diese Art

aber nicht dulden kann, daß dabei anderen Unrecht widerfährt, sondern daß sich dem alle Menschen mit allen guten Mitteln widersetzen müssen. Schließlich wußten sie auch, daß sich vernünftigerweise kein Mensch anmaßen darf, über sein eigenes Recht zu entscheiden und es nach seiner eigenen Entscheidung zu verfolgen, weil der Mensch gegen sich selbst und diejenigen, für die er Zuneigung empfindet, parteiisch ist. Streit und Unruhe würden daher kein Ende nehmen, wenn sie nicht alle einwilligten, von einem einzigen regiert zu werden, auf den sie sich einigten. Ohne eine solche Übereinkunft ist keinerlei Grund vorhanden, daß sich jemand anmaßen könnte, über einen anderen Herr oder Richter zu sein.« (Hooker, Eccl. Pol. lib. I, sect. 10.)

von Regierung ihre Vollendung erreicht, wie die Landesväter aussehen, zu denen sie die Fürsten macht, und zu welchem Maß an Glück und Sicherheit sie die bürgerliche Gesellschaft führt, kann jeder leicht sehen, wenn er seinen Blick auf die letzten Berichte von Ceylon richtet.

93. In einer absoluten Monarchie haben die Untertanen zwar wie unter jeder anderen Regierung der Welt eine Rechtsinstanz, die sie anrufen können, und Richter, welche ihre Streitfälle entscheiden und alle Gewalttätigkeit der Untertanen gegeneinander unterdrücken. Dies hält jeder für notwendig und glaubt auch, daß derjenige, der ihnen dies nehmen wollte, als ein erklärter Feind der Gesellschaft und der ganzen Menschheit angesehen werden müßte. Ob das aber auf eine wahre Liebe zur Menschheit und zur Gesellschaft zurückgeht und auf jene Nächstenliebe, die wir alle einander schulden, das ist mit gutem Grund zu bezweifeln. Denn es ist nicht mehr, als was jeder Mensch tun wird und von Natur her tun muß, wenn er seine eigene Gewalt, seinen Vorteil und seine Größe liebt: nämlich jene Arbeitstiere, die sich nur zu seinem Vergnügen und seinem Vorteil mühen und schinden, davon abzuhalten, sich gegenseitig zu schaden oder zu vernichten – und für die deshalb gesorgt wird, nicht aus irgendwelcher Liebe heraus, die der Herr für sie hegte, sondern aus Selbstliebe und des Vorteils wegen, den sie ihm schaffen. Denn wollte man fragen, welche Sicherung, welche Abschirmung es in jenem Zustand gegen die Gewalttätigkeit und Unterdrückung von seiten dieses absoluten Herrschers gebe, so könnte sich schon die Frage kaum erheben. Man würde schnell erfahren, daß es den Tod verdiene, nach Sicherheit auch nur zu fragen. Für die Untertanen untereinander, das wird man zugestehen, muß es zwar um ihres gegenseitigen Friedens und ihrer Sicherheit willen Maßregeln, Gesetze und Richter geben. Der Herrscher aber, er muß absolut sein und steht über derlei Regelungen. Da er Macht hat, mehr Schaden und Unrecht zu tun, ist es auch Recht, wenn er es tut. Die Frage, wie man denn vor Schaden

und Unrecht von seiten der stärksten Hand, aus der man es empfangen kann, geschützt werden könne, gilt unverzüglich als die Stimme des Aufruhrs und der Rebellion. Als wenn die Menschen, als sie den Naturzustand verließen und in die Gesellschaft eintraten, übereingekommen wären, daß alle, mit Ausnahme eines einzigen, unter dem Zwang von Gesetzen stehen und daß er allein im Besitz aller Freiheit des Naturzustandes bleiben solle – die durch Gewalt noch vergrößert würde und der durch Straflosigkeit alle Zügel gelassen wären. Dies hieße die Menschen für so töricht halten, daß sie zwar zu verhüten suchen, was ihnen Marder oder Füchse antun könnten, aber glücklich sind, ja, es für Sicherheit halten, von Löwen verschlungen zu werden.[6]

94. Was immer Schmeichler aber reden mögen, um den Verstand des Volkes zum besten zu halten, es wird die Menschen nicht davon abhalten, ihrem Gefühl zu vertrauen. Wenn sie gewahr werden, daß irgend jemand ganz gleich welchen Standes außerhalb der Grenzen jener bürgerlichen Gesellschaft steht, welcher sie angehören, und daß sie auf Erden keine Rechtshilfe finden können wider irgendwelches Unrecht, das sie von ihm erleiden mögen, so werden sie sich dem gegenüber, den sie ebenfalls darin finden, wieder im Naturzustand sehen und Sorge tragen, so bald wie möglich jenen Schutz und jene Sicherheit in der bürgerlichen Gesellschaft zu finden, um derentwillen diese anfangs begründet worden war und weshalb allein sie in sie eingetreten waren. Es mag nun zu Anfang (wie ausführlicher im folgenden Teil dieser Abhandlung gezeigt werden wird) irgendeinen guten und vortrefflichen Mann gegeben haben, der allen anderen überlegen war und dem sie seiner Güte und Tüchtigkeit wegen wie einer Art natürlicher Autorität Ehrerbietung erwiesen haben, so daß sie durch stillschweigendes Übereinkommen die oberste Leitung zusammen mit der Entscheidungsbefugnis über ihre Streitigkeiten in seine Hände legten,

6. Vgl. Nachwort S. 202, Anm. 20.

und zwar ohne eine andere Bürgschaft als ihre Überzeugung von seiner Geradheit und Weisheit. Die Zeit aber verlieh jenen Bräuchen, die man zu Anfang nachlässig und unbedacht in aller Unschuld hatte entstehen lassen, Autorität und machte sie (wie mancher uns einreden möchte) sogar heilig. Sie ließ Nachfolger von anderem Schlage auftreten, so daß das Volk unter einer solchen Regierung sein Eigentum nicht mehr wie damals für sicher hielt (alle Regierung aber hat kein anderes Ziel als die Erhaltung des Eigentums)*, und nicht mehr geschützt und in Ruhe leben noch sich in einer bürgerlichen Gesellschaft betrachten konnte, ehe nicht die legislative Gewalt einer kollektiven Körperschaft übertragen wurde – mag diese Senat, Parlament oder sonstwie heißen. Auf diese Weise wurde jeder einzelne, der geringste Mann ebenso wie irgendein anderer, jenen Gesetzen untertan, die er selbst, ein Teil der Legislative, erlassen hatte. Und war das Gesetz einmal geschaffen, so konnte sich niemand kraft eigener Autorität der Gewalt des Gesetzes entziehen oder unter irgendeinem Vorwand der Überlegenheit Befreiung beanspruchen, um damit seine eigenen oder die Verfehlungen irgendwelcher seiner Anhänger zu sanktionieren. Niemand kann in einer bürgerlichen Gesellschaft von deren Gesetzen befreit werden.** Wenn nämlich jeder tun kann, was ihm gerade richtig scheint, und wenn es auf Erden keine In-

* »Als zu Anfang erst einmal eine gewisse Art von Regierung gebildet war, mag man vielleicht noch nicht weiter darüber nachgedacht haben, wie regiert werden sollte, sondern es mag alles der Weisheit und Klugheit derer überlassen worden sein, die regieren sollten – bis man schließlich die Erfahrung machte, daß dies für alle Teile sehr nachteilig war, daß nämlich, was man als Heilmittel ersonnen hatte, in Wirklichkeit nur jenes Übel verschlimmerte, welches es hätte heilen sollen. Man erkannte: Nach dem Willen eines Einzelnen zu leben wurde die Ursache für das Elend aller. Dies zwang die Menschen, sich auf Gesetze zu einigen, die sie im voraus ihre Pflichten erkennen ließen und sie mit den Strafen für die Übertretung der Gesetze vertraut machten.« (Hooker, Eccl. Pol. lib. I, sect. 10.)

** »Das bürgerliche Gesetz ist ein Akt des gesamten politischen Körpers und beherrscht deshalb jeden einzelnen Teil dieses Körpers.« (Hooker, ibid.)

stanz gibt, die man zur Abhilfe und zur Sicherheit gegen jegliches Unrecht, das er begeht, anrufen kann, so frage ich, ob er sich nicht noch immer vollkommen im Naturzustande befindet und folglich auch unmöglich ein Teil oder Glied jener bürgerlichen Gesellschaft sein kann. Man müßte schon behaupten wollen, Naturzustand und bürgerliche Gesellschaft seien ein und dasselbe – bisher aber habe ich noch nie einen solchen Schutzpatron für die Anarchie gefunden, daß er diesen Standpunkt vertreten hätte.

VIII

Die Entstehung politischer Gesellschaften

95. Die Menschen sind – wie schon gesagt wurde – von Natur alle frei, gleich und unabhängig, und niemand kann ohne seine Einwilligung aus diesem Zustand verstoßen und der politischen Gewalt eines anderen unterworfen werden. Die einzige Möglichkeit, diese natürliche Freiheit aufzugeben und die Fesseln bürgerlicher Gesellschaft anzulegen, ist die, daß man mit anderen Menschen übereinkommt, sich zusammenzuschließen und in eine Gemeinschaft zu vereinigen, mit dem Ziel, behaglich, sicher und friedlich miteinander zu leben – in dem sicheren Genuß des Eigentums und in größerer Sicherheit gegenüber allen, die ihr nicht angehören. Jede beliebige Anzahl von Menschen kann dies tun, denn es verletzt nicht die Freiheit der übrigen; diese verbleiben wie zuvor in der Freiheit des Naturzustandes. Sobald eine Anzahl von Menschen auf diese Weise übereingekommen ist, eine Gemeinschaft oder Regierung zu bilden, haben sie sich ihr sogleich einverleibt, und sie bilden einen einzigen politischen Körper, in dem die Mehrheit das Recht hat, zu handeln und die übrigen Glieder mitzuverpflichten.

96. Hat nämlich eine Anzahl von Menschen unter Zustimmung jedes einzelnen eine Gemeinschaft gebildet, dann haben sie diese Gemeinschaft zu einem einzigen Körper gemacht, mit der Macht, wie ein einziger Körper zu handeln, was allein durch den Willen und den Beschluß der Mehrheit geschehen kann. Allein die Zustimmung der Individuen, die ihr angehören, kann eine Gemeinschaft zum Handeln befähigen. Da sich ein einziger Körper notwendigerweise nur in eine Richtung bewegen kann, muß sich der Körper notwendigerweise auch dorthin bewegen, wohin ihn die größere Kraft treibt – und das ist die Übereinkunft der Mehrheit. Anders kann sie unmöglich handeln oder als ein einziger Körper oder eine einzige Gemeinschaft handeln oder fortbestehen – wie es doch mit der Zustimmung jedes Einzelwesens, das darin vereint ist, beschlossen war –, und daher ist ein jeder durch diese Zustimmung verpflichtet, sich der Mehrheit zu unterwerfen. So können wir sehen, daß bei Versammlungen, die durch positive Gesetze zum Handeln ermächtigt sind und denen jenes positive Gesetz, welches sie ermächtigte, keine bestimmte Zahl vorschreibt, der Beschluß der Mehrheit als der Beschluß aller gilt und somit entscheidet, da er nach dem Gesetz der Natur und der Vernunft die Gewalt der Gesamtheit besitzt.

97. Ein jeder also, der mit anderen übereinkommt, einen einzigen politischen Körper unter *einer* Regierung zu bilden, verpflichtet sich gegenüber jedem einzelnen dieser Gesellschaft, sich dem Beschluß der Mehrheit zu unterwerfen und sich ihm zu fügen. Dieser ursprüngliche Vertrag, durch den er sich mit anderen in eine Gesellschaft vereinigt, würde ohne alle Bedeutung sein und kein Vertrag, wenn der einzelne weiterhin frei bliebe und unter keinen anderen Verpflichtungen stünde als zuvor im Naturzustande. Denn was würde auf irgendeinen Vertrag hindeuten! Welche neue Verpflichtung würde er eingehen, wenn er durch die Beschlüsse dieser Gesellschaft nur so weit gebunden wäre, wie er selbst es für angebracht hielte und er ihnen tatsächlich zustimmte.

Diese Freiheit wäre noch ebenso groß wie die, welche er vor seinem Vertrag hatte oder wie sie irgend jemand sonst im Naturzustand hat, der sich irgendwelchen Handlungen einer Gemeinschaft unterwerfen und ihnen zustimmen mag, wenn es ihm nützlich scheint.

98. Denn wollte man nicht vernünftigerweise die Übereinkunft der Mehrheit als den Beschluß aller annehmen, der jedes Einzelwesen darin mitverpflichtet, so brauchte es die Zustimmung jedes Einzelnen, bis etwas zum Beschluß aller würde. Eine solche Zustimmung jemals zu erhalten ist aber nahezu unmöglich, wenn man Krankheiten und geschäftliche Verpflichtungen in Betracht zieht, die in einer Anzahl von Menschen – sei sie selbst um vieles kleiner als die eines Staatswesens – notwendigerweise viele von der öffentlichen Versammlung fernhalten wird. Wenn wir noch die Vielzahl der Meinungen und gegensätzlichen Interessen hinzufügen, die sich unvermeidlich in allen menschlichen Vereinigungen ergeben, so würde unter solchen Umständen das Eintreten in die Gesellschaft lediglich Catos Betreten des Theaters ähneln – *tantum ut exiret*[7]. Eine solche Verfassung würde dem mächtigen Leviathan kürzere Lebensdauer als den schwächsten Lebewesen gewähren und würde ihn nicht den Tag seiner Geburt überleben lassen. Dies aber kann man schwerlich annehmen wollen, solange man nicht glaubt, vernunftbegabte Wesen wünschten und begründeten Gesellschaften nur, damit sie wieder aufgelöst würden! Wo die Mehrheit aber nicht die übrigen mitzuverpflichten vermag, kann die Gesellschaft nicht als ein einziger Körper handeln und wird folglich unverzüglich wieder aufgelöst werden.

99. Von allen Menschen, die sich aus dem Naturzustand zu

7. nur, um wieder hinauszugehen. Marcus Porcius Cato (234–149 v. Chr.), römischer Heerführer, Staatsmann und Schriftsteller, erwies sich nicht nur als Zensor, sondern auch während seiner ganzen politischen Laufbahn als strenger Mahner zu altrömischer Zucht und Sitte. Wie alle öffentlichen Vergnügungen waren ihm auch Theatervorführungen ein Ärgernis.

einer Gemeinschaft vereinigen, muß daher vorausgesetzt werden, daß sie die ganz Gewalt, die für das Ziel ihrer Vereinigung in die Gesellschaft notwendig ist, an die Mehrheit jener Gemeinschaft abtreten – es sei denn, man hätte sich ausdrücklich auf eine größere Zahl als die Mehrheit geeinigt. Und dies geschieht mit der bloßen Übereinkunft, sich zu einer politischen Gesellschaft zu vereinigen – was schon den ganzen Vertrag ausmacht, der zwischen den Individuen, die in das Staatswesen eintreten oder es begründen, geschlossen wird und notwendig ist. So ist der Anfang und die tatsächliche Begründung einer politischen Gesellschaft nichts anderes als die Übereinkunft einer der Mehrheitsbildung fähigen Anzahl freier Menschen, sich zu vereinigen und sich einer solchen Gesellschaft einzugliedern. Dies und einzig dies gab oder vermochte den Anfang zu geben für jede rechtmäßige Regierung auf der Welt.

100. Ich sehe, wie sich hier zweierlei Einwände erheben:

Zum ersten, daß man in der Geschichte keinerlei Beispiele dafür finden kann, daß sich eine Gruppe unabhängiger und gleicher Menschen zusammentat und auf diese Weise eine Regierung begründete und einsetzte.

Zum zweiten, daß die Menschen dies unmöglich von Rechts wegen tun könnten: Da alle Menschen unter einer Regierung geboren sind, müssen sie sich jener Regierung unterwerfen und haben nicht die Freiheit, eine neue zu begründen.

101. Auf den ersten Einwand ist dies zu antworten: Es ist wenig verwunderlich, wenn uns die Geschichte nur sehr spärlich von Menschen berichtet, die im Naturzustande zusammenlebten. Die Unannehmlichkeiten jenes Zustandes, die Liebe und das Verlangen nach der Gesellschaft hatten kaum eine Anzahl von Menschen zusammengebracht, als sie sich auch schon vereinigten und zu einem Körper verbanden, wenn sie die Absicht hatten, zusammenzuleben. Wenn wir aber nicht glauben, daß die Menschen jemals im Naturzustande gelebt haben, nur weil wir nicht viel von ihnen in diesem Zustand hören, können wir ebensogut annehmen, die

Soldaten des Salmanasser oder Xerxes[8] seien niemals Kinder gewesen, weil man wenig von ihnen weiß, bevor sie Männer und zu Heeren vereinigt waren. Die Regierung geht den Urkunden überall voraus, und Aufzeichnungen finden sich selten bei einem Volke, bevor es nicht lange Zeit eine bürgerliche Gesellschaft gegeben hat, die durch andere, notwendigere Künste für Sicherheit, Ruhe und Wohlstand der Menschen gesorgt hat. Und sie beginnen erst dann nach der Geschichte ihrer Gründer zu fragen und nach ihrem Ursprung zu forschen, wenn die Erinnerung daran schon längst überlebt ist. Denn bei den Staaten ist es wie bei den einzelnen Menschen, in der Regel wissen sie nichts von ihrer eigenen Geburt und Kindheit. Falls sie aber etwas über ihren Ursprung wissen, verdanken sie es den zufälligen Aufzeichnungen, die andere davon bewahrt haben. Jene Aufzeichnungen aber, die wir über das Entstehen irgendwelcher Staatswesen in der Welt besitzen – ausgenommen das der Juden, wo Gott selbst unmittelbar eingriff, welches aber dennoch keinesfalls für die väterliche Herrschaft spricht –, sind alle für einen solchen Anfang, wie ich ihn gezeigt habe, entweder klare Beispiele oder weisen zumindest in deutlichen Spuren darauf hin.

102. Man muß schon eine seltsame Neigung bekunden, offenkundige Tatsachen, wenn sie nicht mit der eigenen Hypothese übereinstimmen, zu leugnen, wenn man nicht zugeben will, daß die Anfänge von Rom und Venedig in der Vereinigung einiger freier und voneinander unabhängiger Menschen lagen, die untereinander keine natürliche Überlegenheit oder Unterwerfung kannten. Und darf man den

8. Den Namen Salmanasser trugen mehrere assyrische Herrscher. Auf welchen dieser Könige sich Locke bezieht, ist ungewiß. Wahrscheinlich gilt der Hinweis dem großen Eroberer Salmanasser III (858–824 v. Chr.), der die Grenzen seines Reiches in endlosen Heerzügen bis weit in den südöstlichen Mittelmeerraum vortrieb. – Xerxes (519–465 v. Chr.), Sohn des Darius, König der Perser, wurde bei dem Versuch der Eroberung Griechenlands in der Seeschlacht von Salamis (480 v. Chr.) entscheidend geschlagen.

Worten des Josephus Acosta[9] glauben, so hat es, wie er uns berichtet, in vielen Teilen Amerikas überhaupt keine Regierung gegeben. *Es gibt starke und offenbar richtige Vermutungen*, sagt er und spricht dabei von den Menschen in Peru, *daß diese Menschen lange Zeit weder Könige noch Staatswesen kannten, sondern in Scharen lebten, wie noch heute die Einwohner von Florida, die Cheriquanas, oder die von Brasilien und viele andere Nationen, die keine festen Könige haben, sondern ihre Führer, wie es die Gelegenheit erfordert, in Krieg und Frieden nach dem eigenen Gutdünken wählen* (L. I, c. 25). Zwar mag man sagen, daß jeder Mensch dort von Geburt her seinem Vater oder dem Oberhaupt der Familie untertan war; daß aber dieser Gehorsam, den das Kind dem Vater schuldet, ihm nicht die Freiheit nahm, sich in die ihm am zweckmäßigsten erscheinende politische Gesellschaft einzugliedern, ist schon bewiesen worden. Aber mag das sein, wie es will, diese Menschen, das ist offenkundig, waren wirklich frei. Und welchen Vorrang auch immer mancher Politiker heute einigen von ihnen beilegen möchte, sie selbst beanspruchten ihn nicht. Nach Übereinkunft waren sie vielmehr sämtlich gleich, bis sie durch dieselbe Übereinkunft Herrscher über sich stellten. Ihre politischen Gesellschaften nahmen also alle in einer freiwilligen Vereinigung ihren Anfang – und in dem gegenseitigen Einverständnis von Menschen, die bei der Wahl ihrer Regenten und Regierungsformen frei entschieden.

103. Ich hoffe auch, man wird denjenigen, welche – wie Justinus[10] (lib. III, c. 4) berichtet – zusammen mit Phalantus[11] Sparta verließen, zugestehen, daß sie freie und vonein-

9. José de Acosta (gest. 1600), spanischer Jesuit. Als Missionar in Peru veröffentlichte er einen Katechismus – das erste in Peru veröffentlichte Buch überhaupt. Das berühmteste Werk Acostas war die hier zitierte *Historia Natural Moral de las Indias* (Sevilla 1590).

10. J. Marcus Junianus Justinus (um 160 v. Chr.), römischer Historiker, verfaßte einen Auszug aus dem verlorengegangenen Geschichtswerk des Pompeius Trogus, aus dem der Bericht über Phalantus stammt.

11. Gemeint ist Phalantus, der Gründer von Tarent. Während des ersten

ander unabhängige Männer waren und nach eigener Übereinkunft eine Regierung über sich einsetzten. Damit habe ich einige Beispiele aus der Geschichte für freie und im Naturzustand lebende Völker gegeben, welche sich, nachdem sie zusammengekommen waren, in einen Körper vereinigten und einen Staat gründeten. Und wenn der Mangel an weiteren Beispielen als Beweis gelten sollte, daß Regierungen auf diese Art weder begründet wurden noch werden konnten, so bin ich der Ansicht, den Streitern für die väterliche Herrschaft wäre besser geraten, dieses Argument unberührt zu lassen, als es gegen die natürliche Freiheit zu erheben. Denn wenn sie aus der Geschichte nur ebenso viele Beispiele für Regierungen, die auf dem väterlichen Recht gründen, anführen könnten, glaube ich, daß man ihnen wohl ohne große Gefahr das Feld räumen dürfte (obwohl selbst im günstigsten Fall das, was war, für das, was von Rechts wegen sein sollte, als Argument nicht sehr große Beweiskraft hat). Wenn ich ihnen aber raten darf, würden sie gut daran tun, nicht zu sehr über den Ursprung von Regierungen nachzuforschen – darüber, wie sie de facto begonnen haben –, sie könnten nämlich bei der Begründung der meisten Regierungen auf etwas stoßen, was sich für die Absicht, die sie verfolgen, und jene Gewalt, für die sie streiten, sehr wenig günstig erwiese.

104. Kurz, die Vernunft ist offensichtlich auf unserer Seite und sagt, daß die Menschen von Natur aus frei sind. Die

Messinischen Krieges entstand unter den Frauen von Sparta große Unzufriedenheit über die lange Abwesenheit ihrer Männer. Die Spartaner im Felde, die die politischen Folgen der Kinderlosigkeit fürchteten, sandten eine Anzahl junger Krieger nach Hause, mit dem Auftrag, sich der Frauen der im Felde Verbleibenden anzunehmen. Nach der Beendigung des Krieges aber verweigerten die aus dem Felde zurückkehrenden Spartaner den aus diesem Unternehmen Hervorgegangenen die Anerkennung. Enttäuscht und erbittert verließen die so Entrechteten Sparta, um sich in Süditalien eine neue Heimat zu schaffen. Ihr Führer war Phalantus, dessen Vater den unheilvollen Plan ersonnen hatte und der nun zum Zeichen seiner Mitverantwortung die Entrechteten dem eigenen Sohne anempfahl.

Beispiele aus der Geschichte zeigen, daß jene Regierungen dieser Welt, die im Frieden begründet wurden, von dieser Grundlage aus ihren Anfang nahmen und daß sie durch die Übereinkunft des Volkes entstanden. Es bleibt also wenig Raum für den Zweifel darüber, auf welcher Seite das Recht lag, noch wie die Absicht und das Vorgehen der Menschen waren, als sie die ersten Regierungen begründeten.

105. Ich will es nicht leugnen: wenn wir zum Ursprung der Staaten hin so weit zurückblicken, wie uns die Geschichte zu leiten vermag, werden wir sie gemeinhin unter der Regierung und Verwaltung eines einzigen Menschen finden. Und ich will auch gern glauben, daß dort, wo eine Familie groß genug war, um allein zu bestehen, wo sie zusammenblieb, ohne sich, wie es häufig geschah, mit anderen zu mischen, und wo es viel Land gab und nur wenig Menschen, die Regierung im allgemeinen mit dem Vater begann. Denn der Vater hatte nach dem Naturgesetz dieselbe Gewalt wie jeder andere Mensch, jeglichen Verstoß gegen dieses Gesetz nach dem eigenen Ermessen zu strafen. So konnte er die Vergehen seiner Kinder auch dann noch strafen, wenn sie schon zu Männern geworden und ihrer Unmündigkeit entwachsen waren. Sehr wahrscheinlich auch haben sie sich seiner Strafe unterworfen und sich ihrerseits mit ihm gegen den Übeltäter verbunden und haben ihm somit die Gewalt verliehen, seinen Urteilsspruch bei jeder Übertretung zu vollstrecken – und ihn wirklich zum Gesetzgeber und Regenten über alle gemacht, die mit seiner Familie vereinigt blieben. Er war des Vertrauens am würdigsten, seine väterliche Zuneigung sicherte ihr Eigentum und ihr Interesse unter seiner Fürsorge, und da sie ihm schon von Kindheit an zu gehorchen gewohnt waren, konnten sie sich leichter ihm als irgendeinem anderen Menschen unterwerfen. Wenn sie also jemanden brauchten, der über sie herrschen sollte – und wo Menschen zusammenleben, ist Regierung kaum zu vermeiden –, wer wäre eher geeignet als er, der ihr gemeinsamer Vater war, falls nicht Nachlässigkeit, Grausamkeit oder sonst ein Man-

gel des Geistes oder Körpers ihn dazu untauglich machte! Wenn aber der Vater starb und der nächste Erbe, den er hinterließ, weniger zur Herrschaft geeignet war, weil es ihm an Alter, Weisheit, Mut oder anderen Qualitäten mangelte, oder wenn mehrere Familien zusammenkamen und beschlossen, zusammenzuleben, dann – und darüber gibt es keinerlei Zweifel – bedienten sie sich ihrer natürlichen Freiheit und setzten denjenigen ein, den sie für den Fähigsten hielten und dem sie am ehesten zutrauten, daß er gut über sie herrschen werde. Entsprechend sehen wir bei den Völkern Amerikas, die sich ihrer natürlichen Freiheit erfreuten (weil sie außerhalb der Reichweite des Erobererschwertes und der ausgedehnten Herrschaft der beiden großen Reiche Mexiko und Peru lebten), daß sie zwar *ceteris paribus* im allgemeinen den Erben ihres verstorbenen Königs bevorzugen, daß sie ihn aber übergehen, wenn sie ihn in irgendeiner Hinsicht schwach oder ungeeignet finden, und den stärksten und tapfersten Mann zu ihrem Herrscher einsetzen.

106. Obwohl wir also sehen, wenn wir zurückblicken, soweit uns Aufzeichnungen irgendwelche Kunde von der Bevölkerung der Welt und der Geschichte der Völker geben, daß die Regierung gewöhnlich in der Hand eines einzigen lag, wird doch meine Behauptung keineswegs erschüttert: daß nämlich die Entstehung politischer Gesellschaft abhängig ist von der Übereinkunft der Individuen, sich zu vereinigen und eine Gesellschaft zu begründen, und daß diese Gesellschaft – nachdem sie sich so zu einer Körperschaft vereinigt hat – diejenige Form der Regierung einsetzen kann, die sie für geeignet hält. Da dies aber der Grund war, aus welchem die Menschen dem Irrtum verfielen und glaubten, Regierung sei von Natur her monarchisch und gehöre dem Vater, mag es nicht fehl am Platze sein, hier zu untersuchen, weshalb die Menschen am Anfang gewöhnlich gerade auf diese Form verfielen. Denn mag auch vielleicht die hervorragende Stellung des Vaters bei der ersten Begründung mancher Staaten den Anstoß gegeben haben und der Grund gewesen sein,

anfangs die Macht in eine Hand zu legen, so ist doch deutlich, daß der Grund, die Form der Regierung weiterhin in einer einzigen Person fortdauern zu lassen, nicht in irgendwelcher Rücksicht oder Hochachtung gegenüber der väterlichen Autorität lag. Denn alle kleinen Monarchien, d. h. nahezu alle Monarchien kurz nach ihrer Entstehung, sind in der Regel – mindestens zeitweise – Wahlmonarchien gewesen.

107. Zunächst also, ganz zu Anfang, war es die Herrschaft des Vaters über seine Nachkommen während ihrer Kindheit, welche sie an die Herrschaft eines einzigen Menschen gewöhnt hatte. Sie hatte sie gelehrt, daß sie dort, wo sie mit Sorgfalt und Geschick, mit Zuneigung und Liebe zu den Untertanen ausgeübt wurde, ausreichte, um den Menschen alles politische Glück zu verschaffen und zu erhalten, welches sie in der Gesellschaft suchten. Es war deshalb kein Wunder, daß sie naturgemäß auf jene Regierungsform verfielen und sie annahmen, die sie alle von ihrer ersten Kindheit an gewöhnt gewesen waren und die ihnen aus Erfahrung angenehm und sicher schien. Wir müssen darüber hinaus in Betracht ziehen, daß die Monarchie die einfachste und nächstliegende Regierungsform war für Menschen, die weder durch ihre Erfahrung über verschiedene Regierungsformen belehrt worden waren, noch durch die Ehrsucht oder Unverschämtheit der Gewaltherrschaft gelernt hatten, sich vor den Übergriffen der Prärogative und den Mißständen absoluter Gewalt, welche eine Erbmonarchie leicht beanspruchen und über sie bringen konnte, zu schützen. So war es keineswegs zu verwundern, daß sie sich kaum die Mühe machten, Wege zu finden, wie sie irgendwelchen Ausschreitungen von seiten derer, denen sie Autorität über sich eingeräumt hatten, Grenzen setzen und wie sie die Regierungsgewalt ausbalancieren könnten, indem sie einzelne Teile davon in verschiedene Hände legten. Sie hatten weder den Druck einer Tyrannenherrschaft kennengelernt, noch gaben ihnen die damaligen Sitten, ihr Besitz

oder ihre Lebensart (die für Begehrlichkeit oder Ehrsucht wenig Gelegenheit bot) irgendwelche Veranlassung, sie zu fürchten oder sich gegen sie zu sichern. Es ist kein Wunder deshalb, daß sie sich unter eine Regierungsform stellten, die, wie ich sagte, nicht nur die einfachste war und ihnen am nächsten lag, sondern die darüber hinaus ihrem damaligen Zustand und den Verhältnissen am besten entsprach. Sie bedurften nämlich mehr des Schutzes gegen fremde Einfälle und Schädigungen von seiten Fremder als einer Vielzahl von Gesetzen. Die Gleichheit einer einfachen, ärmlichen Lebensweise beschränkte ihre Wünsche auf die engen Grenzen, die einem jeden sein geringes Eigentum setzte, und ließ nur wenig Streitfälle aufkommen; und so waren zu ihrer Entscheidung nicht viele Gesetze notwendig, und es bedurfte keiner Justiz, wo es nur wenige Vergehen und wenige Verbrecher gab. Da man annehmen muß, daß diejenigen, die sich gut genug verstanden, um sich zu einer Gesellschaft zu vereinigen, auch einigermaßen miteinander bekannt und befreundet waren und daß einer des anderen Vertrauen besaß, so mußten sie von Außenstehenden mehr befürchten als voneinander, und ihr Trachten und Denken dürfte zunächst einzig dahin gegangen sein, wie sie sich gegen fremde Gewalt schützen könnten. Es war nur natürlich, daß sie sich unter eine Regierungsform stellten, die dieses Ziel am besten verfolgen würde, und den Klügsten und Tapfersten wählten, der in ihren Kriegen die Führung übernähme und sie gegen den Feind ziehen ließ – daß er vor allem hierin ihr Herrscher sei.

108. So sehen wir, daß in Amerika, welches bis heute ein Muster für die frühesten Zeiten in Asien und Europa ist – als nämlich das Land zu wenige Einwohner hatte und der Mangel an Bevölkerung und Geld die Menschen nicht in Versuchung führte, ihren Landbesitz zu vergrößern oder um die weitere Ausdehnung ihres Gebietes zu kämpfen –, die Könige der Indianer kaum mehr sind als die Anführer ihrer Heere. Obwohl sie im Krieg absolute Befehlsgewalt haben,

üben sie zu Hause und in Zeiten des Friedens nur eine sehr unbedeutende Herrschaft aus und verfügen nur über eine sehr beschränkte Souveränität. Die Entscheidung über Krieg und Frieden liegt in der Regel entweder beim Volk oder bei einem Rat. Der Krieg selbst allerdings, der nicht zuläßt, daß es mehrere Befehlshaber gibt, läßt die Befehlsgewalt naturgemäß wieder an die alleinige Autorität des Königs zurückfallen.

109. So scheint selbst in Israel das wichtigste Amt der Richter und ersten Könige das des Kriegsherrn und Heerführers gewesen zu sein. Das geht (abgesehen von der Bedeutung der Worte *vor dem Volke aus- und einziehen*, nämlich an der Spitze des Heeres in den Krieg und wieder heimwärts ziehen) deutlich aus der Geschichte von Jephta hervor. Da die Ammoniter sich mit Israel im Krieg befanden, sandten die Gileaditer, weil sie sich fürchteten, zu Jephta aus, der ein Bastard ihrer Familie war und den sie ausgestoßen hatten, und vereinbarten mit ihm, ihn zu ihrem Herrscher zu erheben, wenn er ihnen gegen die Ammoniter beistehen wolle. Sie tun dies mit folgenden Worten: *Und das Volk setzte ihn zum Haupt und Anführer über sich* (Richter 11, 11), und dies bedeutete offenbar: zum Richter. *Und er richtete Israel* (Richt. 12, 7), das heißt *war ihr oberster Heerführer sechs Jahre.* Und als Jotham den Einwohnern von Sichem vorhält, welche Verpflichtung sie gegenüber Gideon, der ihr Richter und Herrscher gewesen war, hatten, sagt er: ›*daß mein Vater um euretwillen gestritten hat, und seine Seele dahin geworfen von sich, daß er euch errettete von der Midianiter Hand*‹ (Richt. 9,17). Nichts wird von ihm erwähnt außer dem, was er als Heerführer tat. Und wirklich ist das alles, was man in seiner oder in der Geschichte irgendeines der anderen Richter findet. Abimelech wird ausnahmsweise König genannt und war doch höchstens ihr Heerführer. Als die Kinder Israels der schlechten Führung der Söhne Samuels überdrüssig waren, begehrten sie einen König *wie alle anderen Heiden, daß er sie richte und vor ihnen her ausziehe,*

wenn sie ihre Kriege führen (1. Sam. 8, 20). Und Gott gewährt ihr Verlangen und spricht zu Samuel: ›*Ich will einen Mann zu dir senden; den sollst du zum Fürsten salben über mein Volk Israel, daß er mein Volk erlöse aus der Philister Hand*‹ (1. Sam. 9, 16), als wenn es die einzige Aufgabe eines Königs gewesen wäre, das Heer hinauszuführen und zu ihrer Verteidigung zu kämpfen. Und dementsprechend goß Samuel, als er Saul in sein Amt einführte, Öl auf sein Haupt und sprach zu ihm: ›*Du siehst, daß dich der Herr zum Fürsten über sein Erbteil gesalbet hat*‹ (1. Sam. 10,1). Nachdem die Stämme in Mizpa Saul feierlich gewählt und als König begrüßt hatten, machten deshalb diejenigen, die ihn nicht zum König haben wollten, auch keinen anderen Einwand geltend als: ›*Was sollte uns dieser helfen!*‹ (1. Sam. 10, 27), gleichsam als hätten sie gesagt: ›Dieser Mann eignet sich nicht, unser König zu sein, denn er ist in der Kriegführung nicht erfahren genug, um uns zu verteidigen.‹ Und als Gott die Regierung auf David zu übertragen beschloß, heißt es: *Aber nun wird dein Reich nicht bestehen. Der Herr hat ihm einen Mann ersucht nach seinem Herzen: dem hat der Herr geboten, Fürst zu sein über sein Volk* (1. Sam. 13, 14), als ob alle königliche Autorität nur darin läge, daß er ihr Heerführer wäre. Als jene Stämme, die weiter zu Sauls Familie gehalten hatten und sich der Regierung Davids widersetzt hatten, bereit zur Unterwerfung nach Hebron kamen, nannten sie deshalb neben anderen Gründen, die sie veranlaßt hatten, sich ihm als ihrem König zu unterwerfen, daß er in der Tat zu Sauls Zeiten ihr König gewesen sei und daß sie deshalb keinen Grund hätten, ihn jetzt nicht als ihren König anzunehmen. ›*Dazu auch seinerzeit*‹, sagen sie, ›*da Saul über uns König war, führtest du Israel aus und ein. So hat der Herr dir gesagt, du sollst meines Volks Israel hüten und sollst ein Herzog sein über Israel*‹ (2. Sam. 5, 2).

110. Ob nun also eine Familie nach und nach zu einem Staatswesen heranwuchs und sich ein jeder, der in ihr aufwuchs, der in dem ältesten Sohne fortlebenden väterlichen

Autorität stillschweigend unterwarf, ob sich alle mit ihr zufriedengaben, da ihre Annehmlichkeiten und Billigkeit niemandem Schaden zufügte – bis die Zeit sie bestätigt und ein Erbfolgerecht durch Verjährung begründet hatte –, oder ob sich einzelne Familien oder die Nachkommen einzelner Familien, die der Zufall, ihre Nachbarschaft oder ein Geschäft zusammengeführt hatte, zu einer Gesellschaft vereinigten: Das Bedürfnis nach einem Feldherrn, der sie anführte, um sie im Krieg gegen ihre Feinde zu schützen, und das große Vertrauen, die Unschuld und Aufrichtigkeit, mit der die Menschen einander begegneten in jener armen, aber tugendhaften Zeit (wie es fast alle Zeiten sind, in denen Regierungen begründet werden, die je in der Welt von Dauer sind), ließ die Begründer eines Staatswesens in der Regel die Herrschaft in die Hände eines einzigen legen, und zwar ohne jede andere ausdrückliche Begrenzung oder Einschränkung als diejenige, welche die Natur der Sache und der Zweck der Regierung erforderte. Aus welchem Grund auch immer die Herrschaft am Anfang in die Hände einer einzigen Person gelegt wurde, sicher ist, daß sie niemandem zu einem anderen Zweck anvertraut wurde als zum Wohl und Schutz der Allgemeinheit. Und zu diesem Zweck auch wurde sie, als sich die Staatswesen in ihrem Kindesalter befanden, im allgemeinen von denen gebraucht, die sie besaßen. Wäre es nicht so gewesen, hätten die jungen Staatswesen nicht bestehen können. Ohne solche Pflegeväter, die liebevoll und sorgsam auf das öffentliche Wohl bedacht waren, wären alle Regierungen der Schwäche und den Gebrechen ihrer Kindheit erlegen, wären Fürst und Volk bald gemeinsam untergegangen.

111. Das goldene Zeitalter (als eitle Ehrsucht und *amor sceleratus habendi*, das böse Begehren, den Sinn der Menschen noch nicht verkehrt hatten zu einer falschen Auffassung von wahrer Macht und Ehre) kannte mehr Tugend und folglich bessere Regenten und weniger verderbte Untertanen. Es gab damals keine anmaßende Prärogative auf der einen Seite,

die das Volk unterdrückte, und folglich auch keinerlei Streitigkeiten über Privilegien auf der anderen Seite, um die Macht der Obrigkeit zu vermindern oder einzuschränken.* Es gab zwischen Herrschern und Volk keinen Kampf um Regenten oder Regierung. Als aber in späteren Zeiten Ehr- und Verschwendungssucht die Macht zu erhalten und zu vergrößern suchten, ohne die Arbeit zu leisten, deretwegen sie verliehen worden war, und, unterstützt von Schmeichelei, die Fürsten lehrten, daß sie eigene und von denen des Volkes gesonderte Interessen besäßen, schien es den Menschen notwendig, sorgsamer den Ursprung und die Rechte der Regierungen zu untersuchen und Wege zu finden, wie sie die Ausschreitungen zügeln und wie sie es verhüten könnten, daß jene Macht mißbraucht würde, die sie nur zu ihrem eigenen Wohl den Händen eines anderen anvertraut hatten, die nun aber, wie sie erkennen mußten, zu ihrem Schaden gebraucht wurde.

112. Wir sehen also, wie naheliegend es ist, daß von Natur aus freie Menschen, die sich mit ihrer eigenen Zustimmung entweder der Regierung ihres Vaters unterwarfen oder aber sich aus verschiedenen Familien heraus vereinigten, um eine Regierung zu bilden, die Herrschaft in der Regel in die Hände eines einzelnen legten und daß sie am liebsten unter der Führung nur eines Menschen zu stehen wünschten. Sie begrenzten oder regelten seine Gewalt dabei nicht einmal durch ausdrückliche Bedingungen, denn sie glaubten sie in seiner Ehrlichkeit und Umsichtigkeit genügend gesichert; und zwar, ohne jemals von einer Monarchie *jure divino* geträumt zu haben – davon haben wir niemals gehört bei den Menschen, bis es uns in neuester Zeit von der Theologie offenbart wurde – und auch ohne der väterlichen Gewalt irgendwelches Recht auf Herrschaft eingeräumt oder in ihr die Grundlage aller Regierung gesehen zu haben. Dies mag genügen, um zu zeigen, daß wir Anlaß haben zu glauben,

* Siehe Anmerkung des Autors zu VII 94.

soweit wir noch von der Geschichte irgendwelchen Aufschluß erlangen können, daß aller friedliche Anfang von Regierungen durch die Übereinkunft des Volkes gelegt worden ist. Ich sage friedlich, weil ich an anderer Stelle Gelegenheit finden werde, von Eroberung zu sprechen – was manche für einen Weg halten, Regierungen zu begründen.
Der andere Einwand, den ich gegen die von mir geschilderte Weise der Begründung von Regierungen gerichtet sehe, ist folgender:
113. Da alle Menschen unter dieser oder jener Art von Regierung geboren sind, können unmöglich irgendwelche Menschen jemals frei sein und insbesondere die Freiheit haben, sich zu vereinigen und eine neue Regierung zu begründen, oder überhaupt jemals fähig sein, eine rechtmäßige Regierung zu errichten.
Ist dieses Argument stichhaltig, so frage ich: Wie kamen so viele rechtmäßige Monarchien in die Welt? Denn wenn mir jemand auf Grund dieser Annahme irgendeinen einzelnen Menschen in irgendeinem Zeitalter der Welt zeigen kann, der frei war, eine rechtmäßige Monarchie zu begründen, will ich mich verpflichten, ihm zehn andere freie Menschen zu zeigen, die zu derselben Zeit die Freiheit besaßen, sich zu vereinigen und unter einer königlichen oder in irgendeiner sonstigen Form eine neue Regierung zu begründen. Wenn nämlich jemand, der unter der Herrschaft eines anderen geboren ist, so frei sein kann, daß er ein Recht hat, mit einer neuen unterschiedlichen Herrschaftsgewalt über andere zu gebieten, so macht dies offenbar, daß ein jeder, der unter eines anderen Herrschaft geboren ist, ebenso frei sein und Herrscher oder Untertan einer anderen, gesonderten Regierung werden kann. So sind nach diesem ihrem eigenen Grundsatz entweder alle Menschen, wie sie auch geboren sein mögen, frei, oder es gibt nur einen einzigen rechtmäßigen Fürsten, nur *eine* rechtmäßige Regierung auf der Welt. Und dann brauchen sie uns nur noch zu zeigen, wer dies ist – und ich zweifle nicht, daß die ganze Menschheit, sobald

sie dies getan haben, leicht einwilligen wird, ihm Gehorsam zu erweisen.

114. Obwohl es als Antwort auf ihren Einwand genügen würde zu zeigen, daß er sie vor dieselben Schwierigkeiten gestellt sieht wie diejenigen, gegen die sie ihn gebrauchen, will ich mich dennoch bemühen, die Schwäche dieser Beweisführung noch weiter aufzudecken.

›Alle Menschen‹, so heißt es, ›sind unter einer Regierung geboren und können deshalb nicht frei sein, eine neue zu begründen. Ein jeder ist als Untertan seines Vaters oder seines Fürsten geboren und steht deshalb unter der ewigen Verpflichtung von Unterwerfung und Treuepflicht.‹ – Es ist aber offensichtlich, daß die Menschen eine solche natürliche Unterwerfung, in die sie hineingeboren wären, diesem oder jenem gegenüber, der sie ohne ihre Zustimmung zu seinen und seiner Erben Untertanen verpflichten wollte, niemals anerkannt noch in Erwägung gezogen haben.

115. Es gibt nämlich für nichts so viele Beispiele, sowohl in der weltlichen als auch in der Religionsgeschichte, wie dafür, daß Menschen sich selbst und ihren Gehorsam der Rechtsprechung, unter der sie geboren waren, und der Familie oder der Gemeinschaft, in der sie aufgezogen wurden, entzogen und an anderen Orten neue Regierungen errichteten. Denn so erstanden zu Anfang die zahlreichen kleinen Staatswesen, deren Zahl sich immer weiter vergrößerte, solange genügend Raum vorhanden war, bis die stärkeren oder glücklicheren die schwächeren verschluckten. Jene großen aber brachen wieder auseinander und zersplitterten sich in kleinere Herrschaftsbereiche. Das sind so viele Zeugnisse gegen die väterliche Souveränität und beweist eindeutig, daß Regierungen nicht durch das natürliche, auf die Erben übergehende Recht des Vaters begründet wurden, da unter dieser Voraussetzung unmöglich so viele kleine Königreiche hätten entstehen können; insgesamt hätte es vielmehr nur eine einzige, weltweite Monarchie geben können, wenn die Menschen nicht frei gewesen wären, sich von ihren Familien und

jeglicher Art von Regierung, die sie darin gebildet hatten, zu trennen – und fortzugehen und andere Staatswesen und andere Regierungen zu begründen, wie sie es für richtig hielten.

116. So ist es in der Welt üblich gewesen von ihrem ersten Anfang an bis auf den heutigen Tag. Und es ist heute für die Freiheit der Menschen kein größeres Hindernis, daß sie unter verfaßten und lange bestehenden Staatswesen mit stehenden Gesetzen und festen Regierungsformen geboren sind, als wenn sie in den Wäldern geboren wären, unter den ohne jede Beschränkung lebenden Bewohnern, die lose in den Wäldern umherzogen. Diejenigen aber, die uns einreden wollen, weil wir unter einer Regierung geboren seien, seien wir von Natur aus Untertanen dieser Regierung und hätten keinerlei Recht oder Anspruch mehr auf die Freiheit des Naturzustandes, können keinen anderen Grund dafür anführen (außer dem der väterlichen Gewalt, auf den wir schon eingegangen sind) als lediglich den, daß unsere Väter oder Ahnen ihre natürliche Freiheit fortgegeben und damit sich und ihre Nachfahren zu dauerndem Gehorsam gegen jene Regierung verpflichtet hätten, der sie sich selbst unterworfen hatten. Zwar steht wirklich ein jeder, welche Verbindlichkeiten oder Versprechen auch immer er eingegangen ist, unter ihrer Verpflichtung, er kann aber durch keinerlei Vertrag seine Kinder oder Nachkommen binden. Da der Sohn, sobald er zum Mann geworden ist, ebenso frei ist wie sein Vater, kann keine Handlung des Vaters dem Sohn mehr Freiheit nehmen als sonst einem Menschen. Er kann allerdings an den Grund und Boden, den er als Untertan eines Staates besaß, Bedingungen knüpfen, die auch den Sohn verpflichten, dieser Gemeinschaft anzugehören, wenn er in den Genuß des Besitzes, der seinem Vater gehörte, zu gelangen wünscht. Da diese Güter nämlich des Vaters Eigentum sind, kann dieser über sie verfügen oder über sie bestimmen, wie es ihm gefällt.

117. Dies hat gewöhnlich zu Irrtümern in dieser Angelegen-

heit geführt. Da die Staaten nicht erlauben, daß irgendwelches Gebiet in ihrem Herrschaftsbereich zerstückelt wird oder in den Besitz eines Menschen gerät, der der Gemeinschaft nicht angehört, kann der Sohn gewöhnlich nicht anders den Besitz des Vaters antreten als unter denselben Bedingungen, wie es dieser getan hat: Er muß ein Glied der Gesellschaft werden. Er stellt sich selbst damit unmittelbar unter jene Regierung, die er dort eingesetzt findet – genauso wie jeder andere Untertan jenes Staates. Die Zustimmung unter einer Regierung geborener, freier Menschen, die allein sie zu Gliedern dieses Staatswesens macht, gibt also jeder einzeln für sich, sobald er erwachsen geworden ist; sie wird nicht im Kollektiv gegeben. So nimmt man sie auch nicht wahr und glaubt, sie werde gar nicht gegeben oder sei nicht notwendig – und gelangt zu dem Schluß, daß ein jeder von Natur aus, so wie er Mensch ist, auch Untertan sei.

118. Es ist aber deutlich, daß die Regierungen selbst es anders verstehen. Sie beanspruchen keinerlei Macht über den Sohn auf Grund derjenigen, welche sie über den Vater hatten, noch betrachten sie die Kinder als Untertanen, weil ihre Väter es waren. Wenn ein Untertan Englands von seiner englischen Frau ein Kind hat in Frankreich, wessen Untertan ist es? Nicht des Königs von England, denn es müßte die damit verbundenen Privilegien genießen dürfen. Ebenfalls nicht des Königs von Frankreich, denn wie könnte es dann dem Vater freistehen, es mit sich zu nehmen und aufzuziehen, wo er wünscht! Und wer wurde jemals als Verräter oder Deserteur verurteilt, wenn er ein Land verließ oder gegen es ins Feld zog, nur weil er darin geboren war, jedoch von Eltern, die Fremde in ihm gewesen waren! Sowohl die Praxis der Regierungen selbst wie auch das Gesetz des gesunden Menschenverstandes machen deutlich, daß ein Kind weder als Untertan eines Landes noch einer Regierung geboren wird. Es steht unter der Vormundschaft und Autorität seines Vaters, bis es das Alter der Selbstverantwortlichkeit erreicht hat. Dann erst ist er ein freier Mensch, welcher

frei entscheiden kann, welcher Regierung er sich unterstellen und mit welchem politischen Körper er sich verbinden möchte. Denn wenn der in Frankreich geborene Sohn eines Engländers eine solche Freiheit hat und so handeln darf, so erwächst ihm offenbar keinerlei Verpflichtung aus der Tatsache, daß sein Vater Untertan des englischen Königreichs ist. Und er ist auch nicht durch irgendwelchen Vertrag seiner Vorfahren gebunden. Und warum hat dann sein Sohn nicht aus dem gleichen Grund die gleiche Freiheit, auch wenn er irgendwo anders geboren ist? Die dem Vater von Natur eigene Macht über seine Kinder ist dieselbe, wo immer die Kinder geboren sein mögen. Und die Bande natürlicher Verpflichtungen werden nicht durch die positiven Gesetzesgrenzen von Königreichen und Staaten beschränkt.

119. Da, wie gezeigt wurde, jeder Mensch von Natur aus frei ist und nichts als seine eigene Zustimmung ihn einer irdischen Macht zu unterwerfen vermag, muß man sich mit der Frage beschäftigen, was als eine hinreichende Erklärung der Zustimmung eines Menschen verstanden werden soll, um ihn den Gesetzen irgendeiner Regierung zu unterwerfen. Was unseren Fall betrifft, so unterscheidet man allgemein zwischen einer ausdrücklichen und einer stillschweigenden Zustimmung. Niemand wird daran zweifeln, daß die ausdrückliche Zustimmung irgendeines Menschen, der in eine Gesellschaft eintritt, ihn zum vollwertigen Glied jener Gesellschaft macht, zum Untertan der jeweiligen Regierung. Schwierig ist vielmehr, was als stillschweigende Zustimmung angesehen werden darf und wie weit sie bindet, oder besser: inwieweit man annehmen darf, daß jemand einer Regierung seine Zustimmung gegeben und sich ihr damit unterworfen hat, wenn er das in keinerlei Weise zum Ausdruck gebracht hat. Meine Antwort darauf ist, daß jeder Mensch, der irgendwelchen Besitz hat oder sich irgendeines Stückes Land innerhalb des Herrschaftsbereiches irgendeiner Regierung erfreut, hiermit seine stillschweigende Zustimmung gibt – und somit, solange er sich dieses Besitzes erfreut, den Gesetzen

jener Regierung in demselben Maße zum Gehorsam verpflichtet ist wie jeder andere, der unter ihr steht. Dabei ist gleichgültig, ob dies ein Besitz an Land ist, das ihm und seinen Erben auf ewig gehört, oder ob er nur darin besteht, daß er sich für eine Woche dort niederläßt; oder auch einzig darin, daß man frei auf einer Landstraße reist – ja, er mag letzten Endes nur darin bestehen, daß sich irgend jemand innerhalb des Gebietes jener Regierung aufhält.

120. Um dies besser verstehen zu können, ist es von Nutzen, sich vor Augen zu halten, daß ein jeder, wenn er sich zuerst einem Staatswesen eingliedert, der Gemeinschaft mit seiner Eingliederung auch seinen gegenwärtigen oder zukünftigen Besitz hinzufügt und unterstellt, soweit dieser nicht schon irgendeiner anderen Regierung gehört. Denn es wäre ein offener Widerspruch, wenn irgend jemand mit anderen gemeinsam der Sicherung und Regulierung des Eigentums wegen in eine Gesellschaft eintreten würde und doch seinen Grundbesitz, dessen Eigentum nach den Gesetzen der Gesellschaft geregelt werden soll, von der Rechtsprechung jener Regierung ausgeschlossen wissen wollte, deren Untertan er, der Eigentümer des Landes, selber ist. Durch dieselbe Handlung, mit der sich ein Mensch, welcher bis dahin frei war, mit einem Staatswesen vereinigt, gliedert er ihm folglich auch seinen Besitz, der bis dahin frei war, an. Beide, Person und Besitz, werden der Regierung und der Herrschaft jenes Staatswesens untertan, solange das Staatswesen dauert. Jeder, der in der Folge durch Erbschaft, Kauf, Genehmigung oder auf sonst eine Art in den Besitz irgendeines Stückes Land kommt, das so dem Staatswesen hinzugefügt wurde und unter seiner Regierung steht, muß es unter den Bedingungen in Besitz nehmen, an die es gebunden ist, d. h., er muß sich gleich jedem anderen Untertan der Regierung jenes Staates unterwerfen, unter dessen Rechtsprechung es steht.

121. Da aber die Regierung eine direkte Rechtsprechung nur über den Boden hat und sich auf den Besitzer (ehe sich dieser tatsächlich der Gesellschaft einverleibt hat) nur insofern er-

streckt, als er das Land bewohnt und sich des Besitzes erfreut, beginnt und endigt die Verpflichtung, sich jener Regierung zu unterwerfen, unter die man durch einen solchen Besitz gestellt ist, mit dem Besitz. Sobald der Eigentümer, der der Regierung einzig eine solche stillschweigende Zustimmung gegeben hatte, den besagten Besitz durch Schenkung, Verkauf oder sonstwie aufgibt, steht es ihm frei fortzugehen und sich irgendeinem anderen Staatswesen einzuverleiben, oder mit anderen übereinzukommen, ein neues zu begründen in *vacuis locis*, in irgendeinem Teil der Welt, den sie frei und herrenlos finden. Wer jedoch einmal durch tatsächliche Übereinkunft und durch ausdrückliche Erklärung seine Zustimmung gegeben hat, einem Staatswesen anzugehören, ist auf ewig und unwiderruflich verpflichtet, sein Untertan zu sein und unabänderlich zu bleiben. Er kann niemals mehr in die Freiheit des Naturzustandes zurückkehren, es sei denn, die Regierung, welcher er unterstand, würde durch irgendein Unglück aufgelöst oder er würde durch einen öffentlichen Beschluß davon ausgeschlossen, weiterhin ihr Mitglied zu sein.

122. Wenn sich jedoch ein Mensch den Gesetzen eines Landes unterwirft, friedlich in ihm lebt und seine Privilegien und seinen Schutz genießt, so macht ihn das noch nicht zu einem Mitglied dieser Gesellschaft. Es ist dies vielmehr nur ein örtlicher Schutz und eine Unterwerfung, die allen und von all denen geschuldet wird, die das zu irgendeiner Regierung gehörende Gebiet betreten, ohne sich im Kriegszustand zu befinden, soweit sich die Kraft ihrer Gesetze erstreckt. Das macht einen Menschen aber ebensowenig zu einem Mitglied jener Gesellschaft und zu einem ständigen Untertan dieses Staatswesens, wie es jemanden zum Untertan eines anderen Menschen machen würde, in dessen Familie man eine Zeitlang gelebt hat, weil es einem gerade angenehm war – selbst wenn man verpflichtet war, solange man sich in ihr aufhielt, sich an die Gesetze zu halten und sich dem Regiment zu unterwerfen, welches man in ihr vorfand. Wir sehen also,

daß Fremde, indem sie ihr Leben lang unter einer anderen Regierung leben und die Privilegien und den Schutz dieser Regierung genießen, dadurch noch lange nicht zu Untertanen oder Gliedern jenes Staatswesens werden, wenn sie auch verpflichtet sind – selbst vor ihrem Gewissen –, sich seiner Verwaltung ebensoweit zu unterwerfen wie jeder andere Bewohner. Nichts kann einen Menschen dazu machen als sein tatsächlicher Eintritt durch positive Verpflichtung und ausdrückliches Versprechen und Vertrag. Dies ist, was ich über den Anfang der politischen Gesellschaften und jene Zustimmung denke, die irgend jemanden zu einem Glied irgendeines Staates macht.

IX

Die Ziele der politischen Gesellschaft und der Regierung

123. Wenn der Mensch im Naturzustand so frei ist, wie gesagt worden ist, wenn er der absolute Herr seiner eigenen Person und Besitztümer ist, dem Größten gleich und niemandem untertan – warum soll er seine Freiheit aufgeben? Warum soll er auf diese Selbstherrschaft verzichten und sich der Herrschaft und dem Zwang einer anderen Gewalt unterwerfen? Die Antwort darauf liegt auf der Hand; denn wenn er im Naturzustand auch ein solches Recht hat, so kann er sich seiner doch nur mit wenig Sicherheit erfreuen und ist fortwährend den Übergriffen anderer ausgesetzt. Da nämlich alle in demselben Maße König sind wie er selbst, da alle Menschen gleich sind und der größere Teil von ihnen sich nicht streng an Billigkeit und Gerechtigkeit hält, ist der Besitz seines Eigentums in diesem Zustand höchst unsicher und höchst ungewiß. Das läßt ihn bereitwillig einen Zustand aufgeben, der bei aller Freiheit voll ist von Furcht und

ständiger Gefahr, und nicht ohne Grund verlangt es ihn und ist er bereit, sich zu einer Gesellschaft mit anderen zu verbinden, die sich entweder schon vereinigt haben oder doch die Absicht haben, sich zu vereinigen – zur gegenseitigen Erhaltung ihres Lebens, ihrer Freiheiten und Güter, was ich ganz allgemein Eigentum nenne.

124. Das große und hauptsächliche Ziel also, zu dem sich Menschen in Staatswesen zusammenschließen und sich unter eine Regierung stellen, ist die Erhaltung ihres Eigentums. Im Naturzustand fehlt dazu vielerlei.

Zum ersten bedarf es eines eingeführten und anerkannten Gesetzes, das mit allgemeiner Zustimmung als die Norm für Recht und Unrecht und als der allgemeine Maßstab zur Entscheidung aller Streitfälle unter ihnen angenommen und anerkannt ist. Denn obwohl das Naturgesetz allen vernunftbegabten Wesen klar und verständlich ist, werden die Menschen doch von ihrem eigenen Interesse beeinflußt, und da sie es außerdem zuwenig kennen, weil sie nicht genügend darüber nachdenken, sind sie nicht geneigt, es als ein Gesetz anzuerkennen, das in seiner Anwendung auf ihre eigenen Streitfälle für sie verbindlich wäre.

125. Zum zweiten fehlt es im Naturzustand an einem anerkannten und unparteiischen Richter, mit Autorität, alle Streitfälle nach dem eingeführten Gesetz zu entscheiden. Da jeder in diesem Zustand sowohl Richter als auch Vollstrecker des Naturgesetzes ist, die Menschen aber sich selbst gegenüber parteiisch sind, ist es leicht möglich, daß Leidenschaft und Rachsucht sie in ihren eigenen Angelegenheiten zu weit und zu hitzig mit sich fortreißen, auf der anderen Seite aber Nachlässigkeit und Unbeteiligtsein sie zu gleichgültig gegenüber den Angelegenheiten anderer machen.

126. Zum dritten fehlt es im Naturzustand häufig an einer Gewalt, die dem Urteil, wenn es gerecht ist, Rückhalt gibt, es unterstützt und für die gebührende Vollstreckung sorgt. Wer sich mit einer unrechten Tat gegen das Gesetz vergeht, wird selten darauf verzichten, wenn es in seiner Macht steht,

sein Unrecht mit Gewalt durchzusetzen – ein solcher Widerstand macht oftmals die Bestrafung gefährlich und häufig für die, die sie durchführen, verderblich.

127. Die Menschen befinden sich also trotz aller Privilegien des Naturzustandes in einer schlechten Lage, solange sie in ihm verbleiben, und es treibt sie deshalb bald zur Gesellschaft. Und das ist auch die Ursache, daß wir nur selten eine Anzahl von Menschen finden, die längere Zeit in diesem Zustand zusammenleben. Die Unannehmlichkeiten, denen sie darin ausgesetzt sind durch die unregelmäßige und unbestimmte Ausübung der Macht, die jeder Mensch zur Bestrafung der Rechtsbrüche anderer besitzt, veranlaßt sie, zu den festen Gesetzen einer Regierung Zuflucht zu nehmen und dort die Erhaltung ihres Eigentums zu suchen. Dies ist es, was alle Menschen so bereitwillig auf ihre persönliche Macht, zu strafen, verzichten läßt, damit sie allein von denen ausgeübt werde, die man aus ihrer Mitte dazu bestimmt – und zwar nach Regeln, wie sie die Gemeinschaft oder diejenigen, die sie zu diesem Zweck dazu ermächtigt haben, vereinbaren. Und hierin liegt also das ursprüngliche Recht und der Ursprung von beiden, der legislativen und der exekutiven Gewalt wie auch der Regierungen und der Gesellschaft selbst.

128. Denn im Naturzustand hat der Mensch neben der Freiheit unschuldigen Vergnügens zweierlei Gewalten.

Die erste ist die, alles zu tun, was ihm innerhalb der Grenzen des Naturgesetzes für die Erhaltung seiner selbst und der anderen Menschen dienlich scheint. Durch dieses ihnen allen gemeinsame Gesetz bilden er und alle übrigen Menschen eine einzige Gemeinschaft und formen eine Gesellschaft, die sich deutlich von allen übrigen Lebewesen abhebt. Und wenn nicht die Verderbtheit und Schlechtigkeit entarteter Menschen wäre, würde man kein Verlangen nach einer anderen haben, es läge keinerlei Notwendigkeit vor, daß sich die Menschen von dieser großen und natürlichen Gemeinschaft trennen sollten und sich durch positive Vereinbarungen zu kleineren oder Teilgemeinschaften zusammenschlössen.

Die andere Gewalt des Menschen im Naturzustand ist die Gewalt, Verbrechen zu bestrafen, die gegen jenes Gesetz begangen werden. Diese beiden Gewalten gibt er auf, wenn er sich privaten – wenn ich es so nennen darf – oder besonderen politischen Gesellschaften anschließt und sich einem von den übrigen Menschen gesonderten Staatswesen eingliedert.

129. Der ersteren, nämlich der Gewalt, alles zu tun, was ihm der Erhaltung seiner selbst und der übrigen Menschheit dienlich scheint, entsagt er, um sich durch die von der Gesellschaft gegebenen Gesetze so weit lenken zu lassen, wie dies die Erhaltung seiner selbst und der übrigen Glieder jener Gesellschaft verlangt. Diese Gesetze der Gesellschaft schränken in vielen Fällen die Freiheit ein, die er nach dem Naturgesetz besaß.

130. Zum zweiten entsagt er der Macht zu strafen vollkommen und setzt seine natürliche Kraft ein (die er vordem nur kraft eigener Autorität nach eigenem Ermessen zur Vollstreckung des Naturgesetzes gebrauchen konnte), um die exekutive Gewalt der Gesellschaft zu unterstützen, wie das Gesetz es verlangt. Er befindet sich jetzt in einem neuen Zustand, der ihm von der Arbeit, dem Beistand und der Gesellschaft anderer Menschen dieser Gemeinschaft große Vorteile wie auch den Schutz ihrer gesamten Stärke bringen soll, und er muß deshalb so weit auf seine natürliche Freiheit, für sich selbst zu sorgen, verzichten, als es das Wohl, das Gedeihen und die Sicherheit der Gesellschaft verlangen. Das ist nicht nur notwendig, sondern auch gerecht, denn alle übrigen Glieder der Gesellschaft tun ebendasselbe.

131. Aber obwohl die Menschen mit ihrem Eintritt in die Gesellschaft auf die Gleichheit, Freiheit und Exekutivgewalt des Naturzustandes verzichten, um sie in die Hände der Gesellschaft zu legen, damit die Legislative so darüber verfügen kann, wie es das Wohl der Gesellschaft verlangt, so geschieht das doch nur mit der Absicht jedes einzelnen, sich

seine Freiheit und sein Eigentum um so besser zu erhalten (denn von keinem vernunftbegabten Lebewesen wird man annehmen, daß es seine Lebensbedingungen mit der Absicht verändert, sie zu verschlechtern). Und darum kann man auch niemals annehmen, daß sich die Gewalt der Gesellschaft oder der von ihr eingesetzten Legislative weiter erstrecken soll als auf das gemeinsame Wohl. Sie ist vielmehr verpflichtet, eines jeden Eigentum dadurch zu sichern, daß sie Vorsorge trifft gegen jene drei Mängel, von denen oben die Rede war, die den Naturzustand so unsicher und unbequem machten. Wer immer deshalb die legislative oder höchste Gewalt eines Staatswesens innehat, ist verpflichtet, nach eingeführten, stehenden Gesetzen zu regieren, die dem Volk verkündet und bekanntgemacht wurden – und nicht durch Maßnahmeverordnungen –, durch unparteiische und aufrechte Richter, die Streitfälle nach ebenjenen Gesetzen entscheiden müssen, und die Macht der Gemeinschaft im Inland nur zur Vollziehung dieser Gesetze und nach außen zur Verhütung oder Vergeltung fremden Unrechts und zum Schutz der Gemeinschaft vor Überfällen und Angriffen zu verwenden. Und mit all dem darf kein anderes Ziel verfolgt werden als der Friede, die Sicherheit und das öffentliche Wohl des Volkes.

X

Die Staatsformen

132. Wie schon gezeigt worden ist, liegt bei der ersten Vereinigung der Menschen zu einer Gesellschaft naturgemäß die gesamte Gewalt der Gemeinschaft in der Mehrheit. Sie kann diese ganze Gewalt anwenden, um der Gemeinschaft die von Zeit zu Zeit erforderlichen Gesetze zu geben, und diese Gesetze durch Beamte vollstrecken lassen, die von ihr selbst ernannt werden. In diesem Fall ist die Regierungsform eine

vollkommene Demokratie. Sie kann aber auch die Gewalt, Gesetze zu geben, in die Hände einiger ausgewählter Männer und deren Erben oder Nachfolger legen, und dann ist sie eine Oligarchie, oder aber in die Hände eines einzigen Mannes, und dann handelt es sich um eine Monarchie. Wird sie ihm zusammen mit seinen Erben übertragen, so ist es eine Erbmonarchie, wenn aber nur auf Lebenszeit (so daß bei seinem Tode die Macht, einen Nachfolger zu ernennen, wieder an die Mehrheit zurückfällt), eine Wahlmonarchie. Und dementsprechend kann die Gemeinschaft nach Belieben zusammengesetzte und gemischte Regierungsformen bilden. Wenn die Mehrheit die legislative Gewalt zuerst nur auf Lebenszeit oder für eine begrenzte Zeit einer einzigen oder mehreren Personen überträgt und danach die höchste Gewalt wieder an sie zurückfällt, so kann die Gemeinschaft danach wieder über sie verfügen und sie in beliebige Hände legen, und so eine neue Regierungsform schaffen. Denn die Form der Regierung richtet sich nach der Zuteilung der höchsten Gewalt, nämlich der Legislative. Da man unmöglich annehmen kann, daß eine untergeordnete Gewalt einer höheren Vorschriften setzt oder irgendeine andere als die höchste Gewalt Gesetze zu geben vermag, richtet sich nach der Zuordnung der gesetzgebenden Gewalt auch die Form des Staatswesens.

133. Unter einem Staat [*commonwealth*] will ich allenthalben nicht eine Demokratie oder sonst eine Form der Regierung verstanden wissen, sondern jedwede unabhängige Gemeinschaft – was die Römer als *civitas* bezeichneten. In unserer Sprache entspricht dem am besten der Ausdruck Staat. Er bezeichnet am genauesten eine solche Gesellschaft von Menschen, was im Englischen *community* oder *city* nicht vermögen, denn es kann untergeordnete Gemeinschaften unter einer Regierung geben – und ›city‹ hat bei uns eine ganz andere Bedeutung als ›commonwealth‹. Um Zweideutigkeit zu vermeiden, bitte ich deshalb, man möge erlauben, daß ich den Ausdruck Staat so gebrauche, wie ich ihn von

König Jakob I. gebraucht sehe[12]. Ich glaube, daß dies seine eigentliche Bedeutung ist. Sollte es jedoch jemandem mißfallen, so will ich mich ihm gerne bereit erklären, diese Bezeichnung gegen eine bessere einzutauschen.

XI

Das Ausmaß der gesetzgebenden Gewalt

134. Das große Ziel, mit welchem die Menschen in eine Gesellschaft eintreten, ist der Genuß ihres Eigentums in Frieden und Sicherheit, und das große Werkzeug und Mittel dazu sind die Gesetze, die in dieser Gesellschaft erlassen worden sind. Das erste und grundlegende positive Gesetz aller Staaten ist daher die Begründung der legislativen Gewalt – so wie das erste und grundlegende natürliche Gesetz, welches selbst über der legislativen Gewalt gelten muß, die Erhaltung der Gesellschaft und (soweit es vereinbar ist mit dem öffentlichen Wohl) jeder einzelnen Person in ihr ist. Diese legislative Gewalt ist nicht nur die höchste Gewalt des Staates, sondern sie liegt auch geheiligt und unabänderlich in jenen Händen, in die die Gemeinschaft sie einmal gelegt hat. Keine Vorschrift irgendeines anderen Menschen, in welcher Form sie auch verfaßt, von welcher Macht sie auch gestützt sein mag, kann die Verpflichtungskraft eines Gesetzes haben, wenn sie nicht durch jene Legislative sanktioniert ist, die von der Allgemeinheit gewählt und ernannt worden ist. Ohne sie könnte das Gesetz nämlich nicht haben, was absolut notwendig ist, um es zum Gesetz zu machen, nämlich die Zustimmung der Gesellschaft. Der Gesellschaft Gesetze zu

12. Jakob I. von England (1566–1625), Sohn der Maria Stuart, verfocht als Herrscher wie als Schriftsteller die Lehre vom Gottesgnadentum der Könige. Lockes Hinweis gilt vermutlich seinem Hauptwerk *The True Law Of Free Monarchies*. Vgl. C. H. Mc Ilwain (Editor), Political Writings of James I., Cambridge 1918.

geben, kann niemand Gewalt haben, es sei denn kraft ihrer eigenen Zustimmung* und der Autorität, die ihr von ihren Gliedern verliehen wurde. Aller Gehorsam, den irgendein Mensch durch die heiligsten Bande zu leisten verpflichtet sein kann, endet folglich zuletzt in dieser höchsten Gewalt und ist jenen Gesetzen unterstellt, die diese Gewalt beschließt. Keinerlei Eid, der irgendeiner fremden Gewalt geleistet wurde, und auch keinerlei heimische untergeordnete Gewalt kann irgendein Glied der Gesellschaft von seinem Gehorsam gegenüber der Legislative entbinden, wenn sie dem in sie gesetzten Vertrauen gemäß handelt, oder ihn zu irgendwelchem Gehorsam verpflichten, der wider die so beschlossenen Gesetze gewandt ist oder weiter reicht, als sie es zulassen. Ist es doch lächerlich anzunehmen, man könnte verpflichtet sein, letztlich irgendeiner Gewalt in der Gesellschaft zu gehorchen, die nicht die höchste ist.

135. Obwohl die Legislative – ob sie in den Händen eines einzelnen oder mehrerer liegt, ob dauernd oder nur zeitweilig – die höchste Gewalt eines jeden Staates darstellt, ist sie doch:

* »Die rechtmäßige Gewalt, Gesetze zu geben, die über ganze politische Gesellschaften herrschen, gehört so sehr zum Wesen jener Gesellschaften als Gesamtheit, daß es immer, wenn sie irgendein Fürst oder Machthaber dieser Erde – welcher Art er auch sei – von sich aus ausübt und nicht auf den unmittelbaren, ihm persönlich gegebenen ausdrücklichen Auftrag Gottes hin oder aber kraft einer Autorität, die auf die Zustimmung derer zurückgeht, denen er die Gesetze auferlegt, reiner Tyrannei gleichkommt. Es ist deshalb nicht Gesetz, was nicht durch die öffentliche Genehmigung zum Gesetz erklärt ist.« (Hooker, Eccl. Pol. lib. I, sect. 10.) – »Hierzu müssen wir deshalb anmerken, daß niemand von Natur aus vollkommene und uneingeschränkte Macht hat, über ganze politische Menschenmengen zu herrschen, und wir daher auch nicht völlig ohne unsere Zustimmung auf diese Weise unter irgend jemandes Herrschaft leben können. Zu dieser Herrschaft geben wir aber unsere Zustimmung, wenn jene Gesellschaft, deren Teil wir sind, irgendwann vorher einmal darin eingewilligt hat und die Einwilligung später nicht durch eine gleiche allgemeine Übereinkunft wieder rückgängig gemacht hat. – Menschliche Gesetze, welcher Art auch immer, sind daher nur durch Zustimmung gültig.« (Hooker, ibid.)

Zum ersten nicht – und kann es unmöglich sein – eine willkürliche Gewalt über Leben und Schicksal des Volkes. Sie ist nichts als die vereinigte Gewalt aller Mitglieder jener Gesellschaft, die derjenigen Person oder Versammlung übertragen wurde, die der Gesetzgeber ist, und kann folglich nicht größer sein als die Gewalt, die jene Menschen im Naturzustand besaßen, bevor sie in die Gesellschaft eintraten, und die sie an die Gemeinschaft abtraten. Denn niemand kann einem anderen größere Macht übertragen, als er selbst besitzt, und niemand hat absolute willkürliche Gewalt über sich selbst oder irgendeinen anderen Menschen, sein eigenes Leben zu zerstören oder einem anderen sein Leben oder Eigentum zu nehmen. Der Mensch kann sich nicht – wie schon bewiesen wurde – der willkürlichen Gewalt eines anderen unterwerfen. Da er im Naturzustand keine willkürliche Gewalt über Leben, Freiheit oder Besitz eines anderen hat, sondern nur so viel, wie ihm das Naturgesetz zur Erhaltung seiner selbst und der übrigen Menschen verlieh, ist dies auch alles, was er an das Staatswesen oder damit an die gesetzgebende Gewalt abtritt oder abtreten kann – so daß die Legislative folglich nicht mehr Macht als diese besitzt. Ihre Gewalt ist – in ihren äußersten Grenzen – auf das öffentliche Wohl der Gesellschaft beschränkt. Es ist eine Gewalt, deren Ziel einzig die Erhaltung ist, die somit niemals das Recht haben kann, die Untertanen zu vernichten, zu versklaven oder mit Vorbedacht auszusaugen*. Die Ver-

* »Auf zwei Grundlagen ruhen die öffentlichen Gesellschaften: einmal auf der natürlichen Neigung der Menschen, die sie alle nach einem geselligen Leben und nach Gemeinschaft verlangen läßt, zum anderen auf der in ausdrücklicher oder stillschweigender Übereinkunft gewählten Ordnung ihres Zusammenlebens in der Gemeinschaft. Letzteres ist das, was wir das Gesetz eines Staates nennen, die eigentliche Seele eines politischen Körpers. Seine Glieder werden durch das Gesetz belebt, zusammengehalten und zu solcherart Tätigkeit in Bewegung gesetzt, wie es das öffentliche Wohl verlangt. Es würden niemals politische Gesetze zur äußeren Ordnung und Leitung der Menschen untereinander so geschaffen, wie es doch sein muß, wenn man nicht annehmen würde, daß des Menschen Wille innerlich widerspenstig, aufsässig und jeglichem Gehorsam

pflichtung des Naturgesetzes hört nicht etwa in der Gesellschaft auf, sondern wird nur in vielen Fällen enger gezogen, und man hat ihm in Form von menschlichen Gesetzen bekannte Strafen beigefügt, um seine Beachtung zu erzwingen. So steht das Naturgesetz da als eine ewige Regel für alle Menschen, Gesetzgeber wie auch alle anderen. Die Vorschriften, die sie für die Handlungen anderer Menschen geben, müssen wie ihre eigenen Handlungen und die der anderen im Einklang mit dem Naturgesetz, d. h. mit dem Willen Gottes stehen, der in ihm zum Ausdruck gebracht ist – und da das allem zugrunde liegende Naturgesetz die Erhaltung der Menschheit ist, kann keine menschliche Zwangsmaßnahme, die dem Gesetz widerspricht, gut oder gültig sein.

136. Zum zweiten kann sich die Legislative oder höchste Gewalt nicht die Macht anmaßen, durch willkürliche Maßnahmeverordnungen zu regieren, sondern ist verpflichtet, nach öffentlich verkündeten stehenden Gesetzen* und durch anerkannte und autorisierte Richter für Gerechtigkeit zu sorgen und über die Rechte der Untertanen zu bestimmen. Denn da das Naturgesetz ein ungeschriebenes Gesetz ist und es daher nur im Geiste der Menschen vorzufinden ist, ist es nicht sehr einfach, diejenigen, die es aus Leidenschaft oder

gegen die geheiligten Gesetze seiner Natur abgeneigt sei. In einem Wort, wenn man nicht annimmt, der Mensch in seinem verderbten Sinn sei wenig besser als ein wildes Tier, würden sie letztlich nur Vorsorge treffen, seine Handlungen nach außen so zu lenken, daß sie das öffentliche Wohl, um dessentwillen Gesellschaften begründet werden, nicht beeinträchtigen. Solange sie dies nicht tun, sind sie nicht vollkommen.« (Hooker, Eccl. Pol. lib. I, sect. 10.)

* »Menschliche Gesetze sind Maßregeln für den Menschen, die seine Handlungen lenken sollen. Jedoch sind es Maßregeln, die noch höhere Regeln kennen, nach denen sie zu bemessen sind. Diese Regeln sind von zweierlei Art: das Gesetz Gottes und das Gesetz der Natur. Die menschlichen Gesetze müssen daher entsprechend den allgemeinen Gesetzen der Natur geschaffen werden, ohne doch in Widerspruch zu stehen zu irgendeinem positiven Gesetz der Heiligen Schrift. Andernfalls sind es schlechte Gesetze.« (Hooker, Eccl. Pol. lib. I, sect. 10.) – »Den Menschen zu etwas Ungehörigem zu zwingen scheint widersinnig.« (ibid. lib. I, sect. 10.)

Interesse mißdeuten oder falsch anwenden, ihres Irrtums zu überführen, wenn es keinen fest eingesetzten Richter gibt. Es dient so nicht dazu, wie es eigentlich sollte, die Rechte derer zu bestimmen, die unter ihm leben, und ihr Eigentum zu schützen – vor allem da nicht, wo ein jeder selbst Richter, Ausleger und Vollstrecker ist, und das in eigener Sache, und wo jemand, der das Recht auf seiner Seite hat, gewöhnlich allein auf seine eigene persönliche Kraft angewiesen ist und nicht genügend Macht besitzt, sich selbst vor Unrecht zu schützen oder Übeltäter zu strafen. Um diesen Mißlichkeiten, die das Eigentum der Menschen im Naturzustand zerrütten, aus dem Wege zu gehen, vereinigen sich die Menschen in Gesellschaften – damit sie über die vereinigte Stärke der ganzen Gesellschaft verfügen, um ihr Eigentum zu schützen und zu verteidigen, und es stehende Regeln gebe, die es begrenzen, damit ein jeder weiß, was ihm gehört. Zu diesem Zweck treten die Menschen all ihre natürliche Gewalt an die Gesellschaft ab, in die sie eintreten, und zu diesem Zweck auch legt die Gemeinschaft die legislative Gewalt in Hände, die ihr dazu geeignet erscheinen – in dem Vertrauen, daß nach festen Gesetzen regiert werde. Andernfalls bleiben Friede, Ruhe und Eigentum der Menschen ebenso unsicher wie im Naturzustand.

137. Weder absolute und willkürliche Gewalt noch eine Regierung ohne eingeführte stehende Gesetze ist vereinbar mit dem Ziel von Gesellschaft und Regierung, und die Menschen würden nicht auf die Freiheit des Naturzustandes verzichten und sich ihnen selbst unterstellen, geschähe es nicht, um ihr Leben, ihre Freiheit und ihren Besitz zu erhalten und kraft fester Regeln für Recht und Eigentum ihren Frieden und ihre Ruhe zu sichern. Man kann nicht annehmen, sie könnten die Absicht haben, selbst wenn es in ihrer Macht stünde, irgendeinem Menschen – oder auch mehreren – eine absolute willkürliche Gewalt über ihre Person und ihre Güter einzuräumen und der Obrigkeit die Macht in die Hand zu legen, ihren unumschränkten Willen willkürlich an ihnen zu voll-

ziehen. Dies hieße sich selbst in eine schlechtere Lage als den Naturzustand zu versetzen, in welchem sie frei waren, ihr Recht gegen das Unrecht anderer zu verteidigen, und wo sich alle unter den gleichen Bedingungen der Macht befanden, dieses Recht zu behaupten, ob man von einem einzelnen angegriffen wurde oder von mehreren, die sich miteinander vereinigt hatten. Nimmt man aber an, sie hätten sich der absoluten willkürlichen Gewalt und dem Willen des Gesetzgebers überantwortet, so hätten sie sich selbst entwaffnet und ihn mit Waffen versehen, daß er sie jederzeit nach seinem Dafürhalten zu seiner Beute machen könnte. Der ist in einer weit schlechteren Lage, der der willkürlichen Gewalt eines einzigen Menschen ausgesetzt ist, welcher über hunderttausend andere gebietet, als jener, der sich der willkürlichen Gewalt von hunderttausend einzelnen gegenüber befindet. Denn niemand kann sichergehen, daß der Wille dessen, der eine solche Gewalt besitzt, besser sei als der eines anderen Menschen, während seine Macht hunderttausendmal größer ist. Unter welcher Regierungsform ein Staatswesen deshalb auch steht, die herrschende Gewalt sollte nach verkündeten und anerkannten Gesetzen regieren, nicht aber nach Maßnahmevorschriften und unbestimmten Beschlüssen. Denn die Menschen befänden sich in einer weit schlechteren Lage als im Naturzustand, wenn sie einen oder mehrere Männer mit der vereinten Gewalt einer Menge ausgestattet hätten, so daß diese sie zwingen könnten, nach ihrem Belieben ihren aus plötzlichen Eingebungen geborenen maßlosen und uneingeschränkten Beschlüssen oder ihrem schrankenlosen und bis eben noch unbekannten Willen zu gehorchen, ohne daß irgendwelche Maßregeln festgesetzt wären, ihre Handlungen zu leiten und zu rechtfertigen. Denn da alle Regierungsgewalt einzig dem Wohl der Gesellschaft dient, sollte sie nicht der Willkür und dem Belieben entspringen, sondern nach festen und öffentlich bekanntgemachten Gesetzen ausgeübt werden – damit einerseits das Volk seine Pflichten erkennen und sicher und geschützt innerhalb der Grenzen des Gesetzes leben mag und andererseits auch die Herrscher in den ihnen gebührenden Grenzen gehalten werden und nicht durch die Gewalt, die sie in ihren Händen haben, in Versuchung geraten, sie zu Zwecken und mit Absichten zu gebrauchen, die das Volk nicht anerkannt und nicht bereitwillig gutgeheißen hätte.

138. Zum dritten kann die höchste Gewalt keinem Menschen irgendeinen Teil seines Eigentums ohne seine eigene Zustimmung nehmen. Da die Erhaltung des Eigentums der Zweck der Regierung und das Ziel ist, weshalb die Menschen in eine Gesellschaft eintreten, muß notwendigerweise vorausgesetzt und gefordert werden, daß sie Eigentum haben sollen. Andernfalls müßte man annehmen, daß sie bei ihrem Eintritt in die Gesellschaft gerade das verlören, was der Grund war, weshalb sie in die Gesellschaft eingetreten sind, und das wäre allzu absurd, als daß irgend jemand es zugestehen könnte. Da also die Menschen in der Gesellschaft Eigentum haben, haben sie auch auf die Güter, die ihnen nach den Gesetzen der Gemeinschaft gehören, ein derartiges Recht, daß ihnen ohne ihre eigene Zustimmung niemand von Rechts wegen alles oder irgendeinen Teil davon fortnehmen darf – oder sie hätten überhaupt kein Eigentum. Denn gewiß habe ich daran kein Eigentum, was mir ein anderer rechtmäßig nach seinem Belieben und gegen meinen Willen fortnehmen kann. Und folglich ist es ein Irrtum zu glauben, die höchste oder gesetzgebende Gewalt eines Staates könne tun, was sie will, sie könne über die Güter ihrer Untertanen willkürlich verfügen oder ihnen nach Belieben einen Teil davon wegnehmen. Man hat dies wenig bei Regierungen zu befürchten, deren Legislative ganz oder teilweise aus veränderlichen Versammlungen besteht, deren Mitglieder, wenn die Versammlung aufgelöst wird, gleich allen übrigen Menschen Untertanen der allgemeinen Gesetze ihres Landes sind. Bei Regierungen jedoch, wo sich die Legislative in den Händen einer einzigen, dauernden und ständig an der Macht bleibenden Versammlung befindet oder, wie in einer abso-

luten Monarchie, in den Händen eines einzigen Menschen liegt, wird immer die Gefahr bestehen, daß sie glauben, ein von der übrigen Gemeinschaft gesondertes Interesse zu haben, und deshalb dazu neigen, ihre eigenen Reichtümer und ihre Gewalt zu vergrößern, indem sie dem Volke wegnehmen, was ihnen paßt. Denn das Eigentum eines Menschen ist keinesfalls sicher, mag es auch gute und billige Gesetze geben, um zwischen ihm und den anderen Untertanen die Grenzen zu bestimmen, solange derjenige, der über diese Untertanen gebietet, die Macht hat, jedem Privatmann von seinem Eigentum wegzunehmen, was ihm gefällt, und es zu gebrauchen und darüber zu verfügen, wie er es für gut ansieht.

139. Da alle Regierung, wie ich oben gezeigt habe, in welche Hände sie auch gelegt sein mag, unter der Bedingung und mit dem Ziel anvertraut wird, den Menschen ihr Eigentum zu belassen und es zu sichern, mögen der Fürst oder Senat zwar die Macht haben, zur Regelung der Eigentumsverhältnisse zwischen den Untertanen Gesetze zu erlassen, sie können aber niemals die Macht haben, sich selbst das ganze oder irgendeinen Teil von dem Eigentum der Untertanen zu nehmen, ohne daß diese ihre Zustimmung geben. Denn dies hieße in Wirklichkeit ihnen gar kein Eigentum lassen. Um zu erkennen, daß selbst absolute Gewalt, wo sie notwendig ist, als absolute noch nicht willkürliche Gewalt sein muß, sondern immer durch jene Ursache beschränkt bleibt und auf jene Ziele ausgerichtet, die sie in manchen Fällen erforderlich machen, brauchen wir unseren Blick nur auf die gewöhnliche Ausübung der militärischen Disziplinargewalt zu richten. Die Erhaltung des Heeres und damit des gesamten Staates verlangt absoluten Gehorsam gegenüber dem Befehl jedes höheren Offiziers, und zu Recht wird Ungehorsam oder Zweifel selbst dem gefährlichsten oder unvernünftigsten Befehl gegenüber mit dem Tode bestraft. Dennoch sehen wir, daß weder der Feldwebel, der einem Soldaten befehlen kann, auf die Mündung einer Kanone loszumarschieren oder in einer Bresche zu stehen, wo er beinahe gewiß sein muß

umzukommen, diesem Soldaten befehlen kann, auch nur einen Pfennig seines Geldes an ihn abzugeben, noch ein General, der ihn zum Tode verurteilen kann, weil er seinen Posten verlassen oder einem noch so verzweifelten Befehl den Gehorsam verweigert hat, bei all seiner absoluten Gewalt über Leben und Tod über einen einzigen Heller von dieses Soldaten Vermögen verfügen kann oder ihm auch nur ein Jota von seinen Gütern nehmen kann. Und das, obwohl er ihm alles befehlen und ihn für den mindesten Ungehorsam hängen lassen kann. Ein solcher blinder Gehorsam nämlich ist notwendig für jenen Zweck, zu welchem der Befehlshaber seine Macht hat, nämlich zur Erhaltung der übrigen Menschen. Die Verfügung über die Güter eines Menschen jedoch hat damit nichts zu tun.

140. Es stimmt zwar, daß Regierungen nicht ohne große Kosten unterhalten werden können, und es ziemt sich, daß jeder, der an ihrem Schutz teilhat, auch aus seinem Vermögen seinen Anteil zu ihrer Unterhaltung beitragen muß – aber es muß doch mit seiner eigenen Zustimmung geschehen, d. h. mit der Zustimmung der Mehrheit, die sie entweder direkt oder durch die von ihr gewählten Abgeordneten erteilt. Denn wenn jemand die Macht beansprucht, kraft der eigenen Autorität und ohne eine solche Zustimmung des Volkes, dem Volke Steuern aufzuerlegen, so ist das ein Eingriff in das grundlegende Gesetz des Eigentums und verkehrt den Sinn der Regierung. Welches Eigentum nämlich habe ich an Dingen, die ein anderer rechtmäßig nehmen darf, wann es ihm paßt!

141. Zum vierten kann die Legislative die Gewalt, Gesetze zu geben, nicht in andere Hände legen. Da diese Gewalt ihnen vom Volk übertragen wurde, können sie diejenigen, die sie innehaben, auch nicht an andere weitergeben. Einzig das Volk kann die Staatsform bestimmen. Es geschieht dies aber durch die Konstituierung der Legislative, indem man bestimmt, in wessen Händen sie liegen soll. Wenn das Volk gesagt hat: ›Wir wollen uns Regeln unterwerfen und von

Gesetzen regiert werden, die von den und den Männern und in der und der Form geschaffen wurden‹, so kann niemand sonst erklären, andere Männer sollten ihnen Gesetze geben. Das Volk kann auch keinen Gesetzen verpflichtet sein außer denen, die von jenen Männern erlassen wurden, die es gewählt und ermächtigt hat, ihm Gesetze zu geben. Da die Gewalt der Legislative in der positiven freiwilligen Machtverleihung und Einsetzung des Volkes gründet, kann sie auch keine andere sein, als durch diese positive Machtverleihung vermittelt wurde. Und das war lediglich, Gesetze zu geben, nicht aber Gesetzgeber zu schaffen – die Legislative kann also keinerlei Macht haben, ihre Gesetzgebungsgewalt zu übertragen und in andere Hände zu legen.

142. Dies sind die Grenzen, die der legislativen Gewalt eines jeden Staates gleich welcher Regierungsform durch jenes Vertrauen gesetzt sind, welches die Gesellschaft und das Gesetz Gottes und der Natur in sie gelegt haben.

Zum ersten muß sie nach öffentlich bekanntgemachten festen Gesetzen regieren, die nicht für besondere Fälle geändert werden dürfen, sondern nur *ein* Maß anlegen für Reich und Arm, für den Günstling bei Hof wie für den Landmann am Pflug.

Zum zweiten sollten diese Gesetze auf kein anderes letztes Ziel als das Wohl des Volkes ausgerichtet sein.

Zum dritten darf sie keine Steuern auf das Eigentum des Volkes erheben ohne die von ihnen selbst oder durch Abgeordnete erteilte Zustimmung des Volkes. Und dies betrifft eigentlich nur jene Regierungen, in denen sich die Legislative dauernd im Amte befindet oder wo doch jedenfalls das Volk die legislative Gewalt nicht teilweise Abgeordneten vorbehalten hat, die von Zeit zu Zeit von ihm selbst gewählt werden.

Zum vierten darf und kann die Legislative die Gewalt, Gesetze zu geben, nicht auf irgend jemand anders übertragen, und sie kann sie nirgendwo anders hinlegen als dort, wohin sie das Volk gelegt hat.

XII

Die legislative, exekutive und föderative Gewalt des Staates

143. Die legislative Gewalt ist jene, die das Recht hat zu bestimmen, wie die Macht des Staates zur Erhaltung der Gemeinschaft und ihrer Glieder gebraucht werden soll. Da aber jene Gesetze, die laufend vollzogen und die immer in Kraft bleiben sollen, während kurzer Zeit geschaffen werden können, muß sich die Legislative nicht notwendig immer im Amt befinden, weil sie nicht ständig beschäftigt ist. Bei der Schwäche der menschlichen Natur, die stets bereit ist, nach der Macht zu greifen, dürfte es jedoch eine zu große Versuchung darstellen, wenn dieselben Personen, die die Macht haben, Gesetze zu geben, auch die Macht in der Hand hätten, sie zu vollstrecken, wobei sie sich selbst von dem Gehorsam gegen die Gesetze, die sie erlassen, ausschließen und das Gesetz in seiner Gestaltung wie auch in der Vollstreckung auf ihren eigenen persönlichen Vorteil ausrichten könnten und damit schließlich von den übrigen Gliedern der Gemeinschaft gesonderte Interessen verfolgten, die dem Ziel von Gesellschaft und Regierung zuwiderlaufen. In wohlgeordneten Staatswesen, in denen nach Gebühr das Wohl des Ganzen berücksichtigt wird, wird deshalb die legislative Gewalt in die Hände mehrerer Personen gelegt, welche nach ordnungsgemäßer Versammlung selbst oder mit anderen gemeinsam die Macht haben, Gesetze zu geben, sobald dies aber geschehen ist, wieder auseinandergehen und selbst jenen Gesetzen unterworfen sind, die sie geschaffen haben. Dies ist eine neue und starke Verpflichtung für sie, dafür Sorge zu tragen, daß sie die Gesetze zum öffentlichen Wohle erlassen.

144. Weil aber die Gesetze, die auf einmal und während kurzer Zeit geschaffen worden sind, von beständiger und dauernder Gültigkeit sind und fortwährend vollstreckt

oder befolgt werden sollen, ist es notwendig, daß es eine dauernd im Amte befindliche Gewalt gibt, die darauf zu achten hat, daß die erlassenen und in Kraft bleibenden Gesetze vollzogen werden. So geschieht es, daß die legislative und die exekutive Gewalt oftmals getrennt sind.

145. Es gibt noch eine andere Gewalt in jedem Staat, die man natürlich nennen könnte, weil sie jener Gewalt entspricht, die jeder Mensch von Natur aus vor dem Eintritt in die Gesellschaft besaß. Obwohl nämlich in einem Staatswesen die Mitglieder in ihrem Verhältnis zueinander immer einzelne Personen bleiben und als solche auch kraft der Gesetze der Gesellschaft regiert werden, bilden sie doch der übrigen Menschheit gegenüber einen einzigen Körper, der sich, wie zuvor jedes seiner Glieder, weiterhin der übrigen Menschheit gegenüber im Naturzustand befindet. So kommt es, daß die Streitfälle, die zwischen den der Gesellschaft Angehörigen und anderen auftreten, die sich außerhalb von ihr befinden, von der Öffentlichkeit gehandhabt werden und das Unrecht gegen eines der Glieder ihres Körpers die Gesamtheit zur Wiedergutmachung verpflichtet. So betrachtet also, ist die ganze Gemeinschaft gegenüber allen anderen Staaten oder Personen, die sich außerhalb ihrer Gemeinschaft befinden, ein einziger Körper im Naturzustand.

146. Darin liegt deshalb die Gewalt über Krieg und Frieden, über Bündnisse und alle Abmachungen mit allen Personen und Gemeinschaften außerhalb des Staatswesens, und man kann, wenn man will, von einer föderativen Gewalt sprechen. So man nur das Richtige darunter versteht, soll mir der Name gleichgültig sein.

147. Obwohl diese beiden Gewalten, die exekutive und die föderative, in Wirklichkeit voneinander verschieden sind, die eine nämlich den Gesetzesvollzug innerhalb der Gesellschaft gegenüber allen, die ihr angehören, beinhaltet und die andere für die Sicherheit und die Interessen des Volkes nach außen allen denen gegenüber, von denen sie Nutzen oder Schaden erwarten könnte, zu sorgen hat, sind sie doch bei-

nahe immer vereinigt. Und obwohl es für den Staat von großer Bedeutung ist, ob diese föderative Gewalt gut oder schlecht ausgeübt wird, kann sie doch sehr viel weniger leicht durch im voraus gefaßte, stehende, positive Gesetze geleitet werden als die Exekutive. Es bleibt deshalb notwendigerweise der Klugheit und Weisheit derer überlassen, in deren Händen sie liegt, sie zum öffentlichen Wohl auszuüben. Denn die Gesetze, die die Beziehungen der Untertanen untereinander betreffen und ihre Handlungen lenken sollen, können ihnen zwar als Richtschnur dienen – wie man sich aber Fremden gegenüber zu verhalten hat, hängt zum großen Teil von deren Handlungen ab und von der Mannigfaltigkeit ihrer Absichten und Interessen. Es bleibt deshalb weithin der Klugheit derjenigen überlassen, welchen diese Gewalt übertragen wurde, sie nach bestem Vermögen zum Wohl des Staates zu gebrauchen.

148. Obwohl, wie ich gesagt habe, die exekutive und die föderative Gewalt in jeder Gemeinschaft in Wirklichkeit ihrem Wesen nach voneinander verschieden sind, können sie doch schwerlich getrennt und zu gleicher Zeit in die Hände verschiedener Personen gelegt werden. Beide nämlich benötigen zu ihrer Ausübung die Macht der Gesellschaft, und es ist beinahe undurchführbar, die Macht des Staates in verschiedene, einander nicht untergeordnete Hände zu legen – ebensowenig wie man die exekutive und föderative Gewalt Personen beilegen könnte, welche voneinander getrennt handeln dürften, so daß die Macht des Volkes unter mehrerlei Befehl gestellt würde. Leicht könnte dies früher oder später der Anlaß zu Zerrüttung und Untergang sein.

XIII

Die Gewaltenordnung im Staat

149. Obwohl es in einem verfaßten Staatswesen, welches auf eigener Grundlage steht und der eigenen Natur gemäß handelt, d. h. zur Erhaltung der Gemeinschaft, nur eine höchste Gewalt geben kann, die Legislative, der alle übrigen Gewalten untergeordnet sind und sein müssen, ist doch die Legislative nur eine Gewalt, die treuhänderisch zu bestimmten Zwecken handelt, und es verbleibt dem Volk dennoch die höchste Gewalt, die Legislative abzuberufen oder zu ändern, wenn es der Meinung ist, daß sie dem in sie gesetzten Vertrauen zuwiderhandelt. Denn aller Gewalt, die im Vertrauen auf ein bestimmtes Ziel verliehen wird, sind durch jenes Ziel die Grenzen gesetzt, und immer wenn dieses Ziel offenkundig vernachlässigt oder ihm zuwider gehandelt wird, ist dieses Vertrauen notwendigerweise verwirkt, und die Gewalt fällt zurück in die Hände derjenigen, die sie verliehen haben und die sie dann von neuem so vergeben können, wie es ihnen für ihren Schutz und ihre Sicherheit am besten erscheint. So behält sich die Gemeinschaft beständig die höchste Gewalt vor, um sich vor den Angriffen und Anschlägen jeder Körperschaft, selbst ihrer Gesetzgeber, zu sichern, sooft diese so töricht oder verwerflich sein sollten, Anschläge gegen Freiheit und Eigentum der Untertanen zu planen und zu unternehmen. Da kein Mensch und keine menschliche Gesellschaft die Macht hat, ihre Erhaltung oder folglich auch die Mittel dazu dem absoluten Willen und der willkürlichen Herrschaft eines anderen auszuliefern, werden sie, sooft sich jemand anschicken sollte, sie in einen derartigen sklavischen Zustand zu versetzen, immer das Recht haben, zu verteidigen, worauf zu verzichten sie nicht die Macht haben – und sich von solchen Menschen zu befreien, die sich gegen dieses grundlegende, heilige und unwandelbare Recht der Selbsterhaltung, um dessentwillen sie in die

Gesellschaft eingetreten waren, vergehen. Unter diesem Gesichtspunkt kann man folglich die Gemeinschaft immer als die höchste Gewalt bezeichnen, außer wenn man sie unter irgendeiner Regierungsform betrachtet – denn diese Gewalt des Volkes kann erst dann wirksam werden, wenn die Regierung aufgelöst ist.

150. Solange die Regierung besteht, ist die Legislative in allen Fällen die höchste Gewalt. Was nämlich einem anderen Gesetze zu geben vermag, muß ihm notwendig übergeordnet sein. Da aber die Legislative nur insofern Legislative der Gesellschaft ist, als sie das Recht hat, für alle Teile und alle Glieder der Gesellschaft Gesetze zu geben, indem sie ihren Handlungen Vorschriften setzt und die Vollziehungsgewalt verleiht, wo diese Regeln verletzt werden, muß die Legislative notwendigerweise die höchste Gewalt sein und jegliche andere bei irgendwelchen Mitgliedern oder Teilen der Gesellschaft liegende Gewalt muß von ihr abgeleitet und ihr untergeordnet sein.

151. In einigen Staatswesen, wo die Legislative nicht dauernd im Amt ist und die Exekutive in der Hand eines einzelnen liegt, der zugleich teilhat an der legislativen Gewalt, kann dieser einzelne in einem sehr weiten Sinn ebenfalls als höchste Gewalt bezeichnet werden. Er ist zwar nicht im Besitz der gesamten höchsten Gewalt, nämlich der gesetzgebenden, da aber bei ihm die höchste Exekutivgewalt liegt, aus der alle untergeordneten Beamten oder zumindest doch der großte Teil von ihnen ihre jeweiligen untergeordneten Gewalten herleiten, und es außerdem keine Legislative gibt, die ihm übergeordnet wäre – weil nämlich kein Gesetz ohne seine Zustimmung erlassen werden kann, es aber nicht zu erwarten ist, daß sie ihn jemals der übrigen Legislative unterwerfen könnte –, so ist er in diesem Sinne recht eigentlich die höchste Gewalt. Obwohl aber dem Träger dieser Gewalt Untertanen- und Lehnseide abgelegt werden, muß man doch sehen, daß sie ihm nicht als oberstem Gesetzgeber abgelegt werden, sondern als dem höchsten Vollzieher jenes

Gesetzes, welches von ihm mit anderen zusammen durch vereinigte Macht erlassen wurde. Untertanentreue ist nichts anderes als Gehorsam nach dem Gesetz. Wenn er das Gesetz verletzt, hat er auch kein Recht auf Gehorsam, und er kann ihn auch nur in seiner Eigenschaft als mit der Gewalt des Gesetzes bekleidete öffentliche Person beanspruchen. Er ist daher als das Bild, die Erscheinung oder der Repräsentant des Staates zu betrachten, welcher durch den in ihren Gesetzen bekundeten Willen der Gesellschaft gelenkt wird; und er hat somit nur den Willen und die Gewalt des Gesetzes. Verläßt er jedoch diese Repräsentation, diesen öffentlichen Willen, und handelt nach seinem eigenen persönlichen Willen, so degradiert er sich selbst und ist nichts als eine einzelne Privatperson ohne Macht und ohne einen Willen, der ein Recht auf Gehorsam hätte – denn die Mitglieder der Gesellschaft schulden lediglich dem öffentlichen Willen der Gesellschaft Gehorsam.

152. Liegt die Exekutive in anderen Händen als in denen eines Menschen, der zugleich teilhat an der legislativen Gewalt, so ist sie der Legislative sichtlich untergeordnet und verantwortlich und kann nach Belieben geändert und in andere Hände gelegt werden. Nicht die höchste Exekutive als solche also ist von der Unterordnung ausgenommen, sondern nur diejenige höchste Exekutive, die einem Menschen verliehen wurde, der an der Legislative teilhat und deshalb keine andere höhere Legislative kennt, der er weiter untergeordnet und verantwortlich wäre, als er sich ihr selbst anschließt und ihr zustimmt. Er ist also nur so weit untergeordnet, wie es ihm selbst gut scheint, und das wird – wie man sicher schließen darf – nur sehr wenig sein. Von anderen amtlichen und untergeordneten Gewalten in einem Staatswesen brauchen wir nicht zu sprechen. Es gibt ihrer so viele, und sie sind bei den verschiedenen Bräuchen und Verfassungen der einzelnen Staaten so unendlich vielfältig, daß es unmöglich ist, sie im einzelnen zu behandeln. Nur soweit es für unsere gegenwärtige Absicht notwendig ist, wollen

wir diesbezüglich festhalten, daß keine von ihnen irgendwelche Autorität über das hinaus besitzt, was ihr durch positive Verleihung und Vollmacht übertragen wurde, und daß sie alle irgendeiner anderen Gewalt im Staate verantwortlich sind.

153. Es ist nicht notwendig und nicht einmal von Nutzen, daß die Legislative immer im Amt bleibt. Unbedingt notwendig dagegen ist dies für die Exekutive. Es werden nämlich nicht fortwährend neue Gesetze benötigt, es ist aber immer notwendig, daß die bereits erlassenen Gesetze vollzogen werden. Wenn die Legislative die Vollziehung ihrer Gesetze in andere Hände gelegt hat, behält sie doch immer die Macht, sobald sie Veranlassung dazu findet, sie aus diesen Händen wieder zu nehmen und jegliche schlechte und gesetzwidrige Verwaltung zu bestrafen. Dasselbe gilt auch gegenüber der föderativen Gewalt – denn beide, die föderative und die exekutive Gewalt, sind der Legislative untergeordnete Amtsgewalten, die Legislative aber ist, wie wir gezeigt haben, in einem verfaßten Staatswesen die höchste Gewalt. Da man auch in diesem Fall annehmen muß, daß sich die Legislative aus mehreren Personen zusammensetzt (denn läge sie bei einer Person, müßte diese notwendigerweise immer im Amt sein und als höchste Gewalt mit der legislativen natürlich zugleich auch die höchste Exekutivgewalt innehaben), kann sie sich versammeln und ihre legislative Gewalt ausüben, wann es ihre ursprüngliche Verfassung oder der eigene Tagungskalender bestimmt – oder aber wann es ihr gefällt, falls auf keine dieser beiden Arten eine Zeit angesetzt ist und es auch sonst keine Vorschriften gibt, wie sie einzuberufen ist. Denn da ihr die höchste Gewalt vom Volke übertragen wurde, liegt sie beständig bei ihr; und sie kann sie ausüben, wann es ihr gefällt – es sei denn, sie wäre durch ihre ursprüngliche Verfassung auf bestimmte Tagungszeiten beschränkt oder sie hätte sich kraft eines Beschlusses ihrer eigenen höchsten Gewalt auf eine bestimmte Zeit vertagt. Wenn diese Zeit da ist, hat sie das Recht, sich erneut zu versammeln und neu in Tätigkeit zu treten.

154. Wenn die Legislative oder ein Teil von ihr aus vom Volke auf Zeit gewählten Repräsentanten gebildet wird, die danach wieder zu gewöhnlichen Untertanen werden und nur durch eine Neuwahl wieder an der Gesetzgebung teilhaben können, so muß diese Macht, zu wählen, vom Volke ebenfalls zu bestimmten festgesetzten Zeiten, oder aber wenn es dazu aufgerufen wird, ausgeübt werden. Im letzteren Falle ist die Macht, die Legislative einzuberufen, gemeinhin in die Hände der Exekutive gegeben und ist, was den Zeitpunkt angeht, einer der beiden folgenden Beschränkungen unterworfen: Entweder verlangt ihre ursprüngliche Verfassung, daß sich die Legislative jeweils in bestimmten Intervallen versammelt und in Tätigkeit tritt – und dann tut die exekutive Gewalt nichts anderes, als im Dienste der Legislative in gebührender Form amtliche Weisungen für ihre Wahl und ihre Versammlung zu erteilen –, oder aber es bleibt der Klugheit der Exekutive überlassen, die legislative Gewalt durch neue Wahlen einzuberufen, sobald die Gelegenheit oder die Bedürfnisse der Öffentlichkeit verlangen, daß alte Gesetze geändert oder neue Gesetze erlassen werden oder daß irgendwelches Unheil, das auf dem Volk lastet oder es bedroht, beseitigt oder abgewehrt wird.

155. Es mag hier gefragt werden: Was geschieht, wenn die Exekutive, im Besitze der Staatsmacht, diese Macht anwendet, um zu verhindern, daß die Legislative zusammentritt und handelt, wie es die ursprüngliche Verfassung oder öffentliche Erfordernisse verlangen? Ich antworte: Wenn man Gewalt ohne Autorität gegen das Volk anwendet, entgegen jenem Vertrauen, welches das Volk in den gelegt hatte, der so handelt, so bedeutet dies dem Volke gegenüber den Kriegszustand, und das Volk hat das Recht, seine Legislative zur Ausübung ihrer Gewalt wiedereinzusetzen. Da es eine Legislative mit der Absicht eingesetzt hatte, entweder zu bestimmten festgesetzten Zeiten die Gewalt der Gesetzgebung auszuüben, oder aber wenn es erforderlich ist, so hat das Volk auch das Recht, wenn die Legislative durch irgend-

eine Macht an dem gehindert wird, was so notwendig ist für die Gesellschaft und worin die Sicherheit und Erhaltung des Volkes besteht, dieses Hindernis gewaltsam zu entfernen. In allen Lagen und unter jedweden Umständen ist es das beste Heilmittel gegen Gewalt ohne Autorität, ihr Gewalt entgegenzusetzen. Die Anwendung von Gewalt ohne Autorität versetzt stets denjenigen, der sie anwendet, als den Angreifenden in den Kriegszustand und setzt ihn der Gefahr aus, entsprechend behandelt zu werden.

156. Die der Exekutive zugeteilte Gewalt, die Legislative einzuberufen und aufzulösen, verleiht der Exekutive keine übergeordnete Stellung, sondern ist zur Sicherheit des Volkes treuhänderisch in ihre Hände gegeben in Fällen, wo die Ungewißheit und Veränderlichkeit der menschlichen Angelegenheiten eine ständige feste Regel nicht zulassen könnten. Denn da die ersten Begründer der Regierung unmöglich kraft irgendwelcher Voraussicht so weit Herr über die zukünftigen Ereignisse sein konnten, daß sie es vermocht hätten, für alle Zukunft geeignete Zeiten für Wiederkehr und Dauer des Zusammentritts der Legislative anzusetzen, die allen Bedürfnissen des Staates bis ins letzte entsprochen hätten, war es das beste Heilmittel, das für diesen Mangel gefunden werden konnte, diese Frage der Klugheit eines Menschen anzuvertrauen, der stets im Amt sein sollte und dessen Aufgabe es war, über das öffentliche Wohl zu wachen. Fortwährende und häufige Zusammenkünfte der Legislative und lange Versammlungsdauer ohne zwingenden Grund konnten dem Volk nur lästig werden und mußten mit der Zeit notwendigerweise noch gefährlichere Übelstände hervorrufen. Dennoch aber mochte ein schneller Wandel der Dinge manchmal das unmittelbare Eingreifen der Legislative verlangen: Es mochte jede Verzögerung ihres Zusammentretens die Öffentlichkeit gefährden, und manchmal auch mochte ihr Aufgabenbereich so groß sein, daß ihre festgesetzte Tagungszeit für ihre Arbeit zu kurz sein und die Öffentlichkeit jenes Vorteils berauben mochte, welcher nur

durch reifliche Überlegung erlangt werden konnte. Was also konnte man in diesem Fall anderes tun – um zu vermeiden, daß die Gemeinschaft früher oder später durch die der Legislative gesetzten festen Versammlungstermine und Tagungsperioden den größten Gefahren von dieser oder jener Seite ausgesetzt würde –, als dies der Klugheit von Menschen anzuvertrauen, die, ständig im Amt und mit dem Stand der öffentlichen Angelegenheiten vertraut, von dieser Prärogative zum öffentlichen Wohl Gebrauch machen könnten! Und wohin konnte man dieses Vertrauen besser legen als in die Hände dessen, dem man mit demselben Ziel die Vollstreckung der Gesetze anvertraut hatte! Vorausgesetzt also, die Zeiten für den Zusammentritt und die Tagungsdauer der Legislative waren nicht in der ursprünglichen Verfassung geregelt, so fiel dieses Amt ganz natürlich der Exekutive zu; nicht als eine ihrem Belieben anheimgegebene willkürliche Gewalt, sondern immer im Vertrauen darauf, daß sie, wie es die Erfordernisse der Zeit und der Wandel der Dinge erforderten, zum öffentlichen Wohl ausgeübt würde. Was am wenigsten Unannehmlichkeiten mit sich bringt – festgesetzte Zeiten für das Zusammentreten der Legislative oder eine dem Fürsten überlassene Freiheit, die Legislative einzuberufen, oder möglicherweise eine Mischung von beidem –, ist hier nicht meine Aufgabe zu untersuchen. Meine Aufgabe ist vielmehr nur, zu zeigen, daß die exekutive Gewalt zwar das Vorrecht haben mag, solche Versammlungen der Legislative einzuberufen und wieder aufzulösen, daß sie ihr deshalb aber nicht übergeordnet ist.

157. Die Dinge dieser Welt befinden sich beständig in Fluß, so daß nichts lange Zeit in demselben Zustand verbleibt. Menschen, Reichtümer, Handel, Macht wechseln ihren Standort, blühende mächtige Städte verfallen dem Ruin und verwandeln sich mit der Zeit zu vernachlässigten, verlassenen Winkeln, während andere unbewohnte Plätze zu wohlhabenden und volkreichen Ländern heranwachsen. Nicht alle Dinge aber wandeln sich gleich, und persönliches Interesse

läßt oft Bräuche und Privilegien weiterleben, wenn sie ihren Geltungsgrund schon verloren haben. So geschieht es häufig, daß unter Regierungen, wo die Legislative zum Teil aus vom Volke gewählten Repräsentanten besteht, diese Repräsentation im Laufe der Zeit sehr ungleich wird und nicht mehr im richtigen Verhältnis zu den Gründen steht, weshalb sie zuerst geschaffen wurde. Zu welch großer Widersinnigkeit es führen kann, wenn man an Bräuchen festhält, die ihren Sinn verloren haben, davon können wir uns überzeugen, wenn wir sehen, daß der bloße Name einer Stadt, von der kaum die Ruinen geblieben sind, wo man kaum ein Dach außer höchstens einer Schafhürde und nicht mehr Einwohner als einen Hirten finden kann, ebenso viele Abgeordnete in die große gesetzgebende Versammlung entsendet wie eine ganze Grafschaft mit zahlreicher Bevölkerung und mächtigen Reichtümern. Davor stehen Fremde verwundert, und ein jeder wird zugeben, daß hier Abhilfe geschaffen werden sollte – wenn auch die meisten Menschen glauben, daß dies schwierig sei, weil die Verfassung der Legislative den ursprünglichen und höchsten Akt der Gesellschaft darstellt, der allen positiven Gesetzen in der Gesellschaft voransteht und ganz und gar vom Volke abhängig ist, so daß keine untergeordnete Gewalt sie zu ändern vermag. Wenn also die Legislative einmal verfaßt ist, hat das Volk unter einer solchen Regierung, von der wir gesprochen haben, keinerlei Macht zu handeln, solange die Regierung Bestand hat; und so glaubt man, daß es kein Heilmittel für diesen Mißstand geben könne.

158. *Salus populi suprema lex*[13] ist gewiß eine so gerechte und grundlegende Regel, daß, wer sie gewissenhaft befolgt, nicht gefährlichen Irrtümern verfallen kann. Wenn folglich die Exekutive, welche die Macht hat, die Legislative einzuberufen, mehr auf das richtige Verhältnis als auf die Art der Repräsentation bedacht ist und deshalb nicht nach altem

13. Das Wohl des Volkes ist das höchste Gesetz. (Anm. d. Übers.)

Brauch, sondern der wahren Vernunft entsprechend die Zahl der Mitglieder in allen Orten festlegt, die ein Recht haben, gesondert vertreten zu werden – was jeder wie auch immer vereinigte Teil des Volkes lediglich im Verhältnis seines Beitrags zur Öffentlichkeit beanspruchen kann –, so kann das nicht als die Einsetzung einer neuen Legislative angesehen werden, sondern vielmehr als die Wiederherstellung der alten und wahren und als eine Berichtigung der Mißstände, die mit fortschreitender Zeit ebenso unmerklich und unvermeidlich aufgetreten waren. Eine gerechte und gleiche Repräsentation liegt nämlich sowohl im Interesse als auch in der Absicht des Volkes. Wer immer es diesem Ziele näherzubringen vermag, ist unzweifelbar ein Freund der Regierung und festigt sie, er kann deshalb der Zustimmung und des Beifalls der Gemeinschaft sicher sein. Prärogative ist nichts anderes als eine Gewalt in den Händen des Fürsten, für das öffentliche Wohl zu sorgen, in Fällen, die von unvorhergesehenen und ungewissen Ereignissen abhängen und deshalb nicht sicher nach bestimmten und unwandelbaren Gesetzen geregelt werden können. Was immer offenkundig zum Wohl des Volkes und zur Festigung der Regierung auf ihrer wahren Grundlage geschieht, ist und wird immer gerechte Prärogative sein. Der Macht, neue Gemeinden und somit neue Vertretungen zu schaffen, liegt die Annahme zugrunde, daß sich mit fortschreitender Zeit die Repräsentationsverhältnisse ändern können und Orte ein begründetes Recht auf Repräsentation haben, die es vorher nicht besaßen, daß aus demselben Grunde andere, die es vormals besaßen, dieses Recht verlieren können und für ein solches Privileg zu unbedeutend werden. Nicht ein möglicherweise durch Korruption oder Verfall verursachter Wandel des gegenwärtigen Zustandes stellt einen Angriff auf die Regierung dar, sondern die damit verbundene Tendenz, dem Volke Unrecht zu tun oder es zu unterdrücken und eine Gruppe oder eine Partei zu bilden, die sich von den übrigen Menschen unterscheidet und in einem ungleichen Unterwerfungsverhältnis zu ihnen steht. Was immer man nach gerechtem und währendem Maßstab als vorteilhaft für die Gesellschaft und das Volk im allgemeinen anerkennen muß, wird sich immer, wenn es geschehen ist, selbst rechtfertigen. Immer aber, wenn das Volk seine Abgeordneten nach gerechtem und unleugbar gleichem Maßstab dem ursprünglichen Aufbau der Regierung gemäß wählt, kann nicht bezweifelt werden, daß dies der Wille und der Akt der Gesellschaft ist – wer immer auch dem Volk erlaubt oder es veranlaßt hatte, so zu handeln.

XIV

Die Prärogative

159. Wo die gesetzgebende und die exekutive Gewalt in verschiedenen Händen liegen (wie in allen gemäßigten Monarchien und wohlgeordneten Regierungen), dort verlangt es das Wohl der Gesellschaft, daß einige Angelegenheiten dem Willen desjenigen überlassen bleiben, der sich im Besitz der exekutiven Gewalt befindet. Weil nämlich die Gesetzgeber nicht alles, was der Gemeinschaft nützlich sein könnte, voraussehen und gesetzlich regeln können, hat der Vollzieher der Gesetze, in dessen Händen die Macht liegt, nach dem allgemeinen Naturgesetz in vielen Fällen, wo das Gesetz des Staates keine Richtlinien gibt, das Recht, diese Macht zum Wohl der Gesellschaft so lange zu gebrauchen, bis die Legislative in angemessener Form versammelt werden kann, um sich damit zu befassen. Es gibt viele Dinge, für die das Gesetz keinerlei Vorsorge treffen kann und die deshalb notwendigerweise der Entscheidung desjenigen überlassen bleiben müssen, in dessen Händen die exekutive Gewalt liegt, damit er darüber verfüge, wie es das öffentliche Wohl und der öffentliche Vorteil verlangen. Ja, die Gesetze sollten sogar in manchen Fällen der Exekutive oder vielmehr jenem

grundlegenden Gesetz der Natur und der Regierung, daß soweit als möglich alle Glieder der Gesellschaft erhalten werden müssen, den Vorrang lassen. Da nämlich viele Ereignisse eintreten mögen, bei denen eine strenge und starre Befolgung der Gesetze von Schaden sein kann (wenn man z. B. nicht das Haus eines unschuldigen Menschen abreißen würde, um das Feuer einzudämmen, wenn das benachbarte Haus in Flammen steht) und man zuweilen mit einer Handlung, die Belohnung und Verzeihung verdienen mag, in die Maschen des Gesetzes geraten kann, welches keinen Unterschied der Person kennt, sollte der Herrscher die Macht haben, in vielen Fällen die Härte des Gesetzes zu mildern und manche Übeltäter zu begnadigen. Denn da das Ziel der Regierung die Erhaltung aller ist, soweit dies möglich ist, sollte selbst der Schuldige geschont werden, wo es ohne Schaden für den Unschuldigen geschehen kann.

160. Diese Macht, ohne Gesetzesvorschrift – bisweilen sogar gegen das Gesetz – zum öffentlichen Wohl nach dem eigenen Ermessen zu handeln, bezeichnen wir als Prärogative. In einigen Regierungen übt die gesetzgebende Gewalt ihre Funktion nicht ständig aus, und sie liegt gewöhnlich in zu vielen Händen und arbeitet deshalb für die erforderte rasche Abwicklung des Vollzugs zu langsam. Sie kann auch unmöglich alle möglicherweise die Öffentlichkeit berührenden Ereignisse und Bedürfnisse voraussehen und mit dem Gesetz dafür Vorsorge treffen – oder Gesetze geben, die bei jedem Anlaß und gegen alle Personen, die mit ihnen in Berührung kommen sollten, mit unbeugsamer Strenge vollzogen werden könnten, ohne Schaden anzurichten. Der exekutiven Gewalt wird daher ein Spielraum gelassen, vieles nach eigenem Ermessen zu entscheiden, wofür das Gesetz keine Vorschrift gibt.

161. Solange diese Gewalt zum Wohle der Gemeinschaft angewandt wird und gemäß dem in die Regierung gesetzten Vertrauen und ihren Zielen, handelt es sich unzweifelhaft um Prärogativgewalt und wird niemals in Frage gestellt.

Denn das Volk nimmt es höchst selten oder nie sehr genau in diesem Punkt. Es ist weit entfernt, die Prärogative in Frage zu stellen, solange sie in irgend erträglichem Maße zu dem Zweck gebraucht wird, zu dem sie beabsichtigt war, d. h. zum Wohle des Volkes und nicht offenkundig gegen es. Wenn aber zwischen Exekutive und Volk über irgend etwas, was als Prärogative in Anspruch genommen wird, eine Frage aufkommt, so wird die Tendenz der Ausübung einer solchen Prärogative zum Wohl oder zum Schaden des Volkes diese Frage leicht entscheiden.

162. Es ist leicht erkennbar: In den Anfängen der Regierungen, als sich die Staatswesen an Bevölkerungszahl wenig von Familien unterschieden, unterschieden sie sich auch nur wenig von ihnen in der Zahl der Gesetze. Da die Regierenden gleichsam ihre Väter waren und zu ihrem Wohle über sie wachten, war die Regierung beinahe vollständig Prärogative. Wenige feste Gesetze genügten, die Überlegung und Fürsorge des Herrschers taten das übrige. Als aber Irrtum oder Schmeichelei schwache Fürsten dazu verleiteten, diese Gewalt für ihre eigenen privaten Ziele und nicht zum öffentlichen Wohl zu gebrauchen, sah sich das Volk genötigt, der Prärogative dort, wo sie ihm zum Nachteil gereichte, kraft ausdrücklicher Gesetze Grenzen zu setzen. So hielt das Volk klare Beschränkungen der Prärogative für notwendig in Fällen, die es selbst und seine Vorfahren in weitestem Ausmaß der Weisheit solcher Fürsten überlassen hatten, die von ihr nur rechten Gebrauch machten, d. h. sie zum Wohle ihres Volkes gebrauchten.

163. Deshalb haben diejenigen eine sehr falsche Vorstellung von Regierung, welche sagen, das Volk habe auf die Prärogativgewalt übergegriffen, als es einen Teil davon durch positive Gesetze abgrenzte. Es nahm damit nämlich dem Fürsten nichts, was ihm von Rechts wegen angehörte, sondern erklärte lediglich, daß es ihm jene Gewalt, die es zum Gebrauch für des Volkes Wohl unbestimmt in seinen oder seiner Väter Hände belassen hatte, nicht zubilligte, wenn er

sie anders gebrauchte. Denn da das Ziel aller Regierung das Wohl der Gemeinschaft ist, können alle Änderungen, die im Hinblick auf dieses Ziel in ihr vorgenommen werden, keinen Eingriff in irgend jemandes Rechte bedeuten, da niemand in einer Regierung ein Recht haben kann, welches ein anderes Ziel verfolgt. Und ein Übergriff ist nur, was dem öffentlichen Wohl schadet oder ihm im Wege steht. Wer etwas anderes sagt, spricht, als habe der Fürst ein gesondertes und von dem Wohl der Gemeinschaft getrenntes Interesse und sei nicht für die Gemeinschaft eingesetzt worden; und das ist die Wurzel und Quelle, der beinahe alles Übel und alle Unruhen in Monarchien entspringen. Wäre dies wirklich der Fall, so wäre das Volk unter seiner Regierung nicht eine Gesellschaft vernunftbegabter Wesen, die zu ihrem gegenseitigen Wohl in eine Gemeinschaft eingetreten sind, sie hätten nicht selbst Herrscher über sich gestellt, um dieses Wohl zu schützen und zu fördern, sondern man müßte eine Herde niederer Kreaturen in ihnen sehen, unter der Herrschaft eines Herrn, der sie hält und sie zu seinem eigenen Vergnügen und Vorteil für sich arbeiten läßt. Wären die Menschen so tierisch und bar jeder Vernunft, daß sie unter solchen Bedingungen in eine Gesellschaft einträten, so würde die Prärogative vielleicht wirklich, wie mancher es wünschte, eine willkürliche Macht darstellen, dem Volke Schaden zuzufügen.

164. Da man aber nicht annehmen kann, daß ein vernunftbegabtes Wesen, solange es frei ist, sich zu seinem eigenen Schaden einem anderen untertan macht (obwohl man es unter einem guten und weisen Herrscher vielleicht weder für notwendig noch für nützlich halten mag, seiner Gewalt in allem genaue Grenzen zu setzen), kann auch die Prärogativgewalt nichts anderes sein als die den Herrschern erteilte Erlaubnis des Volkes, wo das Gesetz schweigt, verschiedene Dinge nach ihrem eigenen freien Ermessen zu tun und zuweilen zum Wohle des Volkes auch gegen den ausdrücklichen Buchstaben des Gesetzes zu handeln, sowie die Einwilligung

des Volkes dazu, wenn das geschehen war. Ein guter Fürst nämlich, eingedenk des in seine Hände gelegten Vertrauens und auf das Wohl seines Volkes bedacht, kann gar nicht genug Prärogativgewalt, d. h. Macht, Gutes zu tun, haben. Wenn aber ein schwacher und schlechter Fürst diese Gewalt, welche seine Vorgänger ohne die Weisung der Gesetze ausgeübt hatten, für sich beanspruchen wollte als eine ihm durch das Recht seines Amtes eigene Prärogativgewalt, die er nach Belieben gebrauchen kann, um sich ein vom Volk gesondertes Interesse zu schaffen oder es zu fördern, so gäbe er dem Volke Anlaß, sein Recht zu fordern und jene Gewalt einzuschränken, der es gern schweigend zugestimmt hatte, solange sie zu seinem Wohl ausgeübt wurde.

165. Wirft man einen Blick auf die Geschichte Englands, so wird man daher sehen können, daß die Prärogativgewalt in den Händen unserer weisesten und besten Fürsten immer am größten war. Wenn nämlich das Volk erkannte, daß all ihre Bestrebungen dem öffentlichen Wohle galten, stellte es das nicht in Frage, was ohne Gesetz in diesem Sinne geschah, und wenn sich irgendeine menschliche Schwäche oder ein Irrtum als geringe Abweichungen von diesem Ziel erwiesen (denn Fürsten sind auch nur Menschen wie andere), so war doch offenkundig, daß ihr Handeln im großen und ganzen auf nichts anderes ausgerichtet war als auf die Sorge für das Volk. Das Volk hatte deshalb Grund, mit diesen Fürsten zufrieden zu sein, und wann immer sie sich nicht an den Buchstaben des Gesetzes hielten oder dem Gesetz zuwiderhandelten, gab es ihnen seine Zustimmung und ließ sie nach Gefallen ihre Prärogativgewalt ausdehnen, ohne sich im geringsten darüber zu beklagen. Es glaubte zu Recht, daß sie damit den Gesetzen keinerlei Schaden zufügten, da sie in Übereinstimmung mit der Grundlage und dem Ziel aller Gesetze handelten: dem öffentlichen Wohl.

166. Solche gottähnlichen Fürsten hatten wirklich einigen Anspruch auf willkürliche Gewalt mit jener Begründung, durch die man beweisen wollte, die absolute Monarchie, die

Regierung, nach welcher Gott selbst das Universum regiert, sei die beste Regierung: weil solche Könige teilhaben an seiner Weisheit und Güte. Es ist dies der Grund, daß man sagt, die Herrschaft guter Fürsten sei der Freiheit ihres Volkes stets am gefährlichsten gewesen. Wenn ihre Nachfolger nämlich die Regierung in anderem Geiste führten, beriefen sie sich auf die Handlungen jener guten Herrscher als Präzedentien und machten sie zur Norm für ihre Prärogative – als wenn ihnen, was allein zum Wohle des Volkes getan worden war, ein Recht gäbe, es zum Schaden des Volkes zu tun, wenn es ihnen so gefiel. Dies hat oft den Anlaß zu Streit gegeben, und manchmal kam es zu öffentlichen Unruhen, ehe das Volk sein ursprüngliches Recht zurückerlangen konnte und es erreichte, daß das nicht als Prärogative deklariert wurde, was es in Wirklichkeit niemals war. Denn es ist unmöglich, daß irgend jemand in einer Gesellschaft jemals das Recht haben sollte, dem Volke Schaden zuzufügen. Sehr gut möglich und auch vernünftig ist es aber, daß das Volk es unterläßt, der Prärogativgewalt jener Könige oder Herrscher irgendwelche Grenzen zu setzen, die ihrerseits nicht die Grenzen des öffentlichen Wohles überschreiten. Denn Prärogative ist nichts als die Macht, für das öffentliche Wohl zu handeln, ohne an eine Norm gebunden zu sein.

167. In England ist die Macht, das Parlament einzuberufen, die Zeit, den Ort und die Dauer zu bestimmen, sicherlich eine Prärogative des Königs, jedoch immer im Vertrauen darauf, daß sie zum Wohl der Nation ausgeübt werde, wie es die Erfordernisse der Zeit und die mannigfaltigen Gegebenheiten verlangen. Denn es ist unmöglich vorauszusehen, welches jeweils der geeignetste Ort und die beste Zeit zur Versammlung wäre, und deshalb wurde die Wahl der Exekutive überlassen, wie es dem öffentlichen Wohl am dienlichsten wäre und der Absicht des Parlamentes am besten entspräche.

168. Es wird hier bezüglich der Prärogative die alte Frage

gestellt werden: Wer aber soll entscheiden, wann diese Gewalt richtig ausgeübt wird? Ich antworte: Zwischen einer ständigen Exekutive mit einer solchen Prärogativgewalt und einer Legislative, deren Zusammentreten von dem Willen der Exekutive abhängig ist, kann es keinen Richter auf Erden geben – wie es auch zwischen der Legislative und dem Volk keinen solchen Richter geben kann für den Fall, daß die Exekutive oder die Legislative, sobald sie die Macht in den Händen hielten, beabsichtigten oder sich anschickten, das Volk zu knechten oder zu vernichten. In diesem wie in allen anderen Fällen, in denen das Volk keinen Richter auf Erden hat, bleibt ihm kein anderes Heilmittel, als den Himmel anzurufen. Denn die Herrscher gebrauchen bei derartigen Unternehmungen eine Gewalt, die ihnen das Volk niemals in die Hände gelegt hat (denn es dürfte schwerlich jemals seine Zustimmung geben, daß irgend jemand zu seinem Schaden über es herrschen sollte), und tun, wozu sie kein Recht haben. Und wo das Volk insgesamt oder irgendein einzelner seiner Rechte beraubt wird oder einer unrechtmäßigen Gewaltausübung unterworfen ist und keinerlei Berufungsmöglichkeit auf Erden hat, da steht es ihm frei, den Himmel anzurufen, wann immer der Anlaß gewichtig genug erscheint. Wenn auch das Volk also nicht Richter sein kann, d. h. nach der Verfassung jener Gesellschaft keinerlei höhere Gewalt besitzt, den Fall zu entscheiden und ein wirksames Urteil zu sprechen, so hat es sich doch nach einem Gesetz, welches allen positiven Gesetzen der Menschen voransteht und über sie erhaben ist, jene letzte Entscheidung vorbehalten, die aller Menschheit zukommt, wo keine Berufungsmöglichkeit auf Erden zu finden ist: nämlich zu urteilen, ob sie gerechte Ursache haben, den Himmel anzurufen. Dieser Urteilsfreiheit können sie sich nicht begeben, denn es steht außerhalb der menschlichen Macht, sich einem anderen so zu unterwerfen, daß man ihm die Freiheit zur eigenen Vernichtung gibt. Gott wie auch die Natur erlauben dem Menschen niemals, sich so aufzugeben, daß er seine Selbsterhaltung vernachlässigt. Und da er sich selbst sein Leben nicht nehmen darf, kann er auch niemandem sonst die Macht dazu geben. Man darf aber nicht glauben, daß dies den Grund für fortwährende Unordnung lege; denn es wird erst dann wirksam, wenn die Übelstände so groß sind, daß die Mehrheit sie fühlt und ihrer überdrüssig wird und es für notwendig hält, sie zu beheben. Die exekutive Gewalt oder weise Fürsten aber brauchen niemals in diese Gefahr zu geraten; und es ist das, was sie von allem am stärksten vermeiden müssen, denn von allem ist es das Gefährlichste.

XV

Die väterliche, politische und despotische Gewalt zusammen betrachtet

169. Zwar habe ich schon Gelegenheit gefunden, über diese Gewalten im einzelnen zu sprechen, da aber die großen Irrtümer über die Regierung in der letzten Zeit, wie mir scheint, daraus entstanden sind, daß diese verschiedenen Gewalten miteinander verwechselt wurden, werde ich vielleicht nicht fehlgehen, wenn ich sie hier noch einmal zusammen betrachte.

170. Zum ersten also: Die väterliche oder elterliche Gewalt ist nichts anderes als jene Gewalt, die die Eltern über ihre Kinder haben, um zum Wohl der Kinder so lange über sie zu herrschen, bis sie ihre Vernunft gebrauchen lernen und einen Grad des Wissens erreichen, daß man annehmen kann, sie seien fähig, jene Regeln zu verstehen – ob es das Naturgesetz ist oder das staatliche Gesetz ihres Landes –, nach denen sie sich selbst regieren sollen – ich meine fähig, sie ebensogut zu verstehen wie andere, die als freie Menschen unter diesem Gesetz leben. Die Zuneigung und Zärtlichkeit zu den Kindern, die Gott den Eltern ins Herz gepflanzt hat,

lassen klar erkennen, daß es keine strenge, willkürliche Regierung sein soll, sondern daß sie vielmehr ihren Nachkommen zur Hilfe, zu ihrer Belehrung und Erhaltung dienen soll. Wie es aber auch sein mag, es gibt keinen Grund anzunehmen – wie ich nachgewiesen habe –, daß sie sich jemals den Kindern gegenüber eher auch auf Leben und Tod erstrecken sollte als gegenüber irgend jemand sonst. Ebensowenig gibt es irgendeinen Grund, daß das Kind, wenn es erwachsen ist, kraft dieser elterlichen Gewalt dem Willen seiner Eltern in höherem Maße unterworfen sein sollte, als es ihm Achtung, Ehrerbietung, Dankbarkeit, Beistand und Hilfe gebieten, zu denen es beiden, Vater und Mutter, denen es Leben und Erziehung verdankt, sein ganzes Leben lang verpflichtet ist. Zwar ist die väterliche tatsächlich eine natürliche Regierung, sie reicht aber keineswegs an die Ziele und Befugnisse einer politischen Regierung heran. Die Gewalt des Vaters erstreckt sich keineswegs auf das Eigentum seines Kindes; allein das Kind kann darüber verfügen.

171. Zum zweiten ist politische Gewalt jene Gewalt, die ein jeder im Naturzustand hatte und die er in die Hände der Gesellschaft gegeben und innerhalb der Gesellschaft an die Regierenden, welche die Gesellschaft über sich gestellt hat – mit dem ausdrücklichen oder stillschweigenden Vertrauen, daß sie zu seinem Wohl und zur Erhaltung seines Eigentums ausgeübt werde. Jene Gewalt nun, die ein jeder im Naturzustand hat und die er überall dort an die Gesellschaft abtritt, wo diese ihn schützen kann, besteht darin, zur Erhaltung seines Eigentums solche Mittel zu gebrauchen, wie er sie für gut hält und sie ihm die Natur zu gebrauchen erlaubt. Zugleich soll er die Vergehen anderer gegen das Naturgesetz strafen, wie es (nach bestem Wissen und Gewissen) am zuträglichsten für die Erhaltung seiner selbst und der übrigen Menschheit ist. Wie das Ziel und das Maß dieser Gewalt, wenn sie im Naturzustand in den Händen eines jeden liegt, die Erhaltung aller in seiner Gesellschaft ist – das heißt der ganzen Menschheit im allgemeinen –, so kann sie, wenn sie

in den Händen der Obrigkeit liegt, ebenfalls kein anderes Ziel haben und kein anderes Maß, als das Leben, die Freiheit und den Besitz der Glieder jener Gesellschaft zu erhalten. Sie kann also keine absolute und willkürliche Gewalt über ihr Leben und ihre Güter sein, die ja soweit als möglich erhalten werden sollen, sondern vielmehr eine Gewalt, Gesetze zu geben und ihre Verletzung unter solche Strafen zu stellen, wie sie der Erhaltung der Gesamtheit dienen – diejenigen Teile, und zwar nur diese, jedoch auszuschließen, die so verderbt sind, daß sie die guten und gesunden gefährden; denn anders ist Strenge nicht rechtmäßig. Diese Gewalt hat ihren Ursprung allein in Vertrag und Übereinkunft und in der gegenseitigen Zustimmung derer, die die Gemeinschaft bilden.

172. Zum dritten: Despotische Gewalt ist eine absolute willkürliche Gewalt eines einzelnen über einen andern, ihm sein Leben zu nehmen, wann immer es ihm gefällt. Es ist eine Gewalt, die einem weder die Natur gibt, denn sie hat keinerlei solchen Unterschied zwischen den Menschen geschaffen, und die einem auch kein Vertrag verleihen kann – denn da der Mensch über das eigene Leben keine solche willkürliche Gewalt hat, kann er keinem anderen Menschen eine solche Gewalt darüber verleihen. Sie ist vielmehr nur die Folge der Verwirkung des eigenen Lebens, die der Angreifende verursacht, wenn er sich einem anderen gegenüber in den Kriegszustand versetzt. Er hat sich von der Vernunft abgekehrt, die Gott den Menschen untereinander zum Richtmaß gegeben hat, und hat die gemeine Fessel abgeworfen, die die Menschen zu einer Gemeinschaft und Gesellschaft vereinigte; er ist dazu von dem Weg des Friedens abgegangen, den die Vernunft uns lehrt, und hat von der Kriegsgewalt Gebrauch gemacht, um einem anderen seine ungerechten Absichten aufzuzwingen, ohne daß er ein Recht dazu hat. Er kehrt sich somit von seiner eigenen Rasse ab den Tieren zu, weil er genauso wie die Tiere rohe Gewalt zu seiner Rechtsgrundlage erhebt, und liefert sich selbst der Ge-

fahr aus, von dem Verletzten oder von allen übrigen Menschen, die sich zur Vollstreckung der Gerechtigkeit mit ihm vereinigen mögen, wie jedes andere wilde Tier oder schädliche Vieh, mit denen die Menschen weder in Gemeinschaft noch in Sicherheit zusammenleben können, vernichtet zu werden. Gefangene in einem gerechten und rechtmäßigen Krieg, und sie allein, sind daher despotischer Gewalt unterworfen. Wie diese Gewalt aus keinem Vertrag hervorgegangen ist, so ist sie auch keines Vertrages fähig; sie ist vielmehr der fortgesetzte Kriegszustand. Welcher Vertrag nämlich kann mit einem Menschen geschlossen werden, der nicht Herr über sein eigenes Leben ist? Welche Bedingungen kann er erfüllen? Wenn ihm aber irgendwann zugestanden wird, Herr über sein eigenes Leben zu sein, hat die despotische, willkürliche Gewalt seines Herrn ein Ende. Wer Herr seiner selbst und seines eigenen Lebens ist, hat auch ein Recht auf die Mittel, es zu erhalten. Sobald deshalb ein Vertrag eingegangen wird, endet die Sklaverei, und wer mit seinem Gefangenen Bedingungen eingeht, gibt in demselben Maße seine absolute Gewalt von sich und setzt dem Kriegszustand ein Ende.

173. Die Natur verleiht die erste dieser Gewalten, die väterliche, den Eltern zum Wohl ihrer Kinder, um während deren Minderjährigkeit einen Ausgleich zu schaffen für ihren Mangel an Geschick und Wissen, wie sie über ihr Eigentum verfügen sollen (unter Eigentum will ich hier wie auch an anderen Stellen jenes Eigentum verstanden wissen, welches die Menschen sowohl an ihrer Person als auch an ihren Gütern haben). Freiwillige Übereinkunft verleiht die zweite, nämlich die politische Gewalt, den Regierenden zum Wohl ihrer Untertanen, um ihnen ihren Besitz und den Gebrauch ihres Eigentums zu sichern. Und Verwirkung verleiht einem Herren zu seinem eigenen Vorteil die dritte, nämlich despotische Gewalt, über diejenigen, die jeglichen Eigentums bar sind.

174. Wer den jeweiligen Ursprung, das Ausmaß und das

besondere Ziel dieser verschiedenen Gewalten betrachtet, wird deutlich sehen, daß die väterliche Gewalt ebensoweit hinter der Gewalt der Obrigkeit zurücksteht, wie despotische Gewalt über sie hinausgeht, und daß absolute Herrschaft, wo immer sie liegen mag, so weit entfernt ist, eine Art bürgerlicher Gesellschaft zu sein, daß sie ebenso unvereinbar damit ist wie Sklaverei mit Eigentum. Väterliche Gewalt gibt es nur, wo Minderjährigkeit das Kind unfähig sein läßt, über sein Eigentum zu verfügen, politische Gewalt, wo die Menschen Eigentum zu ihrer eigenen Verfügung haben, und despotische Gewalt besteht nur über Menschen, die überhaupt kein Eigentum haben.

XVI
Eroberung

175. Obwohl Regierungen ursprünglich nicht anders entstehen können, als oben gezeigt, und Staaten allein auf die Zustimmung des Volkes gegründet werden können, hat doch Ehrsucht so viel Verwirrung in die Welt gebracht, daß im Lärm des Krieges – der einen so großen Teil der Menschheitsgeschichte ausmacht – dieser Zustimmung nur wenig Beachtung geschenkt wurde. Gar mancher hat daher fälschlicherweise Waffengewalt für die Zustimmung des Volkes angesehen und Eroberung für eine mögliche Entstehungsart von Regierungen gehalten. Eroberung aber bedeutet ebensowenig die Begründung einer Regierung, wie Niederreißen eines Hauses die Errichtung eines neuen an seiner Stelle bedeutet. Zwar wird oftmals einem neuen Staatsgebilde Platz gemacht, wenn man das alte zerstört – doch ohne die Zustimmung des Volkes kann damit niemals ein neues errichtet werden.

176. Daß der Angreifende, der sich selbst einem anderen

gegenüber in den Kriegszustand versetzt und unrechtmäßig in die Rechte eines anderen Menschen eingreift, durch einen solchen ungerechten Krieg niemals über den Besiegten ein Recht erwerben kann, darin werden alle Menschen leicht übereinstimmen, wenn sie nicht glauben wollen, Räuber und Piraten hätten ein Recht auf Herrschaft über jeden, den zu bezwingen sie stark genug sind, oder man wäre an Versprechen gebunden, die einem unrechtmäßige Gewalt abzwingt. Bräche ein Räuber in mein Haus ein und zwänge mich, mit einem Dolch an meiner Kehle, Urkunden auszufertigen, die ihm meinen Besitz übertragen – würde ihm das irgendeinen Rechtsanspruch verschaffen? Genau solch einen Anspruch erwirbt sich mit dem Schwert ein ungerechter Eroberer, der mich zur Unterwerfung zwingt. Das Unrecht und das Verbrechen sind dieselben, ob sie von jemandem begangen werden, der eine Krone trägt, oder von irgendeinem kleinen Schurken. Der Rang eines Übeltäters und die Zahl derer, die ihm folgen, machen für das Verbrechen keinerlei Unterschied, es sei denn, daß sie es verschlimmern. Der einzige Unterschied besteht darin: Große Räuber bestrafen die kleinen, um sie in ihrem Gehorsam zu halten, die großen aber werden mit Triumph und Lorbeer belohnt, weil sie zu stark sind für die schwachen Hände der Gerechtigkeit in dieser Welt und weil sich die Macht, welche die Übeltäter strafen sollte, in ihrem eigenen Besitz befindet. Welche Hilfe habe ich gegen einen Räuber, der auf diese Weise in mein Haus eingebrochen ist? Ich kann das Gesetz um Gerechtigkeit anrufen. Aber vielleicht wird mir Gerechtigkeit verweigert, oder ich wurde zum Krüppel gemacht und kann mich nicht bewegen, oder man hat mich ausgeraubt und ich habe nicht die Mittel dazu. Wenn Gott alle Mittel genommen hat, Hilfe zu suchen, bleibt nichts als Geduld. Mein Sohn aber darf, wenn er es vermag, die Hilfe des Gesetzes suchen, die mir verweigert wird. Er oder sein Sohn mögen das Gesetz erneut anrufen, so lange, bis sie ihr Recht bekommen. Die Besiegten aber oder ihre Kinder haben kein Gericht, keinen

Schiedsmann auf Erden, den sie anrufen könnten. Sie mögen daher, wie es Jephta tat, den Himmel anrufen – und ihren Ruf so lange wiederholen, bis sie das ursprüngliche Recht ihrer Vorfahren wiedererlangt haben, nämlich das Recht, eine gesetzgebende Gewalt über sich zu haben, die die Mehrheit billigt und der sie sich freiwillig fügt. Wenn man den Einwand erhebt, dies würde endlose Unruhe verursachen, so antworte ich: nicht mehr, als es die Gerechtigkeit tut, wo sie allen offensteht, die sie anrufen. Wer ohne Ursache seinen Nachbarn belästigt, wird nach der Gerechtigkeit des Gerichtes, das dieser anruft, bestraft. Wer aber den Himmel anruft, muß sicher sein, daß er das Recht auf seiner Seite hat – ein Recht zudem, das der Mühe und des Preises, die sein Anruf verursacht, wert ist, denn er wird sich vor einem Tribunal zu verantworten haben, das nicht getäuscht werden kann und das mit Gewißheit einem jeden vergelten wird, je nach dem Schaden, den er irgendeinem anderen Untertan, d. h. irgendeinem Teil der Menschheit, verursacht hat. Somit wird deutlich, daß der Sieger in einem ungerechten Krieg mit seinem Sieg keinerlei Rechtsanspruch auf Unterwerfung und Gehorsam der Besiegten erwirbt.

177. Angenommen aber, der Sieg falle der gerechten Seite zu, so wollen wir den Eroberer in einem gerechten Krieg betrachten und sehen, welche Macht er gewinnt und über wen.

Zum ersten ist deutlich, daß er mit seinem Sieg keinerlei Macht über diejenigen gewinnt, die mit ihm siegten. Die an seiner Seite kämpften, können unter dem Sieg nicht zu leiden haben und müssen zumindest ebenso frei bleiben, wie sie es vorher waren. In den allermeisten Fällen aber dienen sie mit der Vereinbarung und unter der Bedingung, mit ihrem Führer den Sieg zu teilen und an der Beute und anderen Vorteilen, die das Erobererschwert begleiten, teilzuhaben oder zumindest einen Teil des eroberten Landes geschenkt zu erhalten. Das erobernde Volk wird nicht, so hoffe ich, durch die Eroberung zu Sklaven und trägt seinen Lorbeer nicht allein zum Beweis, daß es für den Triumph seines Führers das Opfer gewesen ist. Wer die absolute Monarchie auf das Recht des Schwertes gründet, macht ihre Helden, die Begründer solcher Monarchien, zu Erz-Draw-can-Sirs[14] und läßt außer acht, daß sie Offiziere und Soldaten hatten, die in den gewonnenen Schlachten an ihrer Seite kämpften oder ihnen beistanden, das bezwungene Land zu unterwerfen, und es mit ihnen in Besitz genommen haben. Es wird gesagt, die englische Monarchie gründe in der Eroberung der Normannen und dieser Umstand verleihe unseren Fürsten einen Rechtsanspruch auf absolute Herrschaft. Wäre dies wahr (die Geschichte zeigt es uns anders) und Wilhelm[15] hätte ein Recht gehabt, gegen unsere Insel Krieg zu führen, so könnte sich seine Herrschaft auf Grund der Eroberung doch lediglich auf die Sachsen und Briten erstrecken, die damaligen Bewohner unseres Landes. Die Normannen, die mit ihm kamen und ihm halfen, das Land zu erobern, wie auch alle, die von ihnen abstammen, sind frei und nicht Untertanen auf Grund der Eroberung, mag diese auch eine Herrschaft verleihen, wie immer sie sei. Und wenn ich einen Freiheitsanspruch von ihnen herleite oder sonst jemand dies tut, so wird es sehr schwer sein, das Gegenteil zu beweisen: Es liegt auf der Hand, daß das Gesetz, welches zwischen dem einen und dem anderen keinen Unterschied gemacht hat, nicht will, daß es irgendeinen Unterschied in ihrer Freiheit oder ihren Privilegien gibt.

178. Nehmen wir aber an, was selten geschieht, Sieger und Besiegte vereinigten sich niemals unter denselben Gesetzen und derselben Freiheit zu einem einzigen Volk. Sehen wir weiter, welche Macht ein rechtmäßiger Eroberer über die

14. Gestalt aus der Posse *The Rehearsel* des Duke of Buckingham (1664): kampfestrunkener Held, welcher auf beiden Seiten alles niedermacht.

15. Wilhelm der Eroberer (1027–87), Herzog der Normandie, erhob rechtlich kaum begründete Ansprüche auf den englischen Thron. Nach der Landung in Südengland schlug er König Harald in der entscheidenden Schlacht bei Hastings. Zwei Jahre später, nach der Unterwerfung ganz Englands, bestieg er als Wilhelm I. den englischen Thron.

Unterworfenen hat – ich behaupte, daß es eine rein despotische Macht ist. Er hat absolute Gewalt über das Leben derer, die es in einem ungerechten Krieg verwirkten, nicht aber über das Leben und Vermögen derjenigen, die nicht an dem Krieg beteiligt waren, und auch nicht einmal über den Besitz derjenigen, die tatsächlich in ihn verwickelt waren.

179. Zum zweiten sage ich dann, daß der Eroberer lediglich über diejenigen Macht erlangt, die der gegen ihn gerichteten unrechtmäßigen Gewalt tatsächlich Beistand geleistet, die sie unterstützt oder ihr zugestimmt hatten. Denn das Volk hat seinen Regierenden keinerlei Macht gegeben, etwas Unrechtes zu unternehmen – wie z. B. einen ungerechten Krieg zu führen – (denn es hatte eine solche Macht niemals selbst besessen). Es darf also der Gewalttätigkeiten und Ungerechtigkeiten, die in einem ungerechten Krieg geschehen, auch nicht weiter schuldig gesprochen werden, als es sie tatsächlich unterstützt hat, ebensowenig wie man es irgendwelcher Gewalttätigkeit oder Unterdrückung beschuldigen kann, die seine Regierenden gegen das Volk selbst oder irgendeinen Teil der Untertanen ausüben –, denn es hatte sie ebensowenig zu dem einen wie zu dem anderen ermächtigt. Eroberer machen sich allerdings selten die Mühe zu unterscheiden, sie lassen vielmehr bereitwillig den Krieg alles in Verwirrung bringen. Dennoch ändert dies nicht das Recht. Da nämlich des Eroberers Macht über das Leben der Eroberten einzig darauf beruht, daß sie Gewalt anwandten, um ein Unrecht zu tun oder es aufrechtzuerhalten, kann er eine solche Macht nur über diejenigen haben, die an der Gewaltanwendung beteiligt waren; alle übrigen sind unschuldig. Er hat auch über das Volk jenes Landes, das ihm kein Unrecht getan und folglich sein Leben nicht verwirkt hat, keinen anderen Rechtsanspruch als über irgendein anderes, das ohne jegliches Unrecht oder irgendwelche Provokation in gutem Einvernehmen mit ihm gelebt hat.

180. Zum dritten: Die Gewalt, die ein Eroberer über diejenigen gewinnt, die er in einem gerechten Krieg unterwirft,

ist voll und ganz despotische Gewalt: Er hat absolute Gewalt über das Leben derer, die ihr Leben verwirkt haben, indem sie sich in den Kriegszustand versetzten, er hat aber damit noch kein Recht und keinen Anspruch auf ihren Besitz. Zweifellos wird dies auf den ersten Blick als eine seltsame Lehre erscheinen, widerspricht es doch vollkommen dem, was in der Welt Brauch ist; denn wohl nichts ist einem vertrauter, wenn man von der Herrschaft über Länder spricht, als zu sagen, dieser oder jener habe sie erobert. Als ob Eroberung ohne weiteres schon ein Recht auf Besitz verliehe. Wir müssen aber in Betracht ziehen, daß der Brauch des Starken und Mächtigen – mag er auch allgemein üblich sein – selten der Maßstab des Rechtes ist, wenn es auch mit im Wesen der Unterwerfung liegt, daß die Besiegten über die Bedingungen, die ihnen durch das Erobererschwert vorgezeichnet sind, nicht rechten.

181. Obwohl es sich gewöhnlich bei jedem Krieg um eine Mischung von Gewalt und Schaden handelt und der Angreifende es selten unterläßt, den Besitz zu schädigen, wenn er Gewalt anwendet gegen die Person derer, mit denen er Krieg führt, so ist es doch einzig der Gebrauch von Gewalt, was den Menschen in den Kriegszustand versetzt. Ob nämlich das Unrecht durch Gewalttätigkeit eingeleitet wird oder ob es in aller Stille und durch Betrug verübt wurde und man sich weigert, es wiedergutzumachen, und es gewaltsam aufrechterhält (was letztlich dasselbe ist, wie wenn man es von Anfang an gewaltsam begangen hat) – was den Krieg ausmacht, ist der unrechtmäßige Gebrauch von Gewalt. Denn ob einer in mein Haus einbricht und mich gewaltsam vor die Tür setzt oder ob er friedlich eintritt und mich dann mit Gewalt draußen hält: er tut im Effekt das gleiche, wenn man annimmt, daß wir uns in einem Zustand befinden, in dem wir keinen gemeinsamen Richter auf Erden haben, den ich anrufen könnte und dem uns zu unterwerfen wir beide verpflichtet sind – und von einem solchen Zustand spreche ich. Der ungerechte Gebrauch von Gewalt also versetzt den

Menschen in den Kriegszustand gegenüber einem anderen Menschen; und wer die Schuld daran trägt, verwirkt sein Leben damit. Da er sich abkehrt von der Vernunft, die zwischen Mensch und Mensch zur Regel gesetzt ist, und Gewalt anwendet nach Art der Tiere, läuft er Gefahr, von dem, gegen den er Gewalt anwendet, vernichtet zu werden wie irgendein wildes, reißendes Tier, welches seinem Dasein gefährlich ist.

182. Da aber die Kinder keine Schuld an den Vergehen der Väter trifft und sie trotz der Roheit und Ungerechtigkeit des Vaters verständig und friedfertig sein mögen, kann der Vater mit seinen Vergehen und Gewalttaten nur das eigene Leben verwirken; er zieht nicht auch auf seine Kinder Schuld und Vernichtung. Seine Güter, welche die Natur – deren Wille es ist, die ganze Menschheit so weit wie möglich zu erhalten – den Kindern zum Besitz gegeben hat, um sie vor Untergang zu bewahren, bleiben weiterhin im Besitz seiner Kinder. Denn angenommen, daß sie am Kriege wegen ihrer Minderjährigkeit, Abwesenheit oder aus freier Wahl nicht teilgenommen haben, so haben sie sie durch nichts verwirkt, und der Eroberer hat keinerlei Recht, sie an sich zu nehmen, nur weil er sich denjenigen unterworfen hat, der ihn gewaltsam zu vernichten suchte. Trotzdem mag er ein gewisses Recht ihnen gegenüber geltend machen, daß ihm der in dem Krieg und bei der Verteidigung der eigenen Rechte erlittene Schaden vergolten werde. Wie weit sich aber ein solches Recht auf den Besitz des Eroberten erstreckt, werden wir sogleich sehen. Wer durch Eroberung ein Recht über die Person eines Menschen hat, daß er ihn, wenn es ihm gefällt, töten kann, hat damit noch keinerlei Recht, seine Güter in Besitz zu nehmen und zu genießen. Denn das Recht, ihm sein Leben zu nehmen und ihn als ein schädliches Lebewesen, wenn es ihm gefällt, zu töten, erhält sein Widersacher nur deshalb, weil der Angreifende rohe Gewalt anwandte. Auf eines anderen Menschen Güter jedoch kann ihm lediglich der erlittene Schaden ein Anrecht geben. Denn ich darf zwar

einen Räuber töten, der mich auf der Landstraße anfällt, aber ich darf ihm doch nicht (was geringer scheint) sein Geld nehmen und ihn laufen lassen, denn dies würde Raub von meiner Seite bedeuten. Daß er Gewalt gebrauchte und sich in den Kriegszustand versetzte, ließ ihn sein Leben verwirken, es gab mir aber keinerlei Rechtsanspruch auf seine Güter. Das Recht der Eroberung erstreckt sich demnach lediglich auf das Leben der Menschen, die an dem Kriege teilnahmen, nicht aber auf ihre Güter – auf ihre Güter vielmehr einzig, um für den erlittenen Schaden und die Kriegsaufwendungen Entschädigung zu erlangen, und das wiederum nur unter Berücksichtigung der Rechte der unschuldigen Frauen und Kinder.

183. Der Eroberer mag so viel Recht auf seiner Seite haben, wie man nur annehmen kann – er hat kein Recht, mehr an sich zu nehmen, als der Besiegte verwirken konnte. Dessen Leben ist der Gnade des Siegers ausgeliefert, und der Sieger kann sich auch, um sich zu entschädigen, seiner Dienste und seiner Güter bemächtigen. Er kann aber nicht die Güter seiner Frau und seiner Kinder an sich nehmen, denn diese haben gleichfalls einen Rechtsanspruch auf die Güter, die er besaß, und ihren Anteil an seinem Besitz. Wenn ich z. B. im Naturzustand (und alle Staaten befinden sich untereinander im Naturzustand) einem anderen Menschen ein Unrecht zugefügt habe und mich weigere, es wiedergutzumachen, kommt es zum Kriegszustand, in dem ich zum Angreifenden werde, weil ich gewaltsam verteidige, was auf unrechte Weise in meinen Besitz gelangt war. Werde ich besiegt, so ist zwar mein Leben, weil ich es verwirkt habe, des Siegers Gnade überlassen, jedoch nicht auch das meiner Frau und meiner Kinder. Sie haben den Krieg nicht geführt und ihn auch nicht unterstützt. Ich konnte nicht ihr Leben verwirken, denn es gehörte nicht mir, daß ich es verwirken konnte. Den Anteil meiner Frau an meinen Gütern konnte ich ebenfalls nicht verwirken. Und meine Kinder, die von mir abstammten, hatten ein Recht, aus meiner Arbeit und

meinem Eigentum unterhalten zu werden. So also liegt der Fall: Der Sieger hat ein Anrecht auf Wiedergutmachung des erlittenen Schadens, und die Kinder haben ein Anrecht auf ihres Vaters Güter zu ihrem Unterhalt. Was nun den Anteil der Frau angeht, ganz gleich, ob ihr durch ihre eigene Arbeit oder durch Vertrag ein Recht darauf zukam – ihr Mann konnte offensichtlich nicht verwirken, was ihr gehörte. Was muß in diesem Fall geschehen? Ich antworte: Das grundlegende Gesetz der Natur verlangt, daß alles, soweit als möglich, erhalten werden soll. Die Folge ist, wenn nicht ausreichend vorhanden ist, um für beides, für die Verluste des Siegers wie auch den Unterhalt der Kinder, hinreichend aufzukommen, so muß derjenige, der genügend besitzt und noch übrig behält, auf die volle Wiedergutmachung verzichten und dem dringenden und mit Vorrang zu berücksichtigenden Anspruch derjenigen nachgeben, die andernfalls Gefahr laufen müßten umzukommen.

184. Angenommen jedoch, die Kosten und Schäden des Krieges müßten dem Sieger bis auf den letzten Heller erbracht werden und die Kinder der Besiegten wären der Güter ihrer Väter beraubt und dem Hungertod und Verderben preisgegeben, so würde die Befriedigung alles dessen, was dem Eroberer nach dieser Rechnung geschuldet wird, ihm doch schwerlich einen Rechtsanspruch auf irgendwelches Land verleihen, das er erobert. In einem Teil der Welt, wo alles Land einen Herrn hat und nichts mehr Ödland ist, können die Schäden des Krieges kaum den Wert irgendeines ansehnlichen Landgebietes betragen. Und wenn ich dem Eroberer nicht sein Land genommen habe – was ich als Besiegter unmöglich getan haben kann –, kommt kaum irgendein anderer Schaden, den ich angerichtet habe, dem Wert meines Landes gleich, wenn man annimmt, daß es gleich bebaut ist und an Fläche dem nahekommt, was ich von seinem verheert habe. Die Vernichtung der Ernte von einem oder zwei Jahren (selten nur bis zu vier oder fünf Jahren) ist der größte Schaden, den man gewöhnlich an-

richten kann. Denn werden einem Geld oder derartige Reichtümer und Schätze genommen, so sind dies keine natürlichen Güter, und sie haben nur imaginären Wert. Die Natur hat ihnen diesen Wert nicht verliehen; ihrem Gehalt nach sind sie nicht mehr wert als das Wampompeke[16] der Bewohner Amerikas für einen europäischen Fürsten, oder als es früher das Silbergeld Europas für einen Bewohner Amerikas war. Und wo alles Land seinen Herrn hat und nichts mehr brachliegt, was jemand an sich nehmen könnte, der von seinem Land vertrieben wird, ist die Ernte von fünf Jahren nicht so viel wert wie der ständige Besitz des Landes. Man braucht nur von dem imaginären Wert des Geldes abzusehen, um zugeben zu müssen: Das Mißverhältnis ist größer als zwischen fünf und fünfhundert. Dennoch ist der Ertrag eines halben Jahres mehr wert als der ererbte Besitz, wenn mehr Land vorhanden ist, als seine Bewohner in Besitz genommen haben und nutzen, und wo es deshalb jedem freisteht, das brachliegende Land in Gebrauch zu nehmen. Dort aber ist den Eroberern nur wenig daran gelegen, sich des Landes der Besiegten zu bemächtigen. Kein Schaden deshalb, der den Menschen im Naturzustand (in dem sich alle Fürsten und alle Regierungen untereinander befinden) von anderen zugefügt wird, kann dem Sieger die Macht geben, die Nachkommen der Besiegten ihrer Güter zu berauben oder sie von ihrem Erbe zu vertreiben, welches in ihrem und ihrer Nachkommen Besitz bleiben sollte, bis in alle Generationen. Der Eroberer wird sich allerdings leicht für den Herren halten, und das Schicksal der Unterworfenen ist es gerade, daß sie nicht in der Lage sind, ihr Recht geltend zu machen. Ist dies aber alles, so verleiht es keinen anderen Rechtsanspruch, als die bloße Gewalt ihn dem Stärkeren über den Schwächeren gibt. Und mit dieser Begründung würde der Stärkste ein Recht haben auf alles, was an sich zu reißen ihm beliebt.

16. Aus Muscheln gefertigte indianische Geldkügelchen.

185. Denen gegenüber also, die ihm im Kriege folgten, wie auch gegenüber denjenigen in dem unterworfenen Land, die ihm keinen Widerstand leisteten und gegenüber den Nachkommen derer sogar, die ihm Widerstand leisten, hat der Eroberer auch in einem gerechten Krieg auf Grund seiner Eroberung kein Recht auf Herrschaft. Sie sind frei von jeglicher Unterwerfung unter ihn, und sollte ihre frühere Regierung aufgelöst sein, so sind sie frei, eine neue zu begründen und zu errichten.

186. Der Eroberer zwingt sie allerdings in der Regel, das Schwert vor die Brust gesetzt, kraft der Gewalt, die er über sie hat, sich seinen Bedingungen zu beugen und sich derjenigen Regierung zu unterwerfen, die er ihnen nach seinem Belieben aufzwingt. Die Frage aber ist: Welches Recht hat er dazu? Sagt man, sie unterwarfen sich mit ihrer eigenen Zustimmung, so heißt dies zugestehen, daß ihre eigene Zustimmung notwendig ist, um dem Eroberer ein Recht auf Herrschaft über sie zu geben. Es bleibt einzig zu untersuchen, ob gewaltsam und ohne alles Recht erzwungene Versprechen als Zustimmung angesehen werden können und wieweit sie binden. Darauf antworte ich: Sie binden überhaupt nicht. Was immer nämlich jemand mit Gewalt von mir erlangt, ich behalte ein Recht darauf, und es ist seine Pflicht, es mir unverzüglich zurückzuerstatten. Wer mir mein Pferd abzwingt, sollte es mir auf der Stelle wieder zurückgeben, und ich habe noch das Recht, es ihm abzunehmen. Aus demselben Grunde sollte mir derjenige, der mir ein Versprechen abzwingt, dieses Versprechen sofort zurückgeben, d. h., er sollte mich freimachen von seiner Verbindlichkeit, oder ich darf es selbst zurücknehmen, d. h. entscheiden, ob ich es erfüllen will oder nicht. Das Naturgesetz nämlich verpflichtet mich nur durch die Regeln, die es vorschreibt, es kann mich nicht verpflichten, wenn gegen seine Regeln verstoßen wird, wie es geschieht, wenn mir irgend etwas mit Gewalt abgezwungen wird. Es ändert auch keinesfalls die Sachlage, wenn man sagt, ich hätte mein Versprechen *gegeben* – genausowenig

wie es die Gewalt entschuldigt und rechtfertigt, wenn ich mit meiner Hand in meine Tasche lange und selbst dem Dieb meine Geldbörse aushändige, welcher sie mir mit der Pistole vor meiner Brust abverlangt.

187. Aus all dem folgt, daß die Regierung eines Eroberers, die den Unterworfenen gewaltsam auferlegt wurde, denjenigen, gegen die Krieg zu führen er keinerlei Recht hatte oder die nicht an dem Krieg gegen ihn teilnahmen, selbst wenn er ein Recht hatte, keinerlei Verpflichtung auferlegt.

188. Wir wollen aber annehmen, alle Menschen dieser Gemeinschaft, die alle Glieder desselben politischen Körpers sind, wären als Teilnehmer an diesem ungerechten Krieg, in welchem sie unterworfen wurden, zu betrachten und ihr Leben wäre deshalb der Gnade des Eroberers überlassen.

189. Ich sage: Dies gilt nicht für ihre Kinder, die noch minderjährig sind. Denn da der Vater in sich keine Macht hat über das Leben und die Freiheit seines Kindes, kann unmöglich irgendeine seiner Handlungen sie verwirken. Die Kinder also, was immer den Vätern widerfahren sein mag, bleiben freie Menschen, und die absolute Gewalt des Eroberers reicht nicht weiter als bis zu der Person derer, die er unterworfen hat, und stirbt mit diesen. Sollte er sie auch regieren wie Sklaven, die seiner absoluten willkürlichen Gewalt unterworfen sind, so hat er doch kein solches Recht auf Herrschaft über ihre Kinder. Er kann keinerlei Macht über sie haben als allein durch ihre eigene Zustimmung, was immer zu sagen oder zu tun er sie zwingen mag. Und er besitzt keine rechtmäßige Autorität, solange Gewalt und nicht ihre freie Wahl sie zur Unterwerfung zwingt.

190. Jeder Mensch ist mit einem zweifachen Recht geboren: zum ersten mit einem Recht auf Freiheit für seine Person, über die kein anderer Macht hat und über die nur er selbst frei verfügen kann – zum zweiten mit einem Recht, zusammen mit seinen Brüdern vor allen anderen Menschen seines Vaters Güter zu erben.

191. Durch das erstere ist der Mensch von Natur aus frei

von Unterwerfung gegenüber jeglicher Regierung, mag er selbst an einem Ort geboren sein, der unter ihrer Rechtsprechung steht. Verwirft er jedoch die rechtmäßige Regierung des Landes, in dem er geboren wurde, so muß er auch auf die Rechte verzichten, die er kraft ihrer Gesetze besaß, und ebenso auf die Besitztümer, die dort von seinen Vorfahren auf ihn fielen, wenn es eine Regierung war, die mit ihrer Zustimmung begründet worden ist.

192. Auf Grund des zweiten Rechtes behalten die Bewohner jedweden Landes, die von denjenigen abstammen und von ihnen das Recht auf ihre Güter herleiten, welche unterworfen wurden und welchen man entgegen ihrer freien Zustimmung eine Regierung aufgezwungen hatte, ein Recht auf den Besitz ihrer Vorfahren, auch wenn sie der Regierung, deren harte Bedingungen den Besitzern des Landes gewaltsam aufgezwungen wurden, gezwungenermaßen zustimmen. Da der erste Eroberer niemals einen Rechtsanspruch auf den Grund und Boden jenes Landes gehabt hat, behält das Volk, das von denen abstammt und seine Ansprüche herleitet, die sich gewaltsam dem Joch einer aufgezwungenen Regierung beugen mußten, immer ein Recht, es abzuschütteln und sich von der Usurpation oder Tyrannei zu befreien, die das Schwert über es gebracht hat – bis seine Herrscher es unter eine Regierung stellen, der es bereitwillig und aus freier Wahl seine Zustimmung gibt. Wer will daran zweifeln, daß die griechischen Christen, Nachkommen der alten Besitzer jenes Landes, das türkische Joch, unter dem sie so lange gestöhnt haben, mit vollem Recht abwerfen dürfen, sobald es in ihrer Macht steht? Keine Regierung kann ein Recht auf Gehorsam von seiten eines Volkes haben, welches ihr nicht freiwillig zugestimmt hat. Dies kann aber niemals angenommen werden, solange es nicht in den Zustand völliger Freiheit versetzt wird, seine Regierung und Regenten zu wählen, oder es doch wenigstens stehende Gesetze gibt, denen es selbst oder durch seine Abgeordneten seine freie Zustimmung gegeben hat, und ihm sein schuldiges Eigentum

zuerkannt wird, was bedeutet, in der Weise Eigentümer seines Besitzes zu sein, daß niemand ihm irgendeinen Teil davon ohne seine Zustimmung nehmen kann. Ohne dies befinden sich die Menschen unter einer Regierung nicht in dem Zustand der Freiheit, sondern sind nichts anderes als Sklaven unter der Gewalt des Krieges.

193. Wenn man auch annimmt, was in Wirklichkeit – das ist offensichtlich – nicht der Fall ist, der Eroberer in einem gerechten Kriege habe ebenso ein Recht auf den Besitz, wie er Macht über die Person der Unterworfenen hat, so folgt doch daraus keinerlei absolute Gewalt für die Fortdauer der Regierung. Da alle ihre Nachkommen freie Menschen sind, wenn er ihnen Güter und Besitz einräumt, sein Land zu bewohnen (und ohne dies wäre es ohne Wert), so ist, was immer er ihnen einräumt, sofern es zuerkannt wurde, ihr Eigentum. Es liegt aber im Wesen des Eigentums, daß es niemandem ohne die eigene Zustimmung genommen werden kann.

194. Ihre Person ist frei auf Grund eines angeborenen Rechtes, und ihr Eigentum, ob groß oder gering, ist das ihrige und steht zu ihrer eigenen und nicht zu seiner Verfügung – andernfalls wäre es nicht Eigentum. Wir wollen annehmen, der Eroberer gebe einem Manne und seinen Erben tausend Morgen Land auf ewig und einem anderen verpachte er tausend Morgen auf Lebenszeit zu einer jährlichen Pacht von fünfzig oder fünfhundert Pfund. Hat nicht der eine für immer ein Recht auf seine tausend Morgen Land und der andere, solange er lebt, wenn er die besagte Pacht bezahlt? Und hat nicht der Pächter auf Lebenszeit ein Eigentum an allem, was er in der besagten Zeit mit seiner Arbeit und seinem Fleiß über diese Pacht hinaus einbringt, selbst wenn es das Doppelte der Pacht wäre? Will irgend jemand behaupten, der König oder Eroberer könne, nachdem er das Land einmal verliehen hat, auf Grund seiner Macht als Eroberer dem Erben des einen oder aber dem anderen zu seinen Lebzeiten, obwohl er die Pacht bezahlt, das ganze oder

einen Teil des Landes nehmen? Oder kann er ihnen nach Belieben die Güter oder das Geld abnehmen, die sie aus jenem Land gewonnen haben? Wenn ja, dann hören alle freien und freiwilligen Verträge in der Welt auf und sind nichtig; es braucht nichts, um sie jederzeit zu lösen, als nur genügend Gewalt; und alle Verleihungen und Versprechen der Mächtigen sind nichts als Hohn und Betrug. Denn kann etwas so lächerlich sein, wie zu sagen: »Ich gebe dir und den Deinen dies für immer«, und dies in der sichersten und feierlichsten Art der Übertragung, die nur erdenklich ist, wenn es doch so verstanden werden soll, daß ich das Recht behalte, wenn es mir einfällt, es dir morgen wieder zu nehmen!

195. Ich will hier nicht darüber streiten, ob die Fürsten von den Gesetzen ihres Landes ausgenommen sind oder nicht – allein dessen bin ich sicher: dem Gesetz Gottes und der Natur schulden sie Unterwerfung. Niemand und keine Gewalt kann sie von der Verpflichtung gegenüber diesem ewigen Gesetz befreien. Jene Gesetze sind so groß und so stark, daß im Fall von Versprechen die Allmacht selbst durch sie gebunden sein kann. Verleihung, Versprechen und Eid sind Fesseln, die den Allmächtigen verpflichten – was immer auch Schmeichler den Fürsten dieser Welt einreden mögen, welche alle zusammen im Verein mit all ihren Völkern gemessen an dem großen Gott nichts sind als ein Tropfen im Eimer oder ein Stäubchen auf der Waage, unerheblich, nichts!

196. Kurz gesagt handelt es sich bei der Eroberung um folgendes: Verfolgt der Eroberer eine gerechte Sache, so hat er ein despotisches Recht über die Person aller, die den Krieg gegen ihn tatsächlich unterstützt und an ihm teilgenommen haben, wie auch ein Recht, sich aus ihrer Arbeit und ihrem Besitz für seinen Schaden und seine Kosten zu entschädigen, sofern er nicht das Recht anderer verletzt. Über den Rest des Volkes – wenn es Menschen gab, die dem Krieg nicht zugestimmt hatten – und sogar über die Kinder der Gefangenen oder ihren Besitz hat er keine Gewalt. Er kann daher aus dem Umstand der Eroberung einen rechtmäßigen An-

spruch auf Herrschaft über sie weder für sich selbst geltend machen noch für seine Nachkommen ableiten, sondern er ist, wenn er sich an ihrem Eigentum vergreift, ein Angreifer und versetzt sich ihnen gegenüber damit selbst in den Kriegszustand. Weder er noch irgendeiner seiner Nachfolger hat ein besseres Herrschaftsrecht, als es die Dänen Hingar und Hubba hier in England[17] hatten oder Spartacus[18] es gehabt haben würde, wenn er Italien erobert hätte – diejenigen nämlich, die sie sich unterworfen haben, werden ihr Joch abschütteln, sobald ihnen Gott den Mut und die Gelegenheit dazu gibt. Ungeachtet jeglichen Rechtes, das die Könige von Assyrien durch das Schwert über Juda hatten, stand Gott Hiskia bei, um die Herrschaft jenes Erobererreiches abzuwerfen: *Und der Herr war mit ihm; und wo er auszog, handelte er klüglich. Dazu ward er abtrünnig vom Könige zu Assyrien und war ihm nicht untertan* (2. Kön. 18, 7). Damit wird deutlich, daß es kein Vergehen gegen Gott ist, daß Gott es vielmehr erlaubt und seinen Beistand gibt, wenn jemand eine Macht abschüttelt, welche Gewalt und nicht das Recht ihm auferlegt hatte, selbst wenn es Rebellion genannt wird – und zwar selbst dann, wenn inzwischen Versprechen und Verträge hinzugekommen sind, die jedoch mit Gewalt abgenötigt wurden. Denn jedem, der die Geschichte von Ahas und Hiskia aufmerksam liest, ist es sehr wahrscheinlich, daß die Assyrer Ahas unterwarfen und absetzten und Hiskia zu Lebzeiten seines Vaters zum König ernannten – und daß Hiskia ihm nach Übereinkunft gehuldigt und die ganze Zeit über Tribut gezahlt hatte.

17. Gemeint sind vermutlich die Führer der ersten größeren dänischen Invasion (um 860 n. Chr.).

18. Spartacus, ein Thraker, der 73 v. Chr. aus einer Gladiatorenschule in Capua entflohen war, wurde zum Führer eines rasch aufflackernden Sklavenaufstandes. Nachdem er die Römer in mehreren Treffen besiegt hatte, wurde er 71 v. Chr. von Crassus entscheidend geschlagen. Er selbst fiel in der Entscheidungsschlacht.

XVII

Usurpation

197. Wie man Eroberung als Usurpation von außen bezeichnen kann, so ist Usurpation etwas wie eine Eroberung im eigenen Land – mit dem einen Unterschied, daß ein Usurpator niemals das Recht auf seiner Seite haben kann. Von Usurpation nämlich kann nur dann gesprochen werden, wenn sich jemand in den Besitz dessen gebracht hat, worauf ein anderer das Recht hat. Soweit es sich um Usurpation handelt, ist dies lediglich ein Wechsel der Personen, nicht aber der Form und der Regeln einer Regierung. Denn wenn der Usurpator seine Macht über das hinaus ausdehnt, was von Rechts wegen den gesetzmäßigen Fürsten oder Regenten des Staates gehörte, so gesellt sich zu Usurpation noch Tyrannei.

198. In allen rechtmäßigen Regierungen ist die Bestimmung derer, die Träger der Herrschaft sein sollen, ein ebenso natürlicher und notwendiger Teil der Regierung wie die Regierungsform selbst und wurde ursprünglich vom Volke festgesetzt. Deshalb kennen alle Staaten mit einer festen Regierungsform auch Regeln, nach denen diejenigen bestimmt werden, die in irgendeiner Weise an der öffentlichen Gewalt teilhaben sollen, und feste Methoden, nach denen ihnen ihr Recht übertragen wird. Der Anarchie nämlich gleicht es, überhaupt keine Regierungsform zu kennen oder übereinzukommen, daß sie monarchisch sein soll, ohne jedoch festzulegen, wie die Person zu erkennen oder zu bestimmen sei, welche die Macht innehaben und Monarch sein soll. Wer immer auf anderem Wege zu irgendeinem Teil der Machtausübung gelangt, als es die Gesetze der Gemeinschaft bestimmt haben, hat kein Recht auf Gehorsam, auch wenn die Staatsform erhalten bleibt. Denn er ist nicht die von den Gesetzen bestimmte Person und folglich nicht derjenige, dem das Volk seine Zustimmung gegeben hat. Ein solcher Usur-

pator oder diejenigen, die von ihm abstammen, können auch niemals einen Rechtsanspruch haben, bevor nicht das Volk frei ist, zuzustimmen, und tatsächlich zugestimmt hat, ihm die bis dahin usurpierte Macht zu gewähren, und sie in seiner Person bestätigt.

XVIII

Tyrannei

199. Wie Usurpation die Ausübung einer Gewalt ist, auf die ein anderer ein Recht hat, so ist Tyrannei die Ausübung einer Gewalt jenseits allen Rechtes – wozu niemand berechtigt sein kann. Es geschieht dies, wenn jemand die Macht, die er in der Hand hat, nicht zum Wohl derer, die ihr unterstehen, ausübt, sondern zu seinem eigenen, privaten, besonderen Vorteil; wenn der Regierende – welchen Titel er auch haben mag – nicht das Gesetz, sondern seinen Willen zur Regel erhebt, wenn seine Befehle und Handlungen nicht auf die Erhaltung des Eigentums seines Volkes ausgerichtet sind, sondern auf die Befriedigung seines persönlichen Ehrgeizes, seiner Rachsucht, Begehrlichkeit oder sonst einer regellosen Leidenschaft.

200. Wenn man daran zweifeln kann, daß dies Wahrheit oder Vernunft sei, weil es von der unbedeutenden Hand eines Untertanen kommt, so wird es doch, wie ich hoffe, mit der Autorität eines Königs Geltung erlangen. König Jakob I. spricht in seiner Rede an das Parlament im Jahre 1603 folgende Worte: »*Ich will immer dem Wohl des Volkes und des gesamten Staates gegenüber jedweden eigenen Einzel- und Privatinteressen mit Hilfe von guten Gesetzen und Einrichtungen den Vorrang geben. Denn den Wohlstand und das Wohlergehen des Staates werde ich stets für mein größtes Heil und irdisches Glück erachten – gerade in diesem Punkt unterscheidet sich ja ein rechtmäßiger König deutlich*

von einem Tyrannen. Ich bin mir nämlich bewußt, daß der eigentliche und Hauptunterscheidungspunkt zwischen einem rechtmäßigen König und einem usurpierenden Tyrannen darin besteht, daß der stolze und ehrsüchtige Tyrann glaubt, sein Königreich und sein Volk seien lediglich zur Befriedigung seiner Lüste und unvernünftigen Begierden bestimmt, während der rechtschaffene und gerechte König im Gegenteil erkennt, daß er eingesetzt ist, um für den Wohlstand und das Eigentum seines Volkes zu sorgen.« In einer anderen Rede an das Parlament im Jahre 1609 spricht er diese Worte: *»Der König verpflichtet sich selbst durch einen zweifachen Eid zur Befolgung der grundlegenden Gesetze seines Königreiches: Einmal stillschweigend, in seiner Eigenschaft als König, weil er als solcher verpflichtet ist, ebensowohl das Volk wie die Gesetze seines Königreiches zu schützen, und zum anderen ausdrücklich mit seinem Eid bei der Krönung. Jeder gerechte König in einem geordneten Königreich ist so verpflichtet, den durch die Gesetze mit seinem Volk geschlossenen Vertrag einzuhalten, indem er seine Regierung damit übereinstimmend gestaltet, nach Art jenes Vertrages, den Gott nach der Sintflut mit Noah schloß: Solange die Erde stehet, soll nicht aufhören Samen und Ernte, Frost und Hitze, Sommer und Winter, Tag und Nacht. Ein in einem geordneten Königreich regierender König hört folglich auf, ein König zu sein, und entartet zu einem Tyrannen, sobald er aufhört nach seinen Gesetzen zu regieren.«* Und etwas später: *»Deshalb werden alle Könige, die nicht Tyrannen oder meineidig sind, glücklich sein, sich innerhalb der Grenzen ihrer Gesetze zu halten. Die ihnen aber das Gegenteil einreden, sind Vipern und eine Pest für den König wie für den Staat.«* So erklärt dieser gelehrte König, der die Bedeutung der Dinge sehr wohl erfaßte, den Unterschied zwischen einem König und einem Tyrannen allein damit, daß der eine sich die Gesetze als Grenzen seiner Macht setzt und das Wohl des Volkes zum Ziel seiner Regierung, der andere dagegen alles der eigenen Willkür und Begehrlichkeit hintanstellt.

201. Es ist ein Irrtum zu glauben, dieser Fehler finde sich einzig in Monarchien. Auch andere Regierungsformen können ihm verfallen. Wo immer nämlich die Gewalt, die zur Regierung des Volkes und zur Erhaltung seines Eigentums in jemandes Hände gelegt ist, zu einem anderen Ziel angewandt wird, und wo man sie gebraucht, um das Volk auszusaugen, es zu quälen, oder es der willkürlichen Befehlsgewalt derer unterwirft, die sie innehaben, wird sie sofort zu Tyrannei, ob es nun ein einziger oder mehrere sind, die sie in dieser Weise gebrauchen. So lesen wir von den Dreißig Tyrannen in Athen ebenso wie von einem einzigen in Syrakus, und die unerträgliche Herrschaft der Decemvirn in Rom war um nichts besser[19].

202. Wo immer das Gesetz endet, beginnt Tyrannei, wenn das Gesetz zum Schaden eines anderen überschritten wird. Und wer immer in Ausübung von Amtsgewalt seine gesetzlichen Kompetenzen überschreitet und von der unter seinem Befehl stehenden Gewalt Gebrauch macht, um den Untertanen etwas aufzuzwingen, was das Gesetz nicht erlaubt, hört damit auf, Obrigkeit zu sein. Er handelt ohne Autorität, und man darf sich ihm widersetzen wie jedem anderen Menschen, der gewaltsam in die Rechte anderer eingreift. Für die unteren Behörden wird dies anerkannt. Wer ermächtigt ist, mich auf der Straße festzunehmen, dem darf ich mich gleich einem Dieb oder Räuber widersetzen, wenn er versucht, in mein Haus einzubrechen, um seinen Haft-

19. Die ›Dreißig Tyrannen‹ waren nach Beendigung des Peloponnesischen Krieges (404 v. Chr.) als Verfassungskonvent berufen worden, übten aber bald nach ihrer Berufung ein grausames Willkürregiment aus, das allerdings schon nach acht Monaten ein gewaltsames Ende fand. – Auf welchen der zahlreichen Tyrannen von Syrakus Locke sich bezieht, ist ungewiß. – Die im Jahre 451 v. Chr. zur Gesetzgebung erwählten Decemvirn schufen 10 Gesetzestafeln. Als sich das Gesetzgebungswerk als noch unzureichend erwies, wurden im darauffolgenden Jahre abermals Decemvirn gewählt. Die Neugewählten schufen zwei weitere Tafeln, blieben aber dann nach Erfüllung ihrer Aufgabe unrechtmäßigerweise im Amt. Unter der Führung des Appius Claudius führten sie bis zu ihrer gewaltsamen Absetzung im Jahre 449 v. Chr. ein Gewaltregime.

befehl zu vollstrecken. Dies, obwohl mir bekannt sein mag, daß er einen solchen Haftbefehl hat und daß er die gesetzliche Vollmacht besitzt, mich außerhalb meiner vier Wände zu verhaften. Und warum dies für den höchsten Beamten nicht ebenso gelten soll wie für den niedersten, würde ich gerne erfahren. Ist es vernünftig, daß der älteste Bruder auf Grund der Tatsache, daß ihm der größte Teil von seines Vaters Gütern gehört, auch das Recht haben sollte, etwas von dem Anteil seines jüngeren Bruders zu nehmen? Oder daß ein Reicher, der ein ganzes Land besitzt, das Recht haben sollte, wann es ihm einfiele, seinem armen Nachbarn Haus und Garten wegzunehmen? Sich im rechtmäßigen Besitz großer Macht und Reichtümer zu befinden, die weit über die des größten Teiles der Söhne Adams hinausgehen, ist nicht nur keine Entschuldigung, sondern erst recht kein Grund für Raub und Unterdrückung – dies aber bedeutet es, wenn man einem anderen ohne Autorität Schaden zufügt –, die Tat wird vielmehr erheblich verschlimmert. Die Grenzen der Macht zu überschreiten, hat ein hoher Beamter nicht mehr Recht als ein niederer, und es ist ebensowenig bei einem König zu rechtfertigen wie bei einem Polizeidiener. Bei einem König sogar ist es insofern nur schlimmer, als man ihm mehr Vertrauen entgegengebracht hat und er schon einen größeren Anteil als seine übrigen Brüder besitzt, und man vermuten darf, daß die Vorzüge seiner Erziehung, seines Amtes und seiner Ratgeber ihn das Maß von Recht und Unrecht besser erkennen lassen.

203. Darf man den Befehlen eines Fürsten dann Widerstand leisten? Darf man sich ihm widersetzen, sooft sich jemand verletzt fühlt oder auch nur glaubt, daß ihm nicht Recht widerfahren sei? Es würde dies alle Regierung zerrütten und umstürzen und anstelle von Regierung und Ordnung nichts übriglassen als Anarchie und Verwirrung.

204. Darauf ist meine Antwort: Nur ungerechter und ungesetzlicher Gewalt darf Gewalt entgegengesetzt werden. Wer immer in irgendeinem anderen Fall Widerstand leistet, setzt

sich selbst der gerechten Verurteilung sowohl Gottes als auch der Menschen aus. Es wird daher keine solche Gefahr oder Verwirrung die Folge sein, wie man oftmals behauptet. Denn:

205. Zum ersten ist in manchen Ländern die Person des Fürsten durch das Gesetz geheiligt: Was immer er anordnet oder tut, seine Person ist stets frei von aller Verantwortung oder Gewalttat, sie ist keinem Zwang unterworfen, keinem Richterspruch und keiner Verurteilung. Dennoch darf man den ungesetzlichen Handlungen eines jeden untergeordneten Beamten oder eines von ihm Beauftragten Widerstand entgegensetzen, solange sich der Fürst nicht tatsächlich seinem Volke gegenüber in den Kriegszustand versetzt und somit die Regierung auflöst und die Menschen jener Art der Verteidigung überläßt, die das Recht eines jeden im Naturzustand ist. Denn wer kann sagen, was das Ende von all dem sein wird! Ein benachbartes Königreich hat der Welt ein groteskes Beispiel gegeben. In allen anderen Fällen befreit ihn die Heiligkeit seiner Person von allen Unannehmlichkeiten und sichert ihn damit, solange die Regierung besteht, vor aller Gewalttat und jedem möglichen Schaden. Es kann aber keine weisere Verfassung geben als diese. Denn er selbst wird in eigener Person wahrscheinlich nicht oft Schaden anrichten, und der Schaden wird nicht sehr weit reichen. Auch wird er mit seiner alleinigen Kraft nicht imstande sein, die Gesetze zu verkehren oder die Gesamtheit des Volkes zu unterdrücken, falls wirklich einmal ein Fürst so schwach und böswillig sein sollte, daß er dies zu tun wünschte. Die Unannehmlichkeit manchen vereinzelt auftretenden Unheils, wie es zuweilen geschehen mag, wenn ein unbesonnener Fürst auf den Thron gelangt, wird wohl aufgewogen durch den Frieden der Allgemeinheit und durch die Sicherheit der Regierung in der Person des höchsten Beamten, der so aller Gefahr entrückt ist. Denn die Sicherheit für das Volk ist größer, wenn einige wenige Privatpersonen hin und wieder Gefahr laufen, ein Unrecht zu leiden, als wenn sich leichthin

und bei jeder geringfügigen Gelegenheit das Haupt der Regierung in Gefahr befände.

206. Zum zweiten jedoch kann dieses Privileg, da es einzig an des Königs Person gebunden ist, nicht daran hindern, daß man diejenigen zur Rechenschaft ziehen, sich ihnen widersetzen und Widerstand leisten darf, die unrechtmäßig Gewalt anwenden, sollten sie sich auch auf einen Auftrag des Königs berufen, den das Gesetz nicht gutheißt. Es wird dies deutlich an dem Beispiel dessen, der einen königlichen Haftbefehl in Händen hat. Obwohl dies ein vollgültiger Auftrag des Königs ist, darf er doch nicht in jemandes Haus einbrechen, um ihn auszuführen, noch diesen Befehl des Königs an gewissen Tagen und an gewissen Orten vollstrecken – obwohl sein Auftrag keine solche Ausnahmebestimmung enthalten mag –, weil es gesetzliche Beschränkungen sind, die zu überschreiten ihm auch sein königlicher Auftrag nicht erlaubt. Dem König wurde seine Autorität nämlich allein durch das Gesetz verliehen; er kann folglich niemanden ermächtigen, gegen das Gesetz zu handeln, oder ihn, wenn er es tut, mit seinem Auftrag rechtfertigen. Der Auftrag oder Befehl jedweder Obrigkeit ist dort, wo sie keine Autorität besitzt, wie der jeder Privatperson nichtig und ohne Bedeutung. Der Unterschied zwischen beiden ist der, daß die Obrigkeit eine gewisse Befugnis hat, so und so weit reichend und zu den und den Zielen bestimmt, die Privatperson aber überhaupt keine. Es ist nicht der Auftrag, sondern die Autorität, die das Recht zu handeln verleiht, und es kann keine Autorität wider die Gesetze geben. Ungeachtet eines solchen Widerstandes jedoch bleiben die Person und die Autorität des Königs gesichert, und es besteht folglich keinerlei Gefahr für den Regierenden oder die Regierung.

207. Wenn man zum dritten eine Regierung annimmt, in der die Person des höchsten Beamten nicht derart geheiligt ist, so wird ihn diese Lehre von der Rechtmäßigkeit des Widerstandes gegen alle ungesetzliche Ausübung seiner Gewalt

doch nicht bei der kleinsten Gelegenheit in Gefahr bringen oder die Regierung in Verwirrung stürzen. Wo der geschädigte Teil Hilfe finden und sein Schaden durch die Anrufung des Gesetzes wiedergutgemacht werden kann, da gibt es keinen Vorwand, Gewalt anzuwenden. Denn Gewalt darf nur dort gebraucht werden, wo man von der Möglichkeit abgeschnitten ist, das Gesetz anzurufen. Nichts nämlich kann als feindliche Gewalt angesehen werden, als was eine solche Berufung als Heilmittel ausschließt. Einzig eine solche Gewalt auch versetzt denjenigen, der sie gebraucht, in den Kriegszustand und macht den Widerstand gegen ihn rechtmäßig. Fordert jemand, das Schwert in der Hand, auf der Landstraße meine Börse, wenn ich vielleicht nicht einmal einen Schilling in der Tasche habe, so darf ich diesen Menschen mit Recht töten. Gebe ich einem anderen hundert Pfund, damit er sie halte, solange ich absteige, und weigert er sich, wenn ich wieder aufsitze, sie zurückzugeben und zückt sein Schwert, um ihren Besitz mit Gewalt zu verteidigen, wenn ich versuche, sie ihm wieder abzunehmen, so ist der Schaden, den mir dieser Mensch zufügt, hundert-, möglicherweise tausendmal größer, als ihn der andere vielleicht gegen mich beabsichtigt hatte (den ich tötete, noch ehe er mir irgendwelchen Schaden wirklich zugefügt hatte), und trotzdem durfte ich den einen mit Recht töten und kann doch den anderen von Rechts wegen nicht einmal verletzen. Der Grund hierfür liegt auf der Hand: Der eine gebrauchte Gewalt und bedrohte mein Leben, so daß mir keine Zeit blieb, das Gesetz anzurufen, um mein Leben in Sicherheit zu bringen. Hätte ich es verloren, so wäre es zu spät gewesen, das Gesetz anzurufen, es hätte meinem Leichnam nicht wieder das Leben zurückgeben können. Der Verlust wäre unersetzlich gewesen, und um das zu verhüten, gab mir das Naturgesetz das Recht, den zu töten, der sich mir gegenüber in den Kriegszustand versetzt hatte und mich zu vernichten drohte. In dem anderen Fall aber ist mein Leben nicht in Gefahr, und ich habe den Vorteil, das Gesetz anzurufen und auf diesem Wege Entschädigung für meine hundert Pfund zu erlangen.

208. Zum vierten: Wenn aber die von der Obrigkeit begangenen ungesetzlichen Akte (kraft der Macht, die sie innehat) aufrechterhalten werden und dieselbe Macht die nach dem Gesetz schuldige Abhilfe verwehrt, so wird das Recht auf Widerstand die Regierung trotz dieser offenkundig tyrannischen Handlungen doch nicht sofort oder bei der kleinsten Gelegenheit in Unruhe bringen. Wenn das Unrecht nur einige wenige Privatfälle betrifft, haben die Betreffenden zwar ein Recht, sich zu verteidigen und gewaltsam wieder an sich zu bringen, was ihnen durch unrechtmäßige Gewalt genommen wurde, sie werden sich kraft dieses Rechtes aber schwerlich in einen Streit einlassen, wenn sie sicher sind, darin ihr Leben zu lassen. Denn einem einzelnen oder nur wenigen Unterdrückten ist es ebensowenig möglich, die Regierung in Unruhe zu stürzen, wenn sich nicht die Gesamtheit des Volkes betroffen fühlt, wie einem rasenden Irren oder einem hitzköpfigen Störenfried, einen wohlbegründeten Staat umzustürzen. Das Volk wird weder dem einen noch dem anderen zu folgen geneigt sein.

209. Wenn sich die ungesetzlichen Handlungen der Obrigkeit aber auf den größeren Teil des Volkes ausdehnen oder wenn zwar von dem Schaden und der Unterdrückung nur wenige betroffen sind, jedoch in Fällen, die als Präzedentien und in ihren Folgen alle zu bedrohen scheinen, und die Menschen deshalb in ihrem Gewissen überzeugt sind, daß sich ihre Gesetze und mit diesen ihr Besitz, ihre Freiheit und ihr Leben in Gefahr befinden, dazu vielleicht sogar ihre Religion – wie sie daran gehindert werden sollten, sich der gegen sie gerichteten widerrechtlichen Gewalt zu widersetzen, vermag ich nicht zu sagen. Es ist dies ein Übel, wie ich zugebe, dessen alle Regierungen, welcher Art sie auch seien, gewärtig sein müssen, wenn die Regierenden es einmal so weit haben kommen lassen, daß ihnen ihr Volk allgemein mit Argwohn begegnet. Es ist die gefährlichste Situation, in

die sie sich nur begeben können, und sie sind am wenigsten zu bemitleiden, weil sie so leicht zu umgehen ist. Wenn ein Regent wirklich das Wohl seines Volkes, seine Erhaltung und zugleich die Erhaltung seiner Gesetze beabsichtigt, ist es ihm ebensowenig möglich, es dies nicht merken und fühlen zu lassen, wie einem Familienvater, seine Kinder nicht erkennen zu lassen, daß er sie liebt und Sorge trägt für sie.

210. Wenn aber alle Welt gewahr wird, wie der Schein eins ist und die Handlungen ein anderes, wie Künste angewandt werden, das Gesetz zu umgehen, und das in die Prärogative gesetzte Vertrauen (die Prärogative ist eine dem Fürsten für gewisse Dinge überlassene willkürliche Gewalt, die er zum Wohl des Volkes, nicht jedoch zu seinem Schaden gebrauchen soll) entgegen jenem Ziel gebraucht wird, zu dem sie verliehen wurde, wenn das Volk sehen muß, daß die Minister und die ihnen untergebenen Beamten solchen Zielen entsprechend gewählt und daß sie begünstigt oder beseitigt werden, je nachdem sie diesen Zielen nützlich sind oder ihnen Widerstand leisten – wenn es sieht, daß wiederholt versucht wird, willkürliche Gewalt zu gebrauchen, daß man insgeheim jene Religion fördert (obwohl man öffentlich das Gegenteil erklärt), die am bereitwilligsten ist, sie einzuführen, und daß den Helfershelfern so weit wie möglich Rückhalt gegeben wird und man ihnen, wo dies nicht möglich ist, doch stillschweigend Beifall zollt und sie um so lieber sieht – wenn eine lange Kette von Handlungen zeigt, daß alle Absichten in diese Richtung gehen, wie könnte man sich länger gehindert fühlen, sich selbst zu überzeugen, welchen Weg die Dinge nehmen und selbst nach Rettung Ausschau zu halten – ganz wie derjenige doch glauben muß, daß der Kapitän seines Schiffes ihn und die übrige Gesellschaft nach Algier[20] führt, wenn er ihn beständig diesen Kurs steuern sieht, obschon ihn widrige Winde, ein Leck im Schiff und Mangel an Besatzung und Proviant oftmals zwingen, zeit-

20. Symbol des Unheils; Algier war im 17. Jahrhundert der größte Markt für die von maurischen Piraten gefangenen Christensklaven.

weilig einen andern Kurs einzuschlagen, er jedoch den alten stets wieder aufnimmt, sobald es ihm Wind, Wetter und andere Umstände ermöglichen!

XIX

Die Auflösung der Regierung

211. Wer mit einiger Klarheit von der Auflösung der Regierung sprechen will, sollte in erster Linie unterscheiden zwischen der Auflösung der Gesellschaft und der Auflösung der Regierung. Das, was die Gemeinschaft entstehen läßt und die Menschen aus dem losen Naturzustand in eine einzige politische Gesellschaft bringt, ist die Übereinkunft eines jeden mit allen übrigen, sich zu einem Körper zu vereinigen und wie ein Körper zu handeln und somit ein gesondertes Staatswesen zu bilden. Der gewöhnliche und beinahe einzige Weg, diese Vereinigung aufzulösen, ist der Einfall einer fremden Macht, die sie erobert. In diesem Fall nämlich (da die Menschen sich nicht als ein einziger und unabhängiger Körper zu behaupten und zu erhalten vermögen) muß die Vereinigung zu diesem Körper, welcher aus ihr besteht, notwendigerweise ein Ende haben. Ein jeder fällt dann in den Zustand zurück, in dem er sich vordem befand, mit der Freiheit, sich selbst zu helfen und für seine eigene Sicherheit, wie es ihm gut scheint, in irgendeiner anderen Gesellschaft zu sorgen. Wann immer aber die Gesellschaft aufgelöst ist, kann gewiß die Regierung dieser Gesellschaft nicht weiterbestehen. So schneidet das Schwert des Eroberers häufig Regierungen bei der Wurzel ab und schlägt die Gesellschaft in Stücke, indem es die unterjochte oder zerstreute Menge von dem verläßlichen Schutz und der Zugehörigkeit zu jener Gesellschaft trennt, die sie vor der Anwendung von Gewalt hätte bewahren sollen. Die Welt ist zu gut unterrich-

tet über diese Art, Regierungen aufzulösen, und heißt sie allzu bereitwillig gut, als daß mehr darüber gesagt werden müßte. Es bedarf auch keiner weiteren Argumente, um zu beweisen, daß die Regierung nicht fortbestehen kann, wo die Gesellschaft aufgelöst ist. Denn dies ist ebensowenig möglich, wie das Gebälk eines Hauses stehen zu bleiben vermag, wenn all seine übrigen Bestandteile in einem Wirbelsturm zerstört und verstreut wurden oder wenn ein Erdbeben es zu einem wirren Haufen gemacht hat.

212. Außer durch solchen Umsturz von außen können Regierungen auch von innen aufgelöst werden.

Zum ersten durch eine Änderung der Legislative. Da bürgerliche Gesellschaft ein Zustand des Friedens unter den Angehörigen der Gesellschaft ist, in welcher der Kriegszustand ausgeschlossen ist durch die in der Legislative geschaffene schiedsrichterliche Gewalt, welche alle Streitfälle, die unter ihnen auftreten mögen, beenden soll, liegt die Vereinigung der Glieder eines Staatswesens und die Verbindung aller zu einem einzigen, einheitlichen, lebenden Körper in ihrer Legislative begründet. Diese ist die Seele, die dem Staatswesen Form, Leben und Einheit verleiht. Von ihr empfangen die einzelnen Glieder ihren wechselseitigen Einfluß, das gegenseitige Verständnis und den Zusammenhalt. Deshalb ist, wenn die Legislative zerstört oder aufgelöst wird, Auflösung und Tod die Folge. Das Wesen und die Einheit der Gesellschaft liegt darin, daß sie einen einzigen Willen besitzt. Die Legislative, wenn sie einmal von der Mehrheit begründet ist, erklärt diesen Willen und hütet ihn gleichsam. Die Begründung der Legislative ist der erste und grundlegende Akt der Gesellschaft, mit dem sie Vorsorge trifft für die Fortdauer ihrer Vereinigung – unter der Leitung von Menschen und unter der Verpflichtung von Gesetzen, die von Menschen geschaffen wurden, welche durch Zustimmung und Ernennung des Volkes dazu ermächtigt wurden. Denn ohne eine solche Ermächtigung kann weder ein einzelner Mensch noch eine Anzahl von Menschen aus ihren Reihen Macht haben, Gesetze zu erlassen, die für die übrigen verbindlich sein sollen. Sollte es irgend jemand oder sollten es mehrere unternehmen, Gesetze zu erlassen, ohne vom Volk dazu bestellt worden zu sein, so erlassen sie Gesetze ohne Autorität, und das Volk ist daher nicht verpflichtet, sie zu befolgen. Es wird somit wieder frei von Unterwerfung und kann, wie es ihm am besten scheint, eine neue Legislative begründen, denn es hat die volle Freiheit, sich der Gewalt derer zu widersetzen, die ihm ohne Autorität etwas aufzwingen wollen. Ein jeder kann über seinen eigenen Willen verfügen, wenn es denjenigen, die die Gesellschaft damit betraut hatte, unmöglich gemacht wird, den öffentlichen Willen zu erklären, und andere ohne solche Autorität oder Befugnis ihre Stelle usurpieren.

213. Den Anlaß hierzu geben gewöhnlich diejenigen im Staate, welche die in ihren Händen liegende Macht mißbrauchen, und es ist deshalb schwer, es recht zu beurteilen und zu erkennen, wem man die Schuld beimessen muß, ohne die Form der betreffenden Regierung zu kennen. Wir wollen daher annehmen, die Legislative liege in dem Zusammenspiel dreier verschiedener Instanzen begründet:

1) einer einzigen erblichen Person, die Träger der ständigen höchsten Exekutivgewalt ist und damit die Macht besitzt, die beiden anderen Gewalten innerhalb bestimmter Zeitabstände einzuberufen und aufzulösen,

2) einer Versammlung des Erbadels,

3) einer Versammlung vom Volke auf Zeit gewählter Abgeordneter.

Geht man von einer solchen Regierungsform aus, so ist offensichtlich:

214. Zum ersten: Wenn ein solcher Fürst die eigene Willkür an die Stelle der Gesetze, d. h. den von der Legislative bekundeten Willen der Gesellschaft, setzt, ist die Legislative geändert. In Wirklichkeit verkörpert derjenige die Legislative, dessen Vorschriften und Gesetze vollzogen werden und befolgt werden müssen. Werden andere Gesetze gegeben

und andere Vorschriften erlassen und durchgeführt, als die von der Gesellschaft konstituierte Legislative verfügt hat, so ist die Legislative ganz offensichtlich geändert. Wer immer neue Gesetze einführt, ohne dazu kraft der grundlegenden Ernennung der Gesellschaft ermächtigt zu sein, oder die alten umstößt, verleugnet und stürzt die Gewalt, durch die sie geschaffen wurden, und setzt so eine neue Legislative ein.

215. Zum zweiten wird die Legislative geändert, wenn der Fürst sie daran hindert, sich zu versammeln oder frei jenem Ziel gemäß zu handeln, dessentwegen sie eingesetzt wurde. Denn die Legislative besteht nicht in einer bestimmten Anzahl von Menschen, und sie besteht auch nicht darin, daß sich diese Menschen versammeln, wenn sie nicht gleichzeitig die Freiheit der Rede haben und die Muße, das zu vollenden, was zum Wohle der Gesellschaft gereicht. Nimmt man ihr dies oder ändert es, d. h., beraubt man die Gesellschaft der ihr gebührenden Ausübung ihrer Gewalt, so wird die Legislative in Wahrheit geändert. Nicht Namen nämlich sind es, was eine Regierung begründet, sondern der Gebrauch und die Ausübung jener Gewalten, die sie begleiten sollten. Wer deshalb der Legislative die Freiheit nimmt oder sie hindert, zu den angemessenen Zeiten zu handeln, beseitigt in Wirklichkeit die Legislative und setzt der Regierung ein Ende.

216. Zum dritten wird die Legislative geändert, wenn ohne die Zustimmung und entgegen dem gemeinen Interesse des Volkes kraft der willkürlichen Gewalt des Fürsten der Kreis der Wähler oder die Art der Wahlen geändert wird. Wenn nämlich andere wählen als diejenigen, welche die Gesellschaft dazu ermächtigt hat, oder wenn sie auf andere Art wählen, als es die Gesellschaft vorgeschrieben hat, sind die Gewählten nicht die vom Volke bestimmte Legislative.

217. Zum vierten bedeutet sicherlich die Auslieferung des Volkes in die Unterwerfung unter eine fremde Gewalt – sei es durch den Fürsten oder die Legislative – eine Änderung

der Legislative und somit die Auflösung der Regierung. Denn das Volk war mit dem Ziel in die Gesellschaft eingetreten, als eine einheitliche, freie, unabhängige Gesellschaft erhalten zu bleiben und nach den eigenen Gesetzen regiert zu werden. Sobald es aber der Gewalt eines anderen ausgeliefert wird, geht dieses Ziel verloren.

218. Warum in einer Verfassung wie dieser die Auflösung der Regierung in diesen Fällen dem Fürsten zuzuschreiben ist, liegt auf der Hand: Da er die Macht des Staates, den Staatsschatz und die Staatsämter verwaltet und sich oftmals einbildet oder Schmeichler ihm einreden, daß er als die höchste Obrigkeit keiner Kontrolle unterliegen könne, ist allein er in der Lage, unter dem Deckmantel rechtlicher Autorität große Schritte in Richtung auf einen solchen Wandel hin zu unternehmen, und es liegt in seiner Hand, seine Widersacher als aufrührerisch, aufsässig oder als Feinde der Regierung einzuschüchtern oder zu unterdrücken. Kein anderer Teil der Legislative oder des Volkes aber ist von sich aus imstande, ohne offene und sichtbare Rebellion eine bemerkenswerte Änderung der Legislative zu bewirken; sollten sie jedoch die Oberhand gewinnen, so unterscheiden sich die Auswirkungen nur sehr wenig von einer fremden Eroberung. Da der Fürst bei einer solchen Regierungsform darüber hinaus die Macht besitzt, die anderen Teile der Legislative aufzulösen und sie damit wieder zu Privatpersonen zu machen, vermögen sie niemals in Opposition zu ihm oder ohne sein Einverständnis die Legislative durch ein Gesetz zu ändern. Jeder ihrer Beschlüsse bedarf nämlich, um gültig zu sein, seiner Zustimmung. Die anderen Teile der Legislative aber machen sich in dem Maße schuldig, wie sie einen Anschlag gegen die Regierung in irgendeiner Weise unterstützen oder doch nicht alles tun, was in ihrer Macht steht, um eine solche Absicht zu verhindern. Sie nehmen teil an dem sicherlich größten Verbrechen, dessen Menschen untereinander schuldig werden können.

219. Es gibt noch eine weitere Art, wie eine solche Regierung

aufgelöst werden kann; dadurch nämlich, daß der Träger der höchsten Exekutivgewalt sein Amt vernachlässigt und aufgibt, so daß die schon erlassenen Gesetze nicht mehr vollzogen werden können. Dies heißt erklärtermaßen alles der Anarchie zuführen und somit im Ergebnis die Regierung auflösen. Denn Gesetze werden nicht um ihrer selbst willen erlassen, sondern damit sie in ihrer Vollziehung die Bande der Gesellschaft seien, die jeden Teil des politischen Körpers an dem ihm zukommenden Platz und in seiner Funktion halten sollen. Hat dies vollkommen ein Ende, so hat offensichtlich auch die Regierung ein Ende, und das Volk wird zu einer wirren Menge ohne Ordnung und Zusammenhang. Wo die Gerechtigkeit nicht länger verwaltet wird, um den Menschen ihre Rechte zu sichern, und auch keine dauernde Macht innerhalb der Gemeinschaft verbleibt, um die Gewalt zu lenken oder für die Bedürfnisse der Öffentlichkeit zu sorgen, da besteht mit Sicherheit auch keine Regierung mehr. Wo die Gesetze nicht vollzogen werden können, ist es genauso, als gäbe es keine Gesetze. Eine Regierung aber ohne Gesetze ist nach meiner Ansicht ein politisches Mysterium, dem menschlichen Verstand nicht erreichbar und unvereinbar mit menschlicher Gesellschaft.

220. In diesen und ähnlichen Fällen, wenn die Regierung aufgelöst ist, ist das Volk frei, für sich selbst zu sorgen. Es mag eine neue Legislative errichten, die sich von der früheren in der personellen Zusammensetzung oder der Form oder in beidem unterscheidet – ganz wie es ihm für seine Sicherheit und sein Wohl am besten erscheint. Die Gesellschaft kann niemals durch die Schuld eines anderen ihr angeborenes und ursprüngliches Recht auf die eigene Erhaltung verlieren; dafür kann allein durch eine geordnete Legislative gesorgt werden und durch die gerechte und unparteiische Vollstreckung der von ihr erlassenen Gesetze. Die Menschen leben aber nicht in einem so erbärmlichen Zustand, daß sie nicht fähig wären, dieses Heilmittel anzuwenden, bevor es zu spät ist, danach Ausschau zu halten. Einem Volk erklä-

ren, es möge für sich selbst sorgen und eine neue Legislative errichten, wenn die alte durch Unterdrückung, List oder Auslieferung an eine fremde Gewalt schon nicht mehr besteht, heißt nichts anderes als ihm erklären, es möge Hilfe erhoffen, wenn es schon zu spät und das Übel nicht mehr zu heilen ist. Es hieße in Wahrheit den Menschen befehlen zuerst zu Sklaven zu werden und dann für ihre Freiheit zu sorgen – ihnen, wenn sie in Ketten liegen, erklären, sie sollten wie freie Menschen handeln. Das ist schlechterdings eher Hohn als Hilfe, und die Menschen können vor der Tyrannei niemals sicher sein, wenn es keinen Weg gibt, ihr zu entrinnen, bevor sie ihr völlig unterworfen sind. Aus diesem Grunde haben sie nicht nur ein Recht, sich von der Tyrannei zu befreien, sondern auch das Recht, sie zu verhindern.

221. So gibt es zum zweiten noch einen anderen Weg, wie Regierungen aufgelöst werden können – nämlich, wenn die Legislative oder der Fürst wider das in sie gesetzte Vertrauen handelt.

Zunächst handelt die Legislative dem in sie gelegten Vertrauen entgegen, wenn sie versucht, sich an dem Eigentum der Untertanen zu vergreifen und sich selbst oder irgendeinen Teil der Gemeinschaft zum Herrn oder willkürlichen Gebieter über Leben, Freiheit und Vermögen des Volkes zu machen.

222. Der Grund, aus dem die Menschen in die Gesellschaft eintreten, ist die Erhaltung ihres Eigentums, und das Ziel, um dessentwillen sie eine Legislative wählen und ihr Autorität verleihen, ist, daß Gesetze und Vorschriften geschaffen werden, um über das Eigentum aller Glieder der Gesellschaft zu wachen und es zu schützen und so die Macht und die Herrschaft jedes Teiles oder Gliedes der Gesellschaft zu beschränken und zu mäßigen. Man kann nämlich niemals annehmen, es sei der Wille der Gesellschaft, daß die Legislative die Macht habe, das zu zerstören, was ein jeder mit seinem Eintritt in die Gesellschaft hatte sichern wollen und um dessentwillen sich das Volk den von ihm selbst eingesetz-

ten Gesetzgebern unterworfen hatte. Wann immer deshalb die Gesetzgeber danach trachten, dem Volk sein Eigentum zu nehmen oder zu zerstören oder es als Sklaven in ihre willkürliche Gewalt zu bringen, versetzen sie sich dem Volk gegenüber in den Kriegszustand. Dadurch ist es jeden weiteren Gehorsams entbunden und der gemeinsamen Zuflucht überlassen, die Gott für alle Menschen gegen Macht und Gewalt vorgesehen hat. Wann immer daher die Legislative dieses grundlegende Gesetz der Gesellschaft überschreiten und aus Ehrsucht, Furcht, Torheit oder Verderbtheit den Versuch unternehmen sollte, entweder selbst absolute Gewalt über Leben, Freiheit und Besitz des Volkes an sich zu reißen oder sie in die Hände eines anderen zu legen, verwirkt sie durch einen solchen Vertrauensbruch jene Macht, die das Volk mit weit anderen Zielen in ihre Hände gegeben hatte, und die Macht fällt zurück an das Volk, das dann ein Recht hat, zu seiner ursprünglichen Freiheit zurückzukehren und durch die Errichtung einer neuen Legislative (wie sie ihm selbst am geeignetsten erscheint) für seine eigene Sicherheit und seinen Schutz zu sorgen – denn zu diesem Ziel befinden sie sich in der Gesellschaft. Was ich hier über die Legislative im allgemeinen gesagt habe, gilt auch von dem höchsten Träger der Exekutive. Da man in ihn ein zweifaches Vertrauen gesetzt hat, einmal als Teil der Legislative und zum anderen durch die höchste Vollziehung der Gesetze, handelt er beidem zuwider, wenn er sich unterfängt, den eigenen Willen nach Belieben zum Gesetz der Gesellschaft zu erheben. Ebenfalls wider das in ihn gesetzte Vertrauen handelt er, wenn er entweder die Staatsgewalt, den Staatsschatz oder die Ämter der Gesellschaft dazu benützt, die Abgeordneten zu bestechen und für seine Absichten zu gewinnen, oder aber wenn er offensichtlich die Wähler beeinflußt und ihrer Wahl Männer vorschreibt, die er sich durch dringende Vorstellungen, Drohungen, Versprechungen oder sonstwie willfährig gemacht hat und die er gebraucht, um andere durchzubringen, die ihm im voraus versprochen haben, wofür sie stimmen und was sie beschließen werden. Wenn man in dieser Weise Kandidaten und Wähler lenkt und die Art der Wahl umgestaltet, was heißt dies anderes als die Regierung bei der Wurzel abschneiden und die Quelle der öffentlichen Sicherheit vergiften! Das Volk nämlich hat sich selbst zum Schutze seines Eigentums die Wahl seiner Repräsentanten vorbehalten, und es hat dies lediglich mit der Absicht tun können, daß sie auf immer frei gewählt werden und, nachdem sie so gewählt wurden, frei handeln und Rat erteilen, wie es nach Prüfung und reiflicher Erörterung die Bedürfnisse des Staates und das öffentliche Wohl zu verlangen scheinen. Dazu aber sind diejenigen, die ihre Stimme abgegeben haben, bevor sie die Debatte angehört und die Argumente nach allen Seiten hin erwogen haben, nicht in der Lage. Wenn man eine solche Versammlung vorbereitet und versucht, die erklärten Verschworenen der eigenen Willkür als die wahren Abgeordneten des Volkes und als Gesetzgeber der Gesellschaft einzusetzen, so ist dies sicherlich ein so großer Vertrauensbruch und eine so vollendete Erklärung der Absicht, die Regierung zu stürzen, wie man es nur irgend antreffen kann. Wenn dazu Belohnungen und Strafen kommen, die sichtlich in Verfolgung desselben Zieles gehandhabt werden, und wenn man sich aller Kunst der Rechtsverdrehung bedient, um alle zu beseitigen und zu vernichten, die dieser Absicht im Wege stehen und sich nicht bereiterklären und einwilligen, die Freiheit ihres Landes zu verraten, dann bleibt kein Zweifel mehr darüber, was vor sich geht. Welche Macht in der Gesellschaft die haben sollten, die sie dieser Art wider das Vertrauen gebrauchen, welches seit der ersten Begründung Hand in Hand mit ihr ging, ist leicht zu entscheiden. Man kann nicht umhin zu erkennen, daß einem Menschen, der einmal einen Versuch wie diesen unternommen hat, nicht länger vertraut werden kann.

223. Hier wird man vielleicht einwenden, daß das Volk unwissend sei und immer unzufrieden; wenn man daher die

Grundlage der Regierung in die unbeständige Meinung und den Wankelmut des Volkes lege, so liefere man es dem sicheren Verderben aus. Auch werde keine Regierung lange bestehen können, wenn das Volk eine neue Legislative einsetzen darf, wann immer es an der alten Anstoß nimmt. Darauf antworte ich: Ganz im Gegenteil, das Volk läßt sich nicht so leicht aus seinen alten Formen lösen, wie mancher uns gerne einreden möchte. Es läßt sich kaum dazu bewegen, den anerkannten Mißständen im Rahmen des Gewohnten Abhilfe zu schaffen. Und wenn sich Mängel zeigen, die schon von Anfang da waren, oder neue hinzukommen, die mit der Zeit oder durch Korruption Eingang gefunden haben, so ist es nicht leicht, sie zu beheben, mag selbst alle Welt sehen, daß Gelegenheit dazu gegeben ist. Dieses Zögern und die Abneigung des Volkes, die alten Einrichtungen aufzugeben, hat uns in den vielen Revolutionen, die unser Königreich in dieser wie auch in früheren Zeiten erlebt hat, weiterhin an unserer alten Legislative von König, Lords und Commons festhalten lassen – oder nach einem kurzen Zwischenspiel fruchtloser Versuche doch wieder zu ihr zurückgeführt. Welche Provokationen auch immer dazu geführt haben, die Krone vom Haupte einiger unserer Fürsten zu nehmen, sie haben das Volk niemals so weit gebracht, daß es sie an eine andere Linie gab.

224. Man wird jedoch sagen: Diese Hypothese enthält einen Gärstoff häufiger Rebellion. Darauf ist meine Antwort:
Zum ersten: Nicht mehr als irgendeine andere Hypothese. Denn wenn das Volk ins Elend gebracht wird und sich dem Mißbrauch willkürlicher Gewalt ausgesetzt sieht, so mögt ihr seine Regierenden, soviel ihr wollt, die Kinder des Jupiter nennen, laßt sie geheiligt und göttlich sein, abstammend oder bevollmächtigt vom Himmel, gebt sie aus, für wen oder was ihr wollt, es wird doch immer dasselbe geschehen. Das allgemein und wider alles Recht mißhandelte Volk wird bei jeder Gelegenheit bereit sein, sich von der Bürde zu befreien, die schwer auf ihm lastet. Es wird die Gelegenheit

wünschen und suchen, und bei dem Wechsel, den Schwächen und Zufälligkeiten in den menschlichen Angelegenheiten wird es nur selten lange dauern, bis sie sich zeigt. Der muß noch nicht lange Zeit in der Welt gelebt haben, der Beispiele dafür noch nicht in seiner eigenen Zeit erfahren hat; und man muß sehr wenig gelesen haben, wenn man nicht entsprechende Beispiele für alle Arten von Regierung in dieser Welt anführen kann.

225. Zum zweiten, antworte ich, kommt es zu solchen Revolutionen nicht bei jeder kleinen Fehlhandlung in öffentlichen Angelegenheiten. Große Fehler von seiten der Regierung, viele falsche und lästige Gesetze und alle Versehen aus menschlicher Schwäche wird das Volk ohne Aufsässigkeit und Murren tragen. Wenn jedoch eine lange Kette von Mißbräuchen, Unredlichkeiten und Ränken, die alle in dieselbe Richtung weisen, dem Volk die Absicht deutlich machen, wenn es nicht umhin kann zu fühlen, unter welchem Joch es sich befindet, und erkennen muß, welchen Gang die Dinge nehmen, dann ist es wenig verwunderlich, daß es sich erhebt und die Herrschaft in Hände zu legen sucht, die ihm für jene Ziele bürgen, derentwegen die Regierung zuerst begründet wurde – und ohne welche überkommene Begriffe und äußere Formen so weit entfernt sind, besser zu sein als der Naturzustand oder die reine Anarchie, daß sie im Gegenteil sogar viel schlimmer sind. Denn die Nachteile sind sämtlich gleich groß und gleich nahe, das Heilmittel aber weiter entfernt und schwerer erreichbar.

226. Zum dritten antworte ich: Diese Lehre von einer Gewalt im Volke, durch eine neue Legislative wieder von neuem für seine Sicherheit zu sorgen, wenn seine Gesetzgeber auf sein Eigentum übergegriffen und damit entgegen dem in sie gesetzten Vertrauen gehandelt haben, ist der beste Schutz gegen Rebellion und das sicherste Mittel, sie zu verhindern. Rebellion nämlich ist nicht Opposition gegen Personen, sondern gegen eine Autorität, die einzig in der Verfassung und den Gesetzen der Regierung gründet. Wer

es auch sei, wer die Gesetze mit Gewalt bricht und ihre Verletzung mit Gewalt rechtfertigt, ist im wahren und eigentlichen Sinne Rebell. Denn wenn die Menschen mit ihrem Eintritt in die Gesellschaft und der Begründung staatlicher Regierung Gewalt ausgeschlossen und zur Erhaltung des Eigentums, des Friedens und der Einheit untereinander Gesetze eingeführt haben, so ist das, was jene tun, die entgegen den Gesetzen wieder Gewalt aufrichten, *rebellare*, nämlich den Kriegszustand wiederherstellen – und sie sind im wahren Sinne Rebellen. Die die Macht innehaben, werden am leichtesten dazu neigen (auf Grund ihres Anspruches auf Autorität, der Versuchung durch die Macht in ihren Händen wie auch der Schmeicheleien ihrer Umgebung), und der sicherste Weg, dieses Übel zu umgehen, ist, die darin liegende Gefahr und Ungerechtigkeit denen zu zeigen, die unter der größten Versuchung stehen, sich hineinzustürzen.

227. In den beiden oben erwähnten Fällen – wenn entweder die Legislative geändert wird oder die Gesetzgeber jenem Ziele, zu welchem sie eingesetzt waren, zuwiderhandeln – sind die Schuldigen der Rebellion schuldig. Denn wenn jemand gewaltsam die eingesetzte Legislative einer Gesellschaft und die Gesetze, die sie dem in sie gelegten Vertrauen entsprechend erlassen hat, beseitigt, so beseitigt er damit jenes Schiedsgericht, auf das sich alle geeinigt hatten zur friedlichen Schlichtung all ihrer Streitfälle und als Schranke für den Kriegszustand untereinander. Diejenigen, welche die Legislative absetzen oder ändern, beseitigen jene Entscheidungsgewalt, die niemand auf andere Weise haben kann als auf Grund der Ernennung und mit der Einwilligung des Volkes. Zerstören sie so die Autorität, die das Volk verliehen hat und die niemand sonst einsetzen kann, und errichten eine Gewalt, die das Volk nicht ermächtigt hat, so führen sie in der Tat den Kriegszustand herbei, nämlich einen Zustand der Gewalt ohne Autorität. Wenn sie die von der Gesellschaft begründete Legislative (in deren Entscheidungen sich das Volk wie in die seines eigenen Willens gefügt und ver-

einigt hat) absetzen, lösen sie somit das Band und setzen das Volk erneut dem Kriegszustand aus. Sind aber diejenigen Rebellen, die die Legislative mit Gewalt beseitigen, so müssen die Gesetzgeber selbst, wie oben gezeigt ist, nicht minder als solche betrachtet werden, wenn sie, die zum Schutze und zur Erhaltung des Volkes, seiner Freiheit und seines Eigentums eingesetzt waren, sich mit Gewalt daran vergreifen und sie zu beseitigen versuchen. Da sie sich denen gegenüber, die sie zu Beschützern und Hütern ihres Friedens machten, in den Kriegszustand versetzen, sind sie recht eigentlich und im schärfsten Sinne des Wortes *rebellantes*, d. h. Rebellen.

228. Wenn aber diejenigen, die sagen, es lege den Grund zu Rebellion, damit meinen, daß es zu Bürgerkriegen oder inneren Unruhen führen könne, wenn man dem Volke sagt, es sei von dem Gehorsam entbunden, falls widerrechtliche Übergriffe auf seine Freiheit oder sein Eigentum unternommen werden, und es möge sich der unrechtmäßigen Gewalttätigkeit derer, die einst Obrigkeit waren, widersetzen, falls sie sich entgegen dem in sie gesetzten Vertrauen an seinem Eigentum vergreifen – wenn sie meinen, daß aus diesem Grunde diese Lehre nicht erlaubt werden dürfe, weil sie so zerstörerisch sei für den Frieden der Welt, so können sie ebensogut mit demselben Recht sagen, ehrliche Menschen dürften sich Räubern oder Piraten nicht widersetzen, weil dies Unordnung oder Blutvergießen verursachen könnte. Geschieht in solchem Falle ein Unheil, so ist es nicht dem zur Last zu legen, der das eigene Recht verteidigt, sondern dem, der in seines Nachbarn Rechte eingreift. Wenn der unschuldige, ehrliche Mensch alles, was er hat, um des Friedens willen stillschweigend demjenigen überlassen muß, der gewaltsam Hand darauf legt, dann möchte ich bitten, darüber nachzudenken, wie jener Friede in der Welt aussehen wird, der nur aus Gewalttat und Raub besteht und lediglich zum Vorteil von Räubern und Unterdrückern gewahrt werden soll. Wem würde es nicht als ein trefflicher Friede zwi-

schen dem Mächtigen und dem Schwachen erscheinen, wenn das Lamm seine Kehle dem gebieterischen Wolf widerstandslos zum Zerreißen darböte! Die Höhle des Polyphem gibt uns ein vollkommenes Beispiel für einen solchen Frieden und eine solche Regierung. Odysseus und seine Gefährten brauchten nichts anderes zu tun, als stillschweigend zu leiden, daß sie verschlungen wurden. Und ohne Zweifel predigte ihnen Odysseus, der ein kluger Mann war, passiven Gehorsam und ermahnte sie zu schweigender Unterwerfung, indem er ihnen vorhielt, von welcher Bedeutung für die Menschheit der Friede sei, und sie auf die Unannehmlichkeiten hinwies, die eintreten mochten, falls sie beabsichtigen sollten, Polyphem, der zu der Zeit die Macht über sie hatte, Widerstand zu leisten.

229. Der Zweck der Regierung ist das Wohl der Menschheit. Was aber ist besser für die Menschen: daß das Volk immer dem schrankenlosen Willen der Tyrannei ausgesetzt ist, oder daß die Herrscher manchmal Gefahr laufen, auf Widerstand zu stoßen, wenn sie maßlos werden in dem Gebrauch ihrer Gewalt und sie zum Verderben, nicht aber zur Erhaltung des Eigentums ihres Volkes gebrauchen?

230. Auch soll niemand sagen, daß jedesmal ein Unheil entstehen könne, wenn es irgendeinem unruhigen Kopf oder hitzigen Geist gerade einmal gefallen mag, eine Änderung der Regierung zu verlangen. Solche Menschen können zwar Unruhe stiften, wann immer es ihnen einfällt, es wird aber lediglich zu ihrem eigenen gerechten Ruin und Verderben sein. Denn bis das Unglück allgemein wird, bis die üblen Pläne der Herrscher sichtbar oder ihre Unterfangen dem größeren Teil fühlbar werden, ist das Volk, das eher dazu neigt zu erdulden, als sich durch Widerstand zu seinem Recht zu verhelfen, nicht bereit, sich zu empören. Von Beispielen vereinzelter Ungerechtigkeit oder Unterdrückung eines Unglücklichen hier oder dort läßt es sich nicht bewegen. Wenn es jedoch allgemein die auf deutliche Beweise gegründete Überzeugung hat, daß Anschläge gegen seine Freiheit

im Gange sind, und wenn der allgemeine Lauf und die Tendenz der Dinge es mit starkem Verdacht gegen die schlimmen Absichten seiner Herrscher erfüllen müssen – wer ist dann dafür zu tadeln? Wer kann es ändern, wenn jene, die es vermeiden könnten, sich selbst diesem Verdacht aussetzen? Ist das Volk zu tadeln, daß es den Verstand vernunftbegabter Geschöpfe besitzt und über die Dinge nicht anders zu denken vermag, als es sie sieht und fühlt? Ist es nicht vielmehr die Schuld derer, die die Dinge dahin gelenkt haben, daß sie wünschten, man möge nicht erkennen, wie sie in Wirklichkeit sind? Ich gebe zu, Stolz, Ehrgeiz und die Hitzköpfigkeit einzelner Menschen haben zuweilen große Unordnung in einem Staatswesen verursacht, und Uneinigkeit ist Staaten und Königreichen zum Verhängnis geworden. Ob jedoch das Unglück häufiger vom Übermut des Volkes ausging und von dem Verlangen, die rechtmäßige Autorität seiner Herrscher abzuschütteln, oder aber von der Unverschämtheit der Herrscher und ihrem Bestreben, willkürliche Gewalt über ihr Volk zu erlangen und auszuüben, ob Unterdrückung oder Ungehorsam den ersten Anlaß gab zur Zerrüttung – das will ich der unparteiischen Geschichte zu entscheiden überlassen. Dessen jedoch bin ich sicher: Ob Herrscher oder Untertan, wer es unternimmt, gewaltsam in die Rechte entweder des Fürsten oder des Volkes einzugreifen, und den Grund legt zu einem Umsturz der Verfassung und des Gefüges einer gerechten Regierung, macht sich des schwersten Verbrechens schuldig, das nach meinem Gefühl ein Mensch zu begehen vermag. Er hat all jenes Unheil von Blutvergießen, Raub und Zerstörung zu verantworten, welches das Zertrümmern einer Regierung über ein Land bringt. Wer dies unternimmt, ist zu Recht als der gemeinsame Feind und als die Pest der Menschheit zu betrachten und ist entsprechend zu behandeln.

231. Daß man Untertanen oder Fremden, wenn sie sich mit Gewalt an dem Eigentum eines Volkes vergreifen, mit Gewalt Widerstand leisten darf, wird allgemein anerkannt.

Doch daß man der Obrigkeit, wenn sie dasselbe tut, Widerstand leisten dürfe, wurde jüngst verneint. Als ob diejenigen, die sich durch die Gesetze der größten Privilegien und Vorteile erfreuen, damit die Macht hätten, jene Gesetze zu brechen, die allein sie auf einen besseren Platz als ihre Brüder gehoben haben. Ihr Vergehen ist vielmehr deshalb um so größer: einmal ihrer Undankbarkeit wegen, obwohl ihnen von Gesetzes wegen ein größerer Anteil zugefallen war, zum anderen, weil sie auch das Vertrauen brechen, welches ihre Brüder in ihre Hände gelegt haben.

232. Wer immer Gewalt ohne Recht gebraucht – wie es jeder in der Gesellschaft tut, wenn er sie ohne das Gesetz gebraucht –, versetzt sich denjenigen gegenüber, gegen die er sie gebraucht, in den Kriegszustand. In diesem Zustand aber sind alle früheren Verpflichtungen gelöst, alle anderen Rechte haben ein Ende, und jeder hat das Recht, sich selbst zu verteidigen und dem Angreifenden Widerstand zu leisten. Es ist dies so offensichtlich, daß selbst Barclay, der große Verfechter der Gewalt und Heiligkeit der Könige[21], sich genötigt sieht zuzugestehen, daß es dem Volk in einigen Fällen erlaubt ist, seinem König Widerstand zu leisten – und das sogar in einem Kapitel, in dem er nachzuweisen versucht, daß das Gesetz Gottes dem Volk jegliche Art von Rebellion verschließt. Dabei ist doch ersichtlich, selbst aus seiner eigenen Lehre, daß nicht aller Widerstand gegen Fürsten, da die Menschen in manchen Fällen Widerstand leisten dürfen, Rebellion ist. Seine Worte sind:

Quod siquis dicat, Ergone populus tyrannicae crudelitati et furori jugulum semper praebebit? Ergone multitudo civitates suas fame, ferro, et flamma vastari, seque, conjuges, et

21. William Barclay (1546–1608), Rechtslehrer zu Pont-à-Mousson und Angers, gab in seiner Hauptschrift *De regno et regali potestate adversus Buchanan, Brutum, Boucherium et reliquos Monarchomachos libri sex* (1600) den Monarchomachen, einer Gruppe politischer Autoren, die die Rechte des Volkes gegenüber den absolutistischen Tendenzen ihrer Zeit zu wahren suchten, ihren Namen.

liberos fortunae ludibrio et tyranni libidini exponi, inque omnia vitae pericula omnesque miserias et molestias a rege deduci patientur? Num illis, quod omni animantium generi est a natura tributum, denegari debet, ut sc. vim vi repellant seseque ab injuria tueantur? Huic breviter responsum sit, populo universo non negari defensionem, quae juris naturalis est, neque ultionem quae praeter naturam est adversus regem concedi debere. Quapropter si rex non in singulares tantum personas aliquot privatum odium exerceat, sed corpus etiam reipublicae, cujus ipse caput est, i. e. totum populum, vel insignem aliquam ejus partem, immani et intoleranda saevitia seu tyrannide divexet; populo, quidem hoc casu resistendi ac tuendi se ab injuria potestas competit, sed tuendi se tantum, non enim in principem invadendi: et restituendae injuriae illatae, non recedendi a debita reverentia propter acceptam injuriam. Praesentem denique impetum propulsandi non vim praeteritam ulciscendi jus habet. Horum enim alterum a natura est, ut vitam scilicet corpusque tueamur. Alterum vero contra naturam, ut inferior de superiori supplicium sumat. Quod itaque populus malum, antequam factum sit, impedire potest, ne fiat, id postquam factum est, in regem authorem sceleris vindicare non potest: populus igitur hoc amplius quam privatus quisquam habet: quod huic, vel ipsis adversariis judicibus, excepto Buchanano, *nullam nisi in patientia remedium superest. Cum ille si intolerabilis tyrannis est (modicum enim ferre omnino debet) resistere cum reverentia possit.* (Barclay, Contra Monarchom. lib. 3, c. 8.)

Übersetzt lautet es so:

233. *Wenn aber jemand fragt: Muß sich das Volk denn immer der Grausamkeit und Raserei der Tyrannei geduldig unterwerfen? Müssen die Menschen zusehen, wie ihre Städte geplündert und in Asche gelegt, ihre Frauen und Kinder der Tyrannen Lust und Wut ausgesetzt und sie selbst und ihre Familien von ihrem König dem Verderben und allem Elend von Not und Unterdrückung überlassen werden, und sollen*

sie dennoch stillhalten? Soll den Menschen allein das gemeine Privileg verwehrt sein, Gewalt mit Gewalt zu begegnen, welches die Natur so freigebig allen anderen Lebewesen zu ihrer Erhaltung gegen Unrecht gewährt? Ich antworte: Selbstverteidigung ist ein Teil des Naturgesetzes, und sie kann der Gemeinschaft nicht verweigert werden – sei es selbst gegen den König. Jedoch daß sie sich an ihm rächen, darf den Menschen unter keinen Umständen erlaubt werden, denn es ist mit jenem Gesetz nicht vereinbar. Sollte deshalb der König Haß bezeugen, nicht nur gegen wenige einzelne, sondern stellt er sich gegen den ganzen Staatskörper, dessen Haupt er ist, und übt er in unerträglichem Machtmißbrauch über die Gesamtheit oder einen beträchtlichen Teil des Volkes grausame Tyrannei, so hat das Volk in diesem Fall das Recht, Widerstand zu leisten und sich gegen das Unrecht zu verteidigen. Allein mit dem einen Vorbehalt, daß es lediglich sich selbst verteidigt, nicht aber seinen Fürsten angreift. Es mag Wiedergutmachung suchen für den erlittenen Schaden, es darf aber nicht auf irgendwelche Provokation hin die Grenzen der gebührenden Ehrerbietung und Hochachtung überschreiten. Es darf die gegenwärtigen Anschläge abwehren, nicht aber vergangene Gewalttaten rächen. Denn es ist uns natürlich, Leib und Leben zu verteidigen, daß aber ein Niederer einen Höheren strafe, ist gegen die Natur. Das Unheil, welches man gegen es im Schilde führt, mag das Volk verhüten, bevor es geschieht; wenn es aber geschehen ist, darf es das Volk nicht an dem König rächen, auch wenn er Urheber der Schändlichkeit ist. Das Privileg des Volkes insgesamt vor jeglicher Privatperson ist somit: daß den einzelnen Menschen auch von unseren Gegnern (mit Ausnahme Buchanans[22] *kein anderes Heilmittel als die Geduld zuer-*

22. Berühmt wurde der Schotte George Buchanan (1506–82) durch seine zur Rechtfertigung der Absetzung Maria Stuarts verfaßte Schrift *De iure regni apud Scotos* (1579). Buchanan projiziert hier den naturrechtlichen Gedanken des bedingten Herrschaftsvertrages in das schottische Staatsrecht und kommt so zu dem Ergebnis, daß im Falle seiner Verletzung jegliche Gehorsamspflicht gegenüber dem Herrscher entfalle.

kannt wird, daß sich die Gesamtheit des Volkes aber unerträglicher Tyrannei mit Hochachtung widersetzen darf – denn solange sie gemäßigt ist, sollte es sie ertragen.

234. So weit gestattet jener große Anwalt monarchischer Gewalt Widerstand.

235. Allerdings hat er, wenn auch vergeblich, zweierlei Einschränkung daran geknüpft:

Zum ersten, sagt er, muß es mit Ehrerbietung geschehen.

Zum zweiten: ohne Vergeltung oder Strafe; und als Grund gibt er an: weil ein Niederer nicht einen Höheren strafen kann.

Zum ersten: Wie man Widerstand leisten soll, ohne zurückzuschlagen, oder wie der Schlag mit Ehrerbietung zu führen ist, das verständlich zu machen wird einiger Geschicklichkeit bedürfen. Wer einem Angriff allein mit dem Schild begegnet, um die Schläge aufzufangen, oder in einer noch achtungsvolleren Stellung, ohne das Schwert in der Hand, die Zuversicht und Gewalt des Angreifenden zu brechen, wird sich sehr bald am Ende seines Widerstandes finden und wird gewahr werden müssen, daß eine solche Verteidigung nur dazu dient, sich eine um so schlechtere Behandlung zuzuziehen. Ein solcher Widerstand ist ebenso lächerlich wie jene Art Kampf bei Juvenal[23]: *ubi tu pulsas, ego vapulo tantum*[24]. Und der Ausgang des Kampfes wird unweigerlich geradeso aussehen, wie er ihn dort darstellt:

Libertas pauperis haec est:
Pulsatus rogat, et pugnis concisus adorat,
Ut liceat paucis cum dentibus inde reverti[25]

Dies wird immer der Ausgang eines solchen imaginären Widerstandes sein, bei dem die Menschen nicht zurückschla-

23. Decimus Junius Juvenalis (60–140 n. Chr.) geißelte in zahllosen Satiren die Sittenverderbnis seiner Zeit.

24. Wenn du schlägst, empfange ich soviel Schläge.

25. Die Freiheit des Armen ist diese: / Geschlagen bittet er und in Kämpfen zusammengehauen fleht er, / Man möge ihn mit einigen Zähnen davonkommen lassen.

gen dürfen. Wer Widerstand leisten darf, muß deshalb auch schlagen dürfen. Und dann mag unser Autor oder jedweder andere einen Schlag auf den Kopf oder einen Hieb ins Gesicht mit so viel Ehrerbietung oder Hochachtung verbinden, wie es ihm angemessen scheint. Wer Schläge mit Ehrerbietung zu vereinen weiß, kann sich für seine Anstrengungen, möchte ich meinen, bei jeglicher Gelegenheit eine höfliche, respektvolle Tracht Prügel verdienen.

Zum zweiten ist seine zweite Einschränkung, daß ein Niederer nicht einen Höheren strafen könne, im allgemeinen zwar richtig, solange dieser wirklich der Höhere ist. Allein, Gewalt mit Gewalt begegnen bedeutet den Kriegszustand; er stellt die Parteien gleich und löst damit alle früheren Beziehungen der Ehrerbietung, Achtung und Rangordnung. Der Unterschied, der bleibt, ist der, daß derjenige, der sich dem ungerechten Angreifer widersetzt, diesen Vorrang vor ihm gewinnt, daß er im Falle eines Sieges das Recht erhält, den Übeltäter sowohl für den Friedensbruch als auch für alles daraus folgende Übel zu bestrafen. An anderer Stelle deshalb verneint es Barclay, in größerer Übereinstimmung zu den eigenen Aussagen, daß man dem König in irgendeinem Falle von Rechts wegen Widerstand leisten dürfe. Er zeigt dort aber zwei Fälle, in denen der König seine Königswürde verwirken kann. Seine Worte sind:

Quid ergo, nulline casus incidere possunt quibus populo sese erigere atque in regem impotentius dominantem arma capere et invadere jure suo suaque authoritate liceat? Nulli certe quamdiu Rex manet. Semper enim ex divinis id obstat, ›Regem honorificato‹; et ›Qui potestati resistit, Dei ordinationi resistit‹: Non alias igitur in eum populo potestas est quam si id committat propter quod ipso jure rex esse desinat. Tunc enim se ipse principatu exuit atque in privatis constituit. liber: Hoc modo populus et superior efficitur reverso ad eum sc. jure illo quod ante regem inauguratum in interregno habuit. At sunt paucorum generum commissa ejusmodi quae hunc effectum pariunt. At ego cum plurima animo perlustrem, duo tantum invenio, duos, inquam, casus quibus rex ipso facto ex rege non regem se facit et omni honore et dignitate regali atque in subditos potestate destituit; quorum etiam meminit Winzerus. *Horum unus est, si regnum (et rempublicam evertere conetur, hoc est, si id ei propositum, eaque intentio fuerit ut) disperdat, quemadmodum de* Nerone *fertur, quod is nempe senatum populumque Romanum atque adeo urbem ipsam ferro flammaque vastare, ac novas sibi sedes quaerere decrevisset. Et de* Caligula, *quod palam denunciarit se neque civem neque principem senatui amplius fore, inque animo habuerit, interempto utriusque ordinis Electissimo quoque Alexandriam commigrare, ac ut populum uno ictu interimeret, unam ei cervicem optavit. Talia cum rex aliquis meditatur et molitur serio, omnem regnandi curam et animum illico abjicit, ac proinde imperium in subditos amittit, ut dominus servi pro derelicto habiti, dominium.*

236. *Alter casus est, si rex in alicujus clientelam se contulit, ac regnum quod liberum a majoribus et populo traditum accepit, alienae ditioni mancipavit. Nam tunc quamvis forte non ea mente id agit populo plane ut incommodet; tamen quia quod praecipuum est regiae dignitatis amisit, ut summus scilicet in regno secundum Deum sit, et solo Deo inferior, atque populum etiam totum ignorantem vel invitum, cujus libertatem sartam et tectam conservare debuit, in alterius gentis ditionem et potestatem dedidit; hac velut quadam regni abalienatione effecit, ut nec quod ipse in regno imperium habuit retineat, nec in eum cui collatum voluit, juris quicquam transferat; atque ita eo facto liberum jam et suae potestatis populum relinquit, cujus rei exemplum unum annales Scotici suppeditant.* (Barclay, Contra Monarchom. lib. 3, c. 16.)

Was übersetzt lautet:

237. *Kann also kein Fall eintreten, in dem das Volk von Rechts wegen und kraft seiner eigenen Autorität zur Selbsthilfe schreiten, die Waffen ergreifen und sie gegen seinen*

König richten darf, der tyrannisch über es herrscht? Keiner, solange er König ist. ›Ehret den König‹ und :›Wer sich der Gewalt widersetzt, widersetzt sich dem Befehl Gottes‹ sind göttliche Weisungen, die dies niemals erlauben. Das Volk kann demnach niemals Macht über ihn erlangen, wenn er nicht etwas tut, wodurch er sein Königtum verwirkt. Dann nämlich entkleidet er sich selbst seiner Krone und Würde und fällt in den Stand eines Privatmannes zurück, das Volk aber wird frei und erhält die höhere Gewalt; denn jene Gewalt, die es während des Interregnums besaß, bevor es ihn zum König gekrönt hatte, fällt wieder an das Volk zurück. Aber es gibt nur wenige Vergehen, welche diese Lage herbeiführen. Nachdem ich von allen Seiten her Betrachtungen angestellt habe, kann ich nicht mehr als zwei finden. Zwei Fälle, sage ich, gibt es, in denen der König ipso facto aufhört, König zu sein, und alle Gewalt und Königliche Autorität über sein Volk verliert, und diese beiden Fälle hat schon Winzerus[26] *erwähnt.*

Der erste liegt vor, wenn er versucht, die Regierung zu stürzen, d. h. wenn er sich mit dem Vorsatz und der Absicht trägt, Königreich und Staat zu vernichten. So wird von Nero *berichtet, daß er beschloß, den Senat und das Volk von Rom auszurotten, die Stadt mit Feuer und Schwert zu verwüsten und sich danach an einen anderen Ort zu begeben. Und* Caligula *soll offen erklärt haben, er wünsche nicht länger Haupt von Volk und Senat zu sein, er habe im Sinn, die würdigsten Männer beider Stände auszurotten und sich danach nach Alexandria zurückzuziehen; und er wünschte, daß das Volk nur einen einzigen Nacken hätte, um es mit einem Schlag erledigen zu können. Wenn ein König solche Vorhaben im Sinn hat und ernsthaft betreibt, gibt er sofort alle Sorge und alles Denken für den Staat auf und verwirkt*

26. Gemeint ist wohl Ninian Winzet bzw. Wingate (1518–92), ein reformationsfeindlicher schottischer Theologe und Schriftsteller, der in seiner Schrift *Buke of Four Scoir Thre Questions* u. a. von der Gehorsamspflicht der Untertanen handelt.

folglich auch die Macht, seine Untertanen zu regieren – wie ein Herr die Herrschaft über seine Sklaven verliert, wenn er sie aufgegeben hat.

238. *Der zweite Fall liegt vor, wenn sich ein König in die Abhängigkeit eines anderen begibt und sein Königreich, welches ihm seine Vorfahren hinterlassen haben und das Volk frei in seine Hände gelegt hat, der Herrschaft eines anderen unterwirft. Mag es vielleicht auch nicht seine Absicht sein, dem Volke zu schaden, so hat er doch dadurch den wichtigsten Teil seiner königlichen Würde verloren, nämlich nach Gott und unmittelbar unter ihm in seinem Königreich der Höchste zu sein. Er hat dazu sein Volk, dessen Freiheit er sorgsam hätte erhalten sollen, an eine fremde Nation verraten oder unter ihre Gewalt und Herrschaft gezwungen. Da er hiermit gleichsam sein Königreich veräußert, verliert er selbst jene Gewalt, die er zuvor darin besaß, ohne jedoch das mindeste Recht auf jene zu übertragen, denen er es hatte zuwenden wollen. Mit einer solchen Handlung setzt er deshalb das Volk in Freiheit und überläßt es seiner eigenen Verfügung. Ein Beispiel dafür kann man in den Schottischen Annalen finden.*

239. In diesen Fällen sieht sich Barclay, der große Vorkämpfer für die absolute Monarchie, genötigt zuzugestehen, daß man dem König mit Widerstand begegnen darf und daß er aufhört, König zu sein. In Kürze, um die Fälle nicht zu vervielfachen, heißt dies: Wo immer er keine Autorität hat, ist er nicht König, und man darf ihm Widerstand leisten. Denn wo immer Autorität aufhört, gibt es auch keinen König mehr, er wird den anderen gleich, die keine Autorität besitzen. Diese beiden Fälle, die Barclay anführt, unterscheiden sich von den oben erwähnten in ihrer Verderblichkeit für die Regierung kaum. Er hat nur das Prinzip fortgelassen, auf welchem seine Lehre basiert: der Vertrauensbruch, der darin liegt, jene Form der Regierung, auf welche man sich geeinigt hatte, nicht zu erhalten und nicht das Ziel aller Regierung zu verfolgen, nämlich das öffentliche Wohl und die

Erhaltung des Eigentums. Hat sich ein König selbst entthront und sich seinem Volke gegenüber in den Kriegszustand versetzt, was sollte die Menschen zurückhalten – Barclay und alle, die seiner Ansicht sind, täten gut daran, uns dies zu sagen –, gegen ihn, der nicht König ist, in derselben Weise vorzugehen wie gegen jeden anderen Menschen, der sich ihnen gegenüber in den Kriegszustand versetzt hat? Weiterhin möchte ich dem Beachtung geschenkt wissen, daß Barclay sagt: Das Unheil, welches man gegen es im Schilde führt, mag das Volk verhüten, bevor es geschieht. Denn er erlaubt damit Widerstand, wenn Tyrannei vorerst nur in der Absicht besteht. Wenn ein König solche Vorhaben, sagt er, im Sinn hat und ernsthaft betreibt, so gibt er damit sofort alle Fürsorge und alles Denken an den Staat auf. Nach Barclay ist also die Vernachlässigung des öffentlichen Wohles als Indiz für ein solches Vorhaben zu werten oder zumindest als ein hinreichender Grund zum Widerstand. Die Ursache von allem gibt er in folgenden Worten: Weil er sein Volk, dessen Freiheit er sorgsam hätte erhalten sollen, verraten oder gewaltsam gezwungen hat. Wenn er hinzufügt: ›unter die Gewalt und Herrschaft einer fremden Nation‹, so ist das ohne Belang, denn das Vergehen und die Verwirkung liegen in dem Verlust der Freiheit, die er hätte erhalten sollen, und nicht in irgendwelcher Unterscheidung der Personen, deren Herrschaft das Volk unterworfen wurde. Die Rechte des Volkes sind in gleicher Weise verletzt und seine Freiheit geht verloren, ob es zu Sklaven irgendwelcher Menschen aus der eigenen Mitte oder einer fremden Nation gemacht wird. Darin liegt das Unrecht beschlossen, und gegen dieses einzig hat das Volk das Recht auf Verteidigung. In allen Ländern kann man Beispiele finden, die zeigen, daß nicht der Wechsel der Nationen in der Person der Regierenden Anstoß erregt, sondern der Wechsel der Regierung. Bilson, ein Bischof unserer Kirche und großer Eiferer für die Gewalt und Prärogative der Fürsten, gesteht, wenn ich nicht irre, in seiner Abhandlung über *Christliche Untertänigkeit* zu, daß die Fürsten ihre Macht und ihren Anspruch auf den Gehorsam ihrer Untertanen verwirken können[27]; und wenn Autorität notwendig sein sollte in einem Fall, wo die Vernunft so offenliegt, könnte ich meinen Leser an Bracton, Fortescue und den Verfasser des *Mirror*[28] und andere verweisen – Autoren, die nicht dem Verdacht ausgesetzt werden können, sie kennten unsere Regierung nicht oder seien ihr Feind. Ich habe aber geglaubt, Hooker allein könnte ausreichen, diejenigen zu überzeugen, die sich in ihrer Kirchenpolitik zwar auf ihn stützen, durch ein sonderbares Schicksal jedoch dazu gebracht werden, die Prinzipien, auf die er sie gründet, zu verneinen. Ob sie, indem sie ihr eigenes Gebäude niederreißen, nicht zu Marionetten listigerer Drahtzieher werden, mögen sie am besten selbst beurteilen. Dessen jedoch bin ich sicher, ihre staatspolitischen Grundsätze sind so neu, so gefährlich und so verderblich für Herrscher wie Volk, daß man in früheren Zeiten nicht duldete, sie zu erörtern, und hoffen mag, daß die künftigen Zeitalter, befreit von dem Joch jener ägyptischen Vögte, das Andenken an solch liebedienerische Schmeichler verabscheuen mögen, welche, solange es ihren Zielen förderlich schien, jegliche Regierung in absoluter Tyrannei enden ließen und alle Menschen am liebsten dazu geboren sahen, wozu ihre niederen Seelen sie gefügig machten: zu Sklaverei.

240. Hier wird man sicher die übliche Frage erheben: Wer soll Richter sein, ob der Fürst oder die Legislative entgegen dem in sie gesetzten Vertrauen handeln. Vielleicht könnten

27. Locke bezieht sich auf die von Thomas Bilson (um 1546–1616) verfaßte Schrift *True Difference between Christian Subjection and Unchristian Rebellion* (1585).

28. Henry de Bracton (gest. 1268), am römischen Recht geschulter Jurist, Verfasser der erst 1569 veröffentlichten, dann aber berühmt gewordenen Abhandlung *De Legibus et Consuetudibus Angliae.* – Sir John Fortescue (1394–1485), Jurist, Verfasser mehrerer juristischer und politischer Schriften, darunter *De Laudibus Legum Angliae* und *The Difference between absolute and limited monarchy.* – In dem (unter Eduard I. von einem Fischhändler verfaßten) Rechtsspiegel, dem *Mirror for Justice*, vermischten sich in buntem Reigen Mythos und Wirklichkeit.

übel gesinnte und aufrührerische Menschen derartiges im Volke verbreiten, wenn der Fürst nur von seiner gebührenden Prärogative Gebrauch macht. Darauf antworte ich: Das Volk soll Richter sein. Wer anders nämlich sollte der Richter sein, ob sein Sachwalter oder Abgeordneter richtig handelt und gemäß dem Vertrauen, das man in ihn gesetzt hat, als derjenige, der ihn abordnete und deswegen auch die Macht behalten muß, ihn seiner Funktion zu entheben, wenn er das Vertrauen gebrochen sieht! Ist dies in Einzelfällen unter Privatpersonen vernünftig, warum sollte es anders sein in jenem Fall von allergrößter Wichtigkeit, wo es um das Wohlergehen von Millionen geht und wo das Übel zudem, wenn man es nicht verhindert, größer ist und die Abhilfe äußerst schwierig, kostspielig und gefährlich!

241. Ferner aber kann diese Frage (wer soll Richter sein?) nicht bedeuten, daß es überhaupt keinen Richter gibt. Wo es auf Erden keine Gerichtsbarkeit gibt, die Streitfälle unter den Menschen zu schlichten, ist Gott im Himmel Richter. Er allein ist in Wahrheit Richter über das Recht. Doch wie in allen anderen Fällen ist auch in diesem jeder Mensch sein eigener Richter, ob sich ein anderer ihm gegenüber in den Kriegszustand versetzt hat und ob er den höchsten Richter anrufen soll, wie es Jephta tat.

242. Entsteht ein Streit zwischen dem Fürsten und einigen aus dem Volk in einer Frage, wo das Gesetz schweigt oder Zweifel läßt, und ist der Fall von großer Tragweite, so sollte in einem solchen Fall, wie mir scheint, die Gesamtheit des Volkes der wahre Schiedsrichter sein. Denn wer könnte in Fällen, in denen der Fürst das ganze Vertrauen besitzt und in denen er von den gewöhnlichen Gesetzesvorschriften befreit ist – wenn sich jemand verletzt fühlt und glaubt, der Fürst handele wider oder über die Grenzen jenes Vertrauens hinaus, geeigneter sein zu richten als die Gesamtheit des Volkes (welches dieses Vertrauen zuerst in ihn gesetzt hat), wie weit es diese Gewalt ausgedehnt sehen wollte? Weist aber der Fürst oder wer immer sonst die Regierung bildet diese

Art der Entscheidung von sich, dann bleibt nur übrig, den Himmel anzurufen. Gewalt nämlich unter Menschen ohne einen anerkannten Oberherren auf Erden oder Gewalt, die es nicht erlaubt, einen Richter auf Erden anzurufen, bedeutet nichts anderes als den Kriegszustand, in dem nichts bleibt, als den Himmel anzurufen. Und in diesem Zustande muß der geschädigte Teil selbst urteilen, wann er eine solche Anrufung für geeignet hält und auf sich nehmen will.

243. Zum Abschluß: Die Gewalt, die jedes Individuum mit seinem Eintritt in die Gesellschaft an diese gab, kann niemals wieder an das Individuum zurückfallen, solange die Gesellschaft besteht, sondern wird auf immer in der Gemeinschaft verbleiben. Denn ohne sie kann es keine Gemeinschaft und kein Staatswesen geben, das aber widerspricht dem ursprünglichen Übereinkommen. Ebenso kann auch die gesetzgebende Gewalt, solange die Regierung besteht, niemals an das Volk zurückfallen, nachdem die Gesellschaft sie einmal in irgendeine Versammlung von Menschen gelegt hat, damit sie in ihnen und ihren Nachfolgern fortdauern soll, mit der Weisung und Autorität, diese Nachfolger zu bestimmen: Denn hat das Volk eine Legislative mit ewig dauernder Gewalt vorgesehen, so hat das Volk seine politische Gewalt der Legislative übertragen und kann sie nicht wieder an sich nehmen. Wenn es jedoch der Dauer der Legislative Grenzen gesetzt und diese in irgendeiner Person oder Versammlung verkörperte höchste Gewalt nur auf Zeit geschaffen hat oder wenn diese Gewalt durch die Verfehlung derer, die die Autorität besitzen, verwirkt ist, fällt sie mit der Verwirkung durch die Regierenden oder nach Ablauf der festgesetzten Zeit an die Gesellschaft zurück, und das Volk hat das Recht, als höchste Gewalt zu handeln und die gesetzgebende Gewalt fortan selbst auszuüben; oder es kann eine neue Regierungsform begründen oder die Regierung unter der alten Form in neue Hände geben, wie es ihm gut scheint.

Zur Übersetzung

Schon im Jahre 1718 entstand eine erste deutsche Übersetzung der zweiten Abhandlung über die Regierung. Der Übersetzer blieb anonym, und sein Verdienst ist nur bescheiden, denn offenbar war ihm die englische Sprache nicht allzu vertraut. Eine neuere deutsche Übersetzung beider Abhandlungen nebst dem der ersten Abhandlung vorangestellten Aufsatz *Patriarcha* von Sir Robert Filmer erschien im Jahre 1906. Der deutsche Wortlaut dieser Übersetzung von Hilmar Wilmanns ist sehr gewissenhaft am englischen Urtext orientiert, die Übersetzung ist jedoch im ganzen gesehen von sehr unterschiedlicher Qualität. Die (nach Erscheinen der Erstauflage dieser Edition) im Jahre 1967 publizierte Ausgabe der *Zwei Abhandlungen über die Regierung* von Walter Euchner (Übersetzer: Hans Jörn Hoffmann) bietet eine im großen und ganzen zuverlässige Übertragung, die sich allerdings stark an die Erstausgabe dieser Edition anlehnt.
Locke führt keine leichte Feder. Oftmals scheint er den Schwung zum folgenden Wort nicht zu finden, wenn er mit zähem Fleiß an Beispielen festhält und Autoritäten bemüht, wo immer er nur einen Zipfel ihres Rocksaumes zu fassen bekommt. Seine Sprache ist einfach, er wiederholt sich oft, und oft auch erscheint sein Wortschatz äußerst beschränkt. Für die Übersetzung ist es nicht leicht, seine Sprache immer getreu nachzubilden. Wo seine Rede allzu langatmig wird, wo die Sätze unübersichtlich und schwer verständlich sind und seine Ausdrucksweise heute nur noch schwer zugänglich erscheint, ist in der Übersetzung versucht worden, zu gliedern und zu modernisieren, ohne doch von dem von Locke selbst vorgezeichneten Weg allzu weit abzuweichen.
Der vorliegenden Übersetzung liegt der von Peter Laslett herausgegebene englische Urtext zugrunde (^{2}1967, Neudruck 1970). Die Bibelzitate sind in der Luther-Übersetzung wiedergegeben. Was den Titel angeht, so hat Locke selbst der zweiten Abhandlung über die Regierung keinen eigenen Titel

vorangestellt, sondern sie einfach als Buch II im Rahmen der *Two Treatises of Government* gekennzeichnet. Die erste unabhängige Publikation des zweiten Traktates erfolgte im Jahre 1691 in französischer Sprache unter dem Titel *Du Gouvernement Civil* und hat möglicherweise unter diesem Titel Lockes persönliche Zustimmung gefunden. In späteren Publikationen ist der Titel der beiden Abhandlungen oftmals geringfügig abgeändert worden. Der dieser Ausgabe vorangestellte Titel soll zum Ausdruck bringen, daß das zweite Traktat zwar ein eigenständiges Werk darstellt, daß es aber dennoch mit dem ersten ein formales Ganzes bildet und diesen Zusammenhang nicht leugnet.

Dorothee Tidow

Nachwort

John Locke – Der Weg zur Freiheit

1. Zur Entstehung der beiden Traktate

Als John Lockes *Two Treatises of Government* erschienen, waren die wesentlichen Forderungen der unblutig-glorreichen Revolution von 1688 längst Verfassungswirklichkeit geworden. Wilhelm von Oranien, vom Parlament gerufen und bestätigt, hatte die englische Krone zu treuen Händen empfangen. Mit der *Bill of Rights* galten die Rechte von Volk und Parlament als gesichert. Der Absolutismus, das politische Gespenst des Jahrhunderts, schien endlich gebannt. Und wenn man auf Lockes eigene Aussagen bauen will, so galten die beiden Traktate der Rechtfertigung des weithin Anerkannten und der Sicherung des weithin Gesicherten. Im Vorwort erklärt er es als Ziel der Schriften »to establish the throne of our ... present king William ... and to justify to the world the people of England«. Im Anschluß an diese Selbstaussage hatte sich die Lehre daran gewöhnt, die beiden Traktate als Rechtfertigungsschriften zu bezeichnen. Die sorgfältigen Untersuchungen von Peter Laslett[1] rechtfertigen jedoch nunmehr die Annahme, daß die beiden Abhandlungen im wesentlichen bereits in dem der Revolution vorangehenden Dezennium entstanden sind. Die Revolution ergab dann einen willkommenen Anlaß für Abschluß und Veröffentlichung der Schriften. Und das Vorwort, ein interessantes Beispiel barocker Widmungskunst, erbot sich als Siegel der Aktualität. Aktuell war indessen nur noch eines der beiden Traktate, das zweite. Ziel und Gegenstand des ersten mußten im Jahre 1690, dem Erscheinungsjahr der *Two Treatises*, bereits als anachronistisch erscheinen. Sir Robert Filmer, gegen dessen im Jahre 1680 posthum erschienenes Werk *Patriarcha, or the Natural Power of Kings* sich Lockes unermüdlicher Eifer wandte, war schon seit 1653 tot. Seine Verteidigung des göttlichen Rechtes der Könige aber war zur Zeit der Entstehung des ersten Traktates – der Hoch-zeit der Restauration – am Hofe und beim Klerus außerordentlich populär. Das Sendungsbewußtsein der letzten Stuarts schien trotz jahrzehntelanger Anfechtung unberührt. Die Beharrlichkeit, mit der sie auf ihr Gottesgnadentum pochten, atmete noch immer den Geist von James' I. *True Law of Free Monarchies* (1589), der ideologischen Stammschrift des Hauses. Daß sich Locke nicht gegen Hobbes, den Vater des Absolutismus, sondern gegen den vergleichsweise unbedeutenden Filmer wandte, läßt sich daher auch unschwer erklären. Während der als Atheist verschriene Großmeister des *Leviathan* (1651) mit seiner im Ansatz demokratischen und zudem nahezu jede effektive Regierung sanktionierenden Lehre selbst den Konservativen äußerst suspekt sein mußte und daher auch am Hofe und beim Klerus auf erbitterte Gegnerschaft stieß, bot Filmers *Patriarcha* einen hehren Schild für die Stuartschen Prätentionen. In dem Bestreben, die naturrechtliche These von der natürlichen Freiheit und Gleichheit der Menschen zu widerlegen, sucht Filmer die Rechtfertigung aller absoluten Herrschaftsgewalt in ihrer angeblich ungebrochenen Geschichtlichkeit. Urvater der Könige ist Adam. Die ihm von Gott verliehene Gewalt ist Urbild und Legitimationsgrund aller weltlichen Autorität. In der Gewalt eines jeden Königs spiegelt sich Adams Herrschaft über Weib und Kinder. Königliche Gewalt ist wesenhaft wie geschichtlich Überhöhung der väterlichen Gewalt. Filmer illustriert seine Thesen durch eine Vielzahl biblischer Bilder. Und wo die Geschichte nicht ausreicht, hilft die Fiktion. Selbst dort, wo der König vom Volk in freier Entscheidung berufen wird, ist nichts wider seine ausschließlich göttliche Legitimierung bewiesen – denn »it is one thing to choose a king, and another thing to set up a king over the people ... God must eligere, and the people only do constituere.« Stets kann nur Adams wahrer Erbe König werden.

So interessant Filmers Schrift als Beitrag zur Geschichte der Genesis autoritärer Frühformen der Staatlichkeit sein mag, so indiskutabel ist sein Versuch einer historisierenden Legitimierung der königlichen durch die patriarchalische Gewalt. Ganz abgesehen von den zahlreichen historischen Fiktionen basiert er wohl vor allem auf einer grundlegenden Verkennung der wesenhaft funktionalen Natur aller väterlichen Gewalt. Die Geschichtlichkeit einer sozialen Erscheinung impliziert noch nicht ihre innere Berechtigung. Suarez, der in einer von Filmer zitierten Passage Rousseaus Lehre von der natürlichen Emanzipation der Söhne im Kern bereits vorwegnimmt, hätte Filmer vor diesem Fehlschluß bewahren können. Und auch Locke selbst hätte sich bei stärkerer Betonung dieses Arguments einiges an Mühe ersparen können. Zu Beginn des *Second Treatise* faßt er seine Kritik in einigen Kernsätzen zusammen. Im ersten Traktat jedoch folgt er Filmers Argumentation mit spitzer Feder bis in die letzten Winkel seines biblisch-historischen Traumkabinetts. Locke-Interpreten haben immer wieder ihr Erstaunen über das ungleiche Duell bekundet. Und die Bemerkung eines Autors, Filmers Name werde nur noch durch die Lockesche Polemik am Leben erhalten, ist längst zum geflügelten Wort geworden. Ob sie Filmer völlig gerecht wird, mag man bezweifeln. Daß er in einer Epoche, in der die Sozialphilosophie in immer stärkerem Maße auf den Weg eines bereits im Ansatz abstrahierten Rationalismus geriet, mittelbar auf die Geschichtlichkeit des Politischen hinwies, wird man trotz all seiner Fehlschlüsse als Filmers Verdienst anerkennen müssen. Als eine frühe Antwort des historischen auf das naturrechtliche Denken und als eines der Hauptdokumente einer Doktrin, die das politische Antlitz zweier Jahrhunderte entscheidend mitgeformt hat, verdient sein Werk auch heute noch ein gewisses Interesse. Daß jedoch Lockes minutiöse Polemik heute kaum mehr die Mühe der Lektüre lohnt, ist ganz gewiß. Wenn er selbst sich einer dergestalt ermüdenden Polemik unterzog, so geschah es, um der noch immer beschworenen Theorie vom göttlichen Recht der Könige den Todesstoß zu versetzen und Raum zu schaffen für die eigene weltliche Staatstheorie. Ihr gilt das *Second Treatise of Government*, auf dem Lockes Ruhm als Vorkämpfer des liberaldemokratischen Staates basiert.

2. *Das Problem der Naturrechtslehre*

Der Entfaltungsrhythmus der Lockeschen Staatstheorie wird geprägt vom Geist der naturrechtlichen Tradition. Aus der nur idealen Ordnung des Naturzustandes wächst in freier Selbstbestimmung die reale Ordnung der Staatlichkeit. Locke folgt insoweit Grotius, Pufendorf, Hooker und Hobbes, die er kennt und schätzt. Im Gegensatz zu den meisten Autoren der naturrechtlichen Schule sieht er jedoch im Naturzustand nicht nur hypothetische Eventualität, sondern vielmehr historische Realität[2]. Der Naturzustand geht der Staatsbildung zeitlich voraus. Und wesenhaft herrscht er auch überall dort, wo es keinen gemeinsamen Richter gibt. Der Schweizer und der Indianer, die sich in den Urwäldern Westindiens begegnen, unterstehen einzig dem Gesetz der Vorstaatlichkeit ...

Die Frage nach der Natur dieses Urgesetzes aber gehört mit zu den heißumstrittenen Themen der Locke-Diskussion. Während die meisten Locke-Interpreten die Lehre vom Naturgesetz noch essentiell der christlichen Tradition zurechnen, bemühen sich Leo Strauss und sein Schüler Cox um die Demaskierung eines gänzlich dem ethischen Hedonismus verfallenen, jedoch ›vorsichtigen‹ Locke[3]. Was die Problematik letztlich bedingt und ihre Klärung vorweg erschwert, ist das Fehlen einer einheitlichen Darstellung der Lockeschen Naturrechtslehre und die partielle Widersprüchlichkeit der verschiedenen Aussagen zum Wesen des Urgesetzes.

In den um 1660 bis 1664 entstandenen und erst vor kurzem

veröffentlichten *Essays on the Law of Nature* erweist sich Locke noch weitgehend als Anhänger der naturrechtlichen Tradition[4]. Neue Wege gehen die Essays allenfalls in ihrer Ablehnung der noch von Descartes betonten Immanenz des Urgesetzes. »The souls of the newly born are empty tablets, only afterwards filled in by observation and reasoning.«[5] Die mit dieser These eingeschlagene Richtung wird dann allerdings in den *Essays* nicht weiter verfolgt. An der Existenz eines als Emanation des göttlichen Willens verstandenen Urgesetzes will Locke keine Zweifel belassen. Das Gesetz der Natur ist zwar weder eingeboren noch evident, wohl aber erkennbar. Bereitwillig öffnet es sich der auf Sinneswahrnehmung gegründeten Reflektion. Das so erkannte Gesetz aber bindet den Erkennenden unmittelbar. Das Wesen einer jeden Verpflichtung sieht Locke in der Gehorsamserwartung einer höheren Macht[6]. Verpflichtungsgrund des Urgesetzes ist demnach der im Medium individueller Erkenntnis erschlossene göttliche Wille. Der Hinweis auf die Schöpfung als letzten Legitimationsgrund der göttlichen Gehorsamserwartung erinnert an die Hobbessche Formel von der Korrelation von Schutz und Gehorsam und weitet so die zunächst rein positivistische Verpflichtungslehre im Lichte ideeller Notwendigkeit. Wie immer man seine Legitimation deuten mag: das Naturgesetz der frühen *Essays* gilt Locke als Setzung des göttlichen Willens. Seine Verpflichtungskraft ist unmittelbarer Ausfluß dieses Willens, nicht aber bloße Funktion der Menschennatur. Mit Entschiedenheit wendet sich Locke gegen eine hedonistische Naturrechtslehre Hobbesscher Prägung. In morgendlichem Aufbegehren wird ihm das Unbehagen zum Argument: »If the source and origin of all this law is the care and preservation of oneself, virtue would seem to be not so much man's duty as his convenience ... and the observance of this law would be not so much our duty and obligation, to which we are bound by nature, as a privilege and an advantage, to which we are led by expediency.«[7] Das aber will Locke nicht wahrhaben. Weit davon entfernt, Ausdruck des eigenen Interesses zu sein, fordern viele Tugenden geradezu dessen Verleugnung. Unvorstellbar zudem ein Gesetz, dessen Verletzung unmöglich. Unvorstellbar ein Gesetz, das Gerechtigkeit, Freundschaft und Großmut aus dem sozialen Leben verbannt. Die Forderungen der Urnorm mögen weitgehend dem individuellen Interesse entsprechen, Verpflichtungsgrund des Gesetzes ist doch einzig der göttliche Wille. Sein Geltungsanspruch ist nicht hypothetisch, er ist absolut.

So also der junge Locke in den *Essays on the Law of Nature*. In den etwa zehn Jahre später entstandenen Abhandlungen vom Staate erscheint Locke zumindest prima facie noch immer als ein der christlich-naturrechtlichen Tradition verpflichteter Denker. Ein Blick auf sein philosophisches Hauptwerk jedoch, das (gleichfalls 1689 erschienene) *Essay Concerning Human Understanding*, taucht das Licht des Urgesetzes in das Zwielicht weitgespannter Interpretationsmöglichkeiten. In aller Offenheit entfaltet Locke im *Essay* eine hedonistische Werttheorie. »Things ... are good or evil only in reference to pleasure or pain ... What has an aptness to produce pleasure in us ... we call good, and what is apt to produce pain in us we call evil ...«[8] Für Leo Strauss wird das hedonistische Credo und die im *Essay* wiederholte Ablehnung der Immanenz des Urgesetzes zum philosophischen Ausgangspunkt einer Neuinterpretation der Lockeschen Naturrechtslehre. Wie schon einige Zeitgenossen Lockes[9], so wittern auch Strauss und Cox hinter der Maske des Traditionalisten die nackten Züge eines entschiedenen Hobbisten, dem die Normen des Urgesetzes nichts als »der Erhaltung ... förderliche Theoreme«[10] sind. Prima facie jedenfalls scheint die Naturrechtslehre des *Second Treatise* (an dem sich Strauss und Cox vor allem orientieren) dieser These wenig Raum zu geben. Der ethische Positivismus der frühen Schriften zum Urgesetz kehrt hier offenbar wieder. »The state of nature«, schreibt Locke, »has a law of nature to govern it which obliges every one; and reason, which is

that law, teaches all mankind who will but consult it that ... no one ought to harm another in his life, health, liberty, or possessions; for men being all the workmanship of one omnipotent and infinitely wise Maker ... they are his property whose workmanship they are ...« (S. T.II 6). Um diese Aussagen zum Naturgesetz kristallisiert sich die traditionelle Interpretation des Lockeschen Urzustandes. Danach ist Locke ein Denker des Ausgleichs und der Mäßigung. Sein Entwurf des Urzustandes hält sich ebensoweit vom düsteren Alpdruck der Hobbesschen wie vom sonnigen Idyll der Rousseauschen Vision. Bei Hobbes provozierte der Extremismus der Anthropologie den Extremismus der Staatstheorie. Zügellosigkeit schien nur durch Hörigkeit, wölfische Freiheit nur durch sklavischen Gehorsam überwindbar. Bei Locke jedoch wächst aus dem Ebenmaß des Menschenbildes ein gleichermaßen ausgewogenes Bild der Staatlichkeit. Freiheit bedeutet hier nicht Zügellosigkeit, Selbstbestimmung nicht Anarchie. Das Ur- und Naturgesetz der Vernunft erhellt das Dunkel der Vorstaatlichkeit. Es schützt die Unabhängigkeit, zügelt die Freiheit und gebietet den Frieden.
So also die bisherige Lehre. Die Gegendeutung von Strauss und Cox aber sieht hinter der in der Tat recht vagen Skizze eine rein hedonistische Konzeption des Urgesetzes. Nicht soziale Pflichten, wohl aber aus existentiellem Bedürfnis erwachsende Rechte stünden im Mittelpunkt der Lockeschen Naturrechtslehre. Es gebe zwar angeborene Rechte, nicht aber angeborene Pflichten. Das Recht sei das Primäre, die Pflicht nur hypothetisch verbindliches Derivat. Entsprechend sei aber auch nicht der Friede, sondern der Krieg die Norm. Genau wie bei Hobbes sei der Urzustand »a condition ... full of fears and continual dangers«, ja, »pure anarchy«[11]. Aus der chaotischen Natur des Urzustandes lasse sich aber nach Lockes eigenen Prämissen der wahre Charakter des Urgesetzes ablesen. »Das Naturgesetz kann nicht wahrhaft ein Gesetz sein, wenn es nicht im Naturzustand wirksam vorhanden ist. Es kann im Naturzustand nicht wirksam

vorhanden sein, wenn dieser nicht ein Zustand des Friedens ist.«[12]

Wie aber läßt sich diese Deutung mit Lockes zwar knappem, aber doch unübersehbarem Hinweis auf die Existenz einer metaphysisch verankerten, kategorisch verpflichtenden Urnorm in Einklang bringen?

Für Strauss und Cox liegt des Rätsels Lösung in einem großangelegten Verschleierungsmanöver des ›vorsichtigen‹ Locke. In der – übrigens von allen Biographen betonten – übermäßigen Vorsicht Lockes, in seiner ständigen (zuweilen allerdings auch begründeten) Angst, sich der Verfolgung kirchlicher oder weltlicher Behörden auszusetzen, wäre demnach der Schlüssel zu zahlreichen Ungereimtheiten und Absonderlichkeiten der Lockeschen Lehre zu sehen. In ihr wäre vor allem der Schlüssel zu sehen für Lockes virtuose Zitierakrobatik, die sich nicht scheut, die Bibel und den biederen Naturrechtsapostel Hooker auch dort noch zu bemühen, wo der Versuch dem der Quadratur des Kreises gleicht. In ihr wäre aber vor allem auch die Erklärung für Lockes ebenso mysteriöses wie hartnäckiges Schweigen zu Hobbes zu finden[13], ein Schweigen, das selbst dort noch anhält, wo das Hobbessche Vor- oder Gegenbild unübersehbar ist. Der als Vater des Atheismus allseits verschriene Autor des *Leviathan* und anderer unheiliger Werke war kein Umgang für einen vorsichtigen Mann. Besser, ihn auch dort zu verschweigen, wo man sich gegen ihn wandte – insbesondere dann, wenn man Gemeinsamkeiten zu verbergen hatte. Und daß es schon bald nach Erscheinen des *Essay* und der *Two Treatises* Stimmen gab, die eine solche Mesalliance hart rügten, wurde schon früher betont.

Vieles klingt glaubwürdig an dieser These, und vieles zumindest bestechend originell[14]. Man wird sie auf jeden Fall als den ersten entschiedenen Versuch, die vielbetonten Ungereimtheiten und Widersprüche der Lockeschen Naturrechtslehre in einheitlicher Deutung zu erfassen, würdigen müssen. Daß sie einen passenden Schlüssel zu all diesen Ungereimtheiten und Widersprüchen bietet, wird man andererseits kaum annehmen dürfen. Näherer Betrachtung erweist sich die These weithin als bloße Hypothese. Weder das *Second Treatise* noch der *Essay Concerning Human Understanding* rechtfertigen sie in ihrer entscheidenden Konsequenz.

Was zunächst die Interpretation des *Second Treatise* anbetrifft, so scheint die Identifizierung der Hobbesschen mit der Lockeschen *condition humaine* des Urzustandes äußerst zweifelhaft[15]. Das von Locke entworfene Bild des Urzustandes mag manche Frage offenlassen. Die von Strauss und Cox gewählte einseitige Interpretation steht und fällt jedoch mit dem psychologischen Apriori ihrer Gesamtdeutung der Lockeschen Naturrechtslehre. Aber selbst dann, wenn eine ausschließlich objektivistisch orientierte Textanalyse diese Interpretation rechtfertigen würde, wäre damit noch nichts wider die Annahme eines positivistisch verstandenen Naturrechts bewiesen. Die Annahme eines positiven, kategorisch verbindlichen Urrechtes fordert als logisches Apriori die Antithetik von Natur und Norm. Diese aber steht unter dem Zeichen der Waage, sie impliziert die Möglichkeit der Normalität ebenso wie die der Abnormität – ja, ist letztlich ohne letztere überhaupt nicht denkbar. Nicht im freien Kristall der Logik und schon gar nicht im Banne der Lockeschen Doktrin. Den Weg zum Gesetz der Natur weist die Vernunft – das ›Licht der Natur‹. Das Licht der Natur aber leuchtet nicht überall. Die Möglichkeit des Dunkels ist der Preis für die Freiheit des Suchens. Hieraus aber folgt: Selbst die Wertung des Urzustandes als Krieg aller gegen alle kann kein bestimmtes Naturrechtsverständnis präjudizieren. Der Hinweis auf Hobbes wäre daher letztlich stets nur von phänomenologischem Interesse.

Gewiß, auch Locke wertet den Drang zur Selbsterhaltung als ein entscheidendes Grundphänomen des sozialen Lebens. Auch er anerkennt die vitale Korrelation von Bedürfnis und Recht. Auch er spricht von der natürlichen Freiheit eines jeden, für die Erhaltung seiner selbst zu sorgen. Nichts in Lockes Formulierungen aber rechtfertigt die These, er verstehe eine jede naturrechtliche Pflicht als bloße Funktion des Rechtes zur Selbsterhaltung. Im Gegenteil, die Freiheit zur Selbsterhaltung ist eine Freiheit »innerhalb der Grenzen des Naturgesetzes« (IX 128). Und daß Locke das Urgesetz als kategorische Norm verstanden wissen will, dafür spricht auch, daß er – ganz im Gegensatz zu Hobbes – die Vollstreckung des Gesetzes im Medium wechselseitiger Individualjustiz zu sichern sucht. Was im Bild des Hobbesschen Urzustandes allenfalls als Racheakt gedeutet werden konnte, ist bei Locke zum Sühneakt geworden. Entscheidendes Gegenindiz aber ist schließlich die Möglichkeit der Verwirkung des Rechtes zur Selbsterhaltung »durch eine Tat, welche die Todesstrafe verdient«[16]. Ein als Derivat eines Grundrechtes verstandenes Pflichtensystem steht und fällt mit der Unbedingtheit und Unveräußerlichkeit dieses Rechtes. Für Hobbes war daher auch das Recht zur Selbsterhaltung unveräußerliches Absolutum des gesamten Rechtssystems. Wenn Locke das Grundrecht an entscheidendem Punkte der Pflicht opfert, so wird diese Konstellation automatisch ausgeschlossen. Entweder wird die Pflicht auf das Recht bezogen oder aber das Recht auf die Pflicht. *Tertium non est.*

Aus dem *Second Treatise* läßt sich also die These von der großen Maskerade schwerlich begründen. Und auch der *Essay Concerning Human Understanding* erbringt keinen sicheren Beweis. Dem ethischen Positivismus der frühen Essays steht hier ein hedonistisch-relativistisches Verständnis des Urgesetzes gegenüber. Gewiß. Man darf aber nicht übersehen, daß Locke im *Essay* einen rein formalen Hedonismus vertritt, einen Hedonismus, der die Pole der eudämonistischen Spannung zwischen Freude und Schmerz im Rahmen eines gottgewollten Gesetzes vorweg determiniert: »Good and evil are nothing but pleasure and pain, or that which occasions or procures pleasure or pain to us, but God, the Supreme law-giver, has attached pleasures to certain actions and pains to others, by way of reward and punishment, so that moral good and evil ... is the conformity or disagreement of our voluntary actions to some law whereby good or evil is drawn on us, from the will or power of the lawmaker.«[17] Man mag in diesem Hinweis einen aufrichtigen Versuch sehen, den ethischen Positivismus der frühen Schriften mit der (anscheinend unter dem Einfluß des Gassendi-Kreises erfolgten[18]) Wendung zum Hedonismus zu vereinen[19]. Man mag in dem metaphysischen Brückenschlag aber auch ein von politischer Vorsicht empfohlenes, an Spinoza gemahnendes *Deus-sive-natura*-Spiel sehen. Beide Annahmen sind gleichermaßen unbeweisbar. Unübersehbar bleibt jedenfalls, daß weder das *Second Treatise* noch der *Essay* eine geschlossene Vorstellung der Naturrechtslehre enthält. Wenn das *Second Treatise* die Urnorm nur summarisch statuiert, so mag man dies aus dem vorwiegend praktisch-politischen Charakter der Schrift erklären. Das Fehlen einer einheitlichen Darstellung der Naturrechtslehre im Rahmen des theoretischen Hauptwerkes deutet jedoch darauf hin, daß Locke nicht in der Lage oder aber nicht bereit war, seine endgültige Position im Detail darzulegen. Eine monistische Deutung à la Strauss und Cox bleibt andererseits weithin im Bereich bloßer Spekulation.

Was den besonderen Charakter des von Locke entworfenen Urzustandes prägt, ist nicht die – ja traditionelle – Annahme eines (wohl kategorisch) verbindlichen Urgesetzes, als vielmehr seine Garantierung durch die dem Gesetz Unterworfenen. Ein jeder hat im Urzustand das Recht, jede Ungesetzlichkeit zu sühnen. In dieser wechselseitigen Gerichtsbarkeit erfährt die Gleichheit der Individuen ihre äußerste denkbare Steigerung. Zugleich wird aber auch das Urgesetz in die Sphäre des Rechtes verwiesen. Die Begründung einer (wenn auch pluralisierten) Strafgewalt betont die Verrechtlichung des Urzustandes und scheidet die Ausnahme klar von der Norm. Wer die Gebote des Urgesetzes mißachtet, löst sich aus dem sozialen All des Rechtes und erklärt der Menschheit den Krieg. Der Verbrecher verwirkt die in der Urnorm reale Gemeinschaft. Er unterliegt fortan dem Talionsgesetz »and may be destroyed as a lion or a tiger, one of those wild savage beasts with whom man can have no society nor security« (S. T. II 11).

Wer in dem Lockeschen Entwurf des Urzustandes den Hobbesschen status naturae wiederzuerkennen glaubt, übersieht vor allem auch dies für Locke charakteristische Moment der (wenn auch noch rudimentären) Verrechtlichung des Urgesetzes und der hiermit untrennbar verbundenen Scheidung von Krieg und Frieden, Ausnahme und Norm. Das Urgesetz Hobbesscher Prägung begegnet einzig dem ethisch neutralen, subjektiven Naturrecht auf alles und wird daher sofort zum Spielball der Macht. Erst im *Leviathan* wird die Urnorm garantiert und somit als Rechtsnorm aktualisiert. Wenn Locke die Verrechtlichung der Urnorm schon in der vorstaatlichen Sphäre einleitet, so mag man hierin eine direkte Antwort auf die Thesen des *Leviathan* erkennen. Unübersehbar bleibt dann auch, daß Locke das Duell mit den vom Gegner geschmiedeten Waffen führt. Die Urnorm verbleibt nicht in der Sphäre bloßer Moralität. Sie wird erzwingbar, justiziabel. Und in der Richtbarkeit manifestiert sich ihre unmittelbare Verbindlichkeit. Was bei Hobbes Vorfeld der rechtsgewährenden Staatlichkeit war, wird bei Locke zum gehegten Raum des Rechtes. Daß die Wahrung der Schranken einzig den Rechtsunterworfenen selbst überlassen bleibt, stellt die Befriedung des Urzustandes allerdings wieder in Frage. Die Pluralisierung der Strafgewalt birgt nicht nur die Gefahr einer unzulänglichen Bindung der natürlichen Aggressivität, sondern auch die Gefahr einer Subjektivierung des individuellem Ermessen überlassenen Urteils. Die in dieser Konstellation umschlossene Unsicherheit weckt auch im Lockeschen Urzustand den Ruf nach der bergenden Kraft der Mitte. Die Dämonie des ›subjektiven‹ Geistes drängt auch hier zur Läuterung im ›objektiven‹ Geist der Staatlichkeit.

3. *Die Staatswerdung*

Die Staatswerdung vollzieht sich im freien Zusammenschluß der Individuen. Im *consensus* gewinnt die Entscheidung für Frieden und Wohlfahrt soziale Gestalt. Wie bei Hobbes, so umschließt auch bei Locke die Einheit des Grundvertrages die Zweiheit von Vereinigung und Unterwerfung. »And thus every man by consenting with others to make one body politic under one government, puts himself under an obligation to every one of that society to submit to the determination of the majority, and to be concluded by it.« (S. T. VIII 97) Im Vertrag aller mit allen erfolgt die Begründung einer in der Folge als *pouvoir constituant* wirkenden Urdemokratie. Erster und wichtigster Akt des *pouvoir constituant* ist die Bestimmung der Staatsform. Die Entscheidung der Mehrheit mag zugunsten einer demokratischen, einer aristokratischen, einer konstitutionell-monarchischen oder auch zugunsten einer gemischten Verfassung fallen. Die Legislativgewalt der unbegrenzten Willkür eines Einzelnen anzuvertrauen hieße jedoch den Staatszweck ad absurdum führen. In der Polemik gegen Hobbes gewinnt Lockes sonst recht nüchterne Feder leidenschaftlichen Schwung. Die Unterwerfung unter einen *absoluten* Monarchen könnte den Urzustand nicht beenden. Das Kriterium der Staatlichkeit ist die Existenz eines allen gemeinsamen Richters. Zwischen absolutem Herrscher und Untertanen aber gäbe es keine Recht gewährende Mittlerinstanz. Im Verhältnis zum Herrscher verblieben die Untertanen nicht nur wesenhaft im Urzustand, de facto gerieten sie sogar vom Regen in die Traufe. Im Zustand der Vorstaatlichkeit schmälere das natürliche Gleichgewicht der Kräfte die Gefahr einer Aggression. Hier aber stünde dem machtlosen Untertanen ein *magnus homo* (Platon) gegenüber. Und da Locke Lord Actons berühmt gewordene These, daß absolute Macht absolut korrumpiere, im Kern vorwegnimmt, schließt er auch die Möglichkeit aus, »that men are so foolish that they take care to avoid what mischiefs may be done them by polecats or foxes, but are content, nay, think it safety, to be devoured by lions«[20].

Ist Form und Gestalt der Legislative bestimmt, so ist das Einigungswerk vollzogen. In der gesetzgebenden Versammlung schlägt fortan das Herz der Gemeinschaft. Ihr Auftrag ist die Wahrung des Staatszweckes und die Vollstreckung der Urnorm. Die aus ihrer Mitte erwachsende Mehrheit schafft das Gesetz. Im Staatsgesetz vollendet sich die Rechtswerdung des Urgesetzes. Im Rahmen seines Auftrages wird es zum alleinigen Kriterium von Recht und Unrecht, Lockes Staat aber zum »empire of laws and not of men«[21].

4. Gesetz und Gesetzgebung

Gesetz und Gesetzgebung sind zum Politikum schlechthin geworden. Im dynamischen Mittelpunkt des politischen Gestaltungsprozesses aber steht der Mensch – der auch für Locke von unbezähmbarem Entfaltungsdrang geprägte Mensch. Im Spannungsfeld menschlicher Leidenschaften gilt es nicht nur, eine gültige Mitte zu finden, sondern auch vor allem, sie zu bewahren. Das Symbol des Ausgleichs, die im Urvertrag gefundene Formel des Gesetzes, bleibt gefährdet. In jedem einzelnen Gesetz gilt es daher, die ideelle Verfremdung und Objektivierung der politischen Grundentscheidung aufs neue zu vollziehen. Wenn die Formel von der Herrschaft des Gesetzes einen Sinn haben soll, so kann es nur der einer Perpetuierung, Aktualisierung und Konkretisierung des Urvertrages sein. Und um zu garantieren, daß die Herrschaft des Gesetzes nicht zur bloßen Form erstarrt (und wirklich das verwirklicht, was sie verwirklichen soll – im Schutz vor dem Chaos die Idee des Staates und im Schutz des Gesetzunterworfenen vor dem Gesetzgeber die Idee der Freiheit und der Gleichheit nämlich), bedarf das Gesetz von der Entstehung bis zum gestaltenden Eingriff in das gesellschaftliche Leben sorgfältiger Führung und Hegung. Führung und Hegung des Gesetzes aber sucht Locke durch Institutionalisierung und wechselseitige Harmonisierung der Rechtsgestaltungs-, Rechtsanwendungs- und Rechtswahrungsprozesse zu sichern.

Von entscheidender Bedeutung für eine legitime Perpetuierung des Grundkonsenses ist vor allem die Struktur der gesetzgebenden Versammlung und die Natur des in ihrem Schoße erfolgenden Rechtsformungsprozesses. In seinen Äußerungen zur Wahl der Legislative bleibt Locke sehr zurückhaltend. Er beschränkt sich im wesentlichen darauf, eine Wahl »durch das Volk« zu fordern – eine Forderung allerdings, die aufhorchen läßt angesichts der Absurditäten des aus dem Mittelalter überkommenen und erst durch die Parlamentsreform des Jahres 1832 aufgehobenen Repräsentationssystems, in dessen Schatten die ›Volksvertretung‹ alles andere als ein Spiegel des Volkswillens und die Parlamentswahl vielfach nicht mehr als eine auf amüsante Weise zelebrierte Posse war. Noch um die Mitte des 18. Jahrhunderts hatten von 7½ Millionen Engländern etwa 245 000 das Wahlrecht[22]. Parlament und Staat waren in der Tat ein ›Instrument der herrschenden Klasse‹. Grund- und Geldaristokratie beherrschten die politische Bühne. Das Recht zur Entsendung von Delegierten hatte die Krone seit dem 13. Jahrhundert in freiem Ermessen an Grafschaften, Städte und Landgemeinden verliehen. Da die Bestimmung des Wahlmodus den einzelnen Wahlbezirken überlassen worden war, schillerte das Bild der örtlichen Repräsentation in den grellsten Farben. In einer Vielzahl von Städten blieb das Wahlrecht auf eine geringe Anzahl Privilegierter beschränkt. Auf dem Lande unterlag Auswahl und Wahl der Delegierten dem bestimmenden Einfluß des grundbesitzenden Adels[23]. Dies insbesondere, wo das Wahlrecht an bestimmten Häusern oder Grundstücken hing oder wo – wie in dem berühmten Wahlkreis Old Sarum – auf sieben Wahlberechtigte zwei Delegierte entfielen.

Was Lockes Kritik wachrief, waren vor allem diese absurden Anachronismen eines Repräsentationssystems, das aufblühende Städte wie Manchester und Birmingham gänzlich unvertreten ließ, während es »rotten boroughs«, über deren verlassene Fluren höchstens noch ein Schäfer mit seiner Herde zog, zwei Parlaments-›Vertreter‹ zuerkannte (S. T. XIII 157). Locke fordert daher eine Reform des Wahlsystems und eine Neuverteilung der Mandate »not by old custom but true reason« (158). Wer Lockes Kritik am überkommenen Wahlsystem und seine Forderung nach »fair and equal representation« im Lichte der demokratischen Mathematik unserer Tage zu interpretieren geneigt ist, wird allerdings bitter enttäuscht, wenn Locke in der Folge skizziert, was er als Leitbild einer Wahl »durch das Volk« versteht. Eine Repräsentation der Bürgerschaft, so erklärt er, könne stets nur »nach Maßgabe ihres Beitrags zum öffentlichen Wohl« (158) erfolgen. So knapp und vage dieser Hinweis auch sein mag, so eindeutig schließt er doch die moderne Konzeption eines allgemeinen und gleichen Wahlrechtes aus. Locke scheint zwar eine an Einwohnerzahlen orientierte Egalisierung der Wahlbezirke zu befürworten, andererseits aber an dem plutokratischen Charakter des überkommenen Wahlsystems keinen Anstoß zu nehmen. Verwunderlich bleibt jedenfalls, daß er sich in dieser entscheidenden Frage so überaus wortkarg gibt. Sollte sich *»le sage Locke«* (Voltaire), der bei Leo Strauss zum »vorsichtigen« Locke wurde, auch in diesem Punkte aus politischen Erwägungen Zurückhaltung auferlegt haben, oder sollte man sich auch hier mit einer gewissen Berechtigung an Lockes Charakterisierung als *»loose thinker«*[24] erinnern dürfen? Wie weiten Raum man in dieser Frage auch freier Spekulation gönnen mag, soviel scheint doch gewiß: Lockes knappe Rechtfertigung des weithin plutokratisch geprägten Wahlsystems kann man nicht schlechtweg als logische Konsequenz seiner Eigentumslehre verstehen. Zu einem solchen Ergebnis mag man allerdings dann gelangen, wenn man Lockes Betonung des Eigentumsrechtes überakzentuiert[25]. Die oft wiederholte Behauptung, Locke proklamiere die Erhaltung des Eigentums als einziges oder doch zumindest als Hauptziel der Staatlichkeit, hält einer exakten Textanalyse nicht stand. Locke spricht zwar mehrfach von der »preservation of property« als »the great and chief end ... of men's uniting into commonwealths«, fügt aber unmißverständlich hinzu, was er unter ›property‹ verstehen will, nämlich »Leben, Freiheit und Güter, was ich ganz allgemein Eigentum nenne« (S. T. IX 123 f; VII 87). Daß Locke dem Naturrecht auf Eigentum eine besondere Weihe zuschreibt, ist unübersehbar. Unübersehbar ist aber auch, daß Locke das Eigentum vorweg in seiner funktionellen Bedeutung, d. h. also als Garant von Freiheit, Leib und Leben, würdigt. Beachtet man dies, so wird man auch die starke Betonung des Eigentumsrechtes in einem nüchterneren Lichte sehen. Hauptziel der Staatlichkeit ist die Beendigung der im Urzustand unvermeidbaren Unsicherheit und damit die Garantie der persönlichen Integrität, der persönlichen Freiheit und der persönlichen Habe. Die vom Naturrecht geforderte und der Legislative anvertraute Wahrung dieser existentiellen Freiheit ist das als Einheit zu sehende Telos des Staates, an dessen Begründung ein jeder der späteren Bürger gleichen Anteil hat. Die im Urvertrag erfolgende Rechtsaufgabe geschieht zudem ausschließlich zugunsten der in Zukunft staatstragenden Mehrheitsherrschaft. Daß dieser Konzeption die Grundtendenz zu politischer Gleichheit im Staate innewohnt, ist evident. Wenn Locke in der Folge das Recht zur Mitgestaltung des politischen Lebens vom jeweiligen Beitrag zur Staatskasse abhängig machen will, so liegt hierin eine Querargumentation, die keineswegs mehr als Folge der logischen Prämissen interpretiert werden kann. Und auch Locke selbst unternimmt keinen Versuch, eine entsprechende Brücke zu schlagen. Die Diskrepanz zwischen der bei Darstellung der Eigentumslehre entfalteten Eloquenz und dem knappen Hinweis auf das Kriterium zur Wahlberechtigung illustriert dies deutlich genug. Man geht daher sicher nicht fehl, wenn man Lockes Zurückhaltung auch hier als Einsicht in das zur Stunde politisch Mögliche deutet. Und ein genuin demokratisches Wahlsystem wird Locke angesichts der zu seiner Zeit zwingenden Korrelation von Besitz und Bildung für schlechtweg utopisch erachtet haben. Versteht man Politik als die Kunst des Möglichen, so ist Locke sicherlich ein eminent politischer Denker. Sein Staatsdenken gilt einer an gewissen existentiellen Grundwerten orientierten Rationalisierung des historisch Gewachsenen. Es gilt einem realisierbaren Staatsmodell, nicht aber einer idealisierenden Utopie.

Nur wer sich im Urvertrag zu der Begründung eines Staatswesens bekennt, wird von den im Rahmen des Staates getroffenen Entscheidungen betroffen. Nur wer die von den Vätern beschworene Verpflichtung ausdrücklich oder stillschweigend für sich selbst erneuert, bleibt durch den Urvertrag und die in ihm begründeten Pflichten gebunden. Lockes Konzeption des Grundkonsenses ist durchweg individualistisch geprägt. Im Rahmen der so begründeten Staatlichkeit aber gliedert sich die Unmittelbarkeit des Urkonsenses in ein System politischer Mittelbarkeiten. Als erste, schwerwiegende Durchbrechung des reinen Konsensprinzips erweist sich das oligarchisch orientierte Repräsentationssystem. Eine zweite Durchbrechung (die zu der ersten in einem unlösbaren strukturellen Widerspruch steht) charakterisiert den eigentlichen Rechtsgestaltungsprozeß. Im Urvertrag verpflichtet sich ein jeder gegenüber jedem, fortan dem Willen der Mehrheit zu folgen. Im verfassunggebenden Urkonvent wie in der ständigen gesetzgebenden Versammlung kommt somit dem Willen der Mehrheit »nach dem Gesetz der Natur und der Vernunft« (S. T. VIII 96) die Geltungskraft des Gesamtwillens zu. Lockes Hauptargument zugunsten der Herrschaft der Mehrheit ist von klassischer Schlichtheit: »It being necessary to that which is one body to move one way, it is necessary the body should move that way whither the greater force carries it which is the act of the majority.«

(S. T. VIII 96) Mit dieser Rechtfertigung der demokratischen Grundregel der Mehrheitsherrschaft erweist sich Locke wieder als nüchterner, klarsichtiger Denker. Anders als der Harmonieschwärmer Rousseau sieht er ihre Rechtfertigung dort, wo sie tatsächlich liegt, in der Realität einer breiteren Machtbasis nämlich, nicht aber in der Idealität einer mehr von irrealem Wunschdenken als von klarem Tatsachensinn zeugenden Gleichsetzung von »volonté de la majorité« und »volonté générale«[26]. Das Ziel ist beiden gemeinsam, ihre Wege sind verschieden. Während der Wunsch nach einer (nur in idealer Überhöhung voll realisierbaren) Sozialeuphonie Rousseau ins Irreale führt, bleibt der in seiner Sozialharmonistik bescheidenere Locke eher dem Wesen der Dinge verhaftet. In der Mehrheitsherrschaft sieht Locke die einzige Möglichkeit, dem Gemeinwillen greifbare politische Gestalt zu verleihen. Soll die Entscheidung zur Staatlichkeit nicht zum Catonischen Theatergang werden, soll die in Urvertrag und Urkonvent gefundene politische Gestalt nicht vom Rückfall in die Ungestalt von Anarchie und Diktatur belauert werden, so gilt es, die Bildung eines Gemeinwillens zu garantieren. Und wo eine gesetzgebende Versammlung die Geschicke der Gemeinschaft lenkt, darf man eine solche Garantie einzig von der dynamischen Ordnungs- und Richtkraft der Mehrheitsentscheidung erhoffen[27]. Sicherlich bedeutet Mehrheitsherrschaft endgültige Aufgabe des für den Urvertrag geforderten (und bereits im Repräsentationsmodus durchbrochenen) Konsensprinzips. Andererseits sichert sie aber nicht nur die Entscheidungskraft des Gemeinwesens, sondern garantiert auch – wenn man das reine Konsensprinzip als politische Utopie außer acht läßt – ein Maximum an individueller Teilhabe an der politischen Willensbildung. Unter diesem Aspekt wird man Lockes Lehre von der Mehrheitsherrschaft nur dann gerecht, wenn man sie nicht vor dem idealistischen Hintergrund des *consensus omnium*, wohl aber vor dem zeitgenössischen der Herrschaft Weniger würdigt. Die Forderung nach Mehrheitsherrschaft umschließt also neben dem der politischen Praxis geltenden Machtkalkül die Idee einer weitgehenden voluntativen (und deshalb mit hoher Wahrscheinlichkeit auch normativen) Perpetuierung des Urvertrages. Daß dieser letztere Gedanke durch theoretische Interferenzen schon vorweg in Frage gestellt wird, ist evident. Man denke nur etwa an die Bestätigung des plutokratischen Repräsentationsprinzips. Wo an die Stelle der egalitär-realen die Idee einer schon im Ansatz elitär-irrealen Einigung tritt, wird das Leitbild der Kontinuität in den Bereich des nurmehr Fiktiven und damit *ad utopiam* geführt. Locke jedoch scheint von solchen Erwägungen unberührt. Ihm gilt das Majoritätsprinzip auch unter seinen Prämissen als Garant für die Verwirklichung des Staatszweckes.

Weitere Garantien bieten Form und Inhalt des Gesetzes. Das Gesetz muß generell und abstrakt, auf Dauer bestimmt und öffentlich bekanntgemacht sein. Maßnahmegesetze sind ausgeschlossen. Das Formalprinzip der Gleichheit bindet den Gesetzgeber ausnahmslos. Dieselbe Norm muß gelten für reich und arm, für den Favoriten am Hofe wie für den Landmann am Pflug.

5. Die Trennung der Gewalten

Anerkennt man Jouvenels Leitbild vom funktionell-expansiven[28] und personell-konzentrativen[29] Charakter der Staatsgewalt, so anerkennt man damit zugleich auch das anthropologische Urbild des vom Willen zur Macht geprägten Menschen. Das Bekenntnis zum letzteren umschließt aber umgehend auch die Bejahung des ersteren. Daß Locke trotz größerer Zurückhaltung in seinen anthropologischen Prämissen Hobbes sehr nahesteht, zeigt seine Lehre vom Urzustand deutlich genug. Da sein Staat aber der Freiheit ebenso wie der Sicherheit gilt, wird ihm der Schutz vor der Schutzmacht zum echten Problem. Als Formel der Freiheit gilt

Locke das Gesetz, das von der Mehrheit einer fiktiv die Ganzheit umfassenden Versammlung geschaffene Gesetz. Das zündende Wort vom »empire of laws and not of men« erfüllt jedoch nur dann seinen Sinn, wenn das Gesetz nicht zum privaten Machtinstrument der gesetzgebenden Versammlung wird. Daß Lockes Repräsentationssystem die Glaubwürdigkeit des Gesetzes als Ausdruck des Gemeinwillens schon vorweg in Frage stellt, wurde nun schon mehrfach betont. Ihm seinen Rang als Ausdruck zumindest des Willens der Wählerschaft zu garantieren, gilt die Forderung nach periodischer Wahl, Mehrheitsentscheidung, generell-abstrakter Normierung und letztlich Teilung der Gewalten. Angesichts der jeder Konzentration und damit auch jedem Mißbrauch offenen Staatsgewalt fordert Locke die funktionelle wie auch organisatorisch-personelle Scheidung der Gewalten als Medium bürgerlicher Freiheit und Gleichheit. Das Postulat der zweidimensionalen Scheidung der Gewalten ruht in der Logik der politischen Maxime »Divide et impera«. Sie meint bürgerliche Freiheit vor dem Hintergrund einer wechselseitigen Gewaltenkontrolle. Im Zeichen der Freiheit steht daher vor allem das Postulat der Trennung von Rechtsgestaltung und Rechtsvollzug, von Legislative und Exekutive. Rechtssetzungsgewalt darf nicht übertragen werden. Das Parlament soll Gesetze, nicht aber Gesetzgeber schaffen. Und das klassische Argument zugunsten der organisatorisch-personellen wird zugleich auch zum Argument zugunsten der funktionellen Trennung der Gewalten. »It may be too great a temptation to human frailty ... for the same persons who have the power of making laws to have also in their hands the power to execute them, whereby they may ... suit the law, both in its making and execution to their own private advantage«. (S. T. XII 143)
Im Zeichen der Freiheit steht aber nicht nur die Forderung nach der Trennung von Legislative und Exekutive, sondern auch das indirekt ausgesprochene Postulat der Unabhängigkeit der Judikative. Als Rechtsanwendung ordnet Locke die

Richtertätigkeit der Exekutive zu. In der Forderung nach richterlicher Unparteilichkeit (die wesenhaft zu organisatorisch-personeller Unabhängigkeit tendiert) kündigt sich jedoch bereits das moderne Bild einer Gewaltendreiheit an. Andererseits bleibt die Funktion der Rechtsprechung auf die Streitentscheidung in bürgerlichen Angelegenheiten beschränkt. Noch ausgeschlossen ist damit ein entscheidender Angelpunkt des für den demokratischen Rechtsstaat moderner Prägung charakteristischen Gewaltendreiecks: das Kontrollrecht der Judikative über die Exekutive und – wie etwa in den USA, in Italien und der Bundesrepublik – über die Legislative. An die Stelle einer (nur im logischen Kristall der Dreiheit befriedigenden) Gleichordnung tritt daher das Supremat der Legislative. Im Zeichen dieses Supremats untersteht die in ihrer gesetzesvollziehenden und rechtsprechenden Funktion ohnedies dem Gesetz verpflichtete Exekutive auch der Personalgewalt der Legislative. Die gesetzgebende Versammlung ernennt, entläßt und überwacht aber nicht nur die Träger der gesetzesgebundenen, sondern auch die Träger der gesetzesfreien Verwaltung. Soweit sich also die Exekutive im Rahmen der noch zu erörternden föderativen und prärogativen Ausnahmegewalt der Herrschaft des Gesetzes entzieht, wird sie im Medium der Personalgewalt wieder in den Machtbereich der Legislative gebannt.

Daß die von Locke an Stelle einer dreigliedrig-koordinativen vorgeschlagene dualistisch-hierarchische Lösung des Problems der Gewaltenordnung den Grundgedanken der Trennungslehre wieder in Frage stellt, ist offensichtlich. Die Frage »Quis custodiet ipsos custodes?« (Wer soll die Wächter selbst bewachen?) bleibt unabweisbar.

Erörtert man heute das Problem der Gewaltenscheidung, so tut man es nicht nur unter dem im Zeichen der Freiheit stehenden negativen, sondern auch unter einem im Zeichen der Effektivität stehenden positiven Aspekt. Im ersteren Sinne meint das Prinzip im Postulat der wechselseitigen Kontrolle und Hemmung der Gewalten Ordnung in Freiheit, im letzteren aber kennzeichnet es die Infrastruktur der nur durch weitgehende Differenzierung voll aktionsfähigen Staatsgewalt. Schon bei Locke tritt neben dem vorweg betonten freiheitlich-negativen der Effektivitätsgesichtspunkt in den Vordergrund.

In der organisatorischen sieht Locke einen adäquaten Ausdruck der funktionellen Trennung von Rechtsetzung und Rechtsvollzug. Gesetze werden nur sporadisch, dann aber auf Dauer geschaffen. Andererseits bedarf das bestehende Gesetz des steten Vollzuges. Da in Lockes (heute idyllisch anmutender) Perspektive kein Bedürfnis für ununterbrochene Gesetzgebung besteht, empfiehlt sich die Begründung einer nur periodisch tagenden gesetzgebenden neben einer kontinuierlich amtierenden gesetzesvollziehenden Instanz auch als Gebot der Zweckmäßigkeit. Ist die fundamentale Trennung von Exekutive und Legislative aber einmal vollzogen, so zieht sie weitere Funktionenteilungen nach sich. Organisatorisch der Exekutive zugeordnet, funktionell aber klar von ihr geschieden ist die bereits früher erwähnte föderative und prärogative Gewalt. Die Föderative, oft als ›dritte Gewalt‹ im Lockeschen System bezeichnet, umschließt die Entscheidungskompetenz über Krieg und Frieden, Außenpolitik und Diplomatie. In Anbetracht ihrer Funktion fordert Locke für die Föderative Autonomie. Und das Argument zugunsten dieser Autonomie ist zugleich auch Effektivitätsargument zugunsten der Trennung von Föderative und Legislative. Erfolgreiche außenpolitische Aktivität setzt extreme Mobilität der verantwortlichen Organe voraus. Eine für jeden Wink der Staatsräson empfängliche Beweglichkeit läßt sich aber mit dem Instrumentarium der Legislative nicht gewinnen. Sie fordert rasche Anpassung an den Wechsel der Geschehnisse und somit auch ex-tempore-Aktionen[30]. Dasselbe gilt aber auch für die sich organisatorisch gleichfalls im Rahmen der Exekutive entfaltende Prärogativgewalt – nach Locke »the power of doing public good without a rule« (S. T. XIV 166). Im Zeichen der Prärogаtive erfolgt die Einberufung und Auflösung der gesetzgebenden Versammlung, die Begnadigung Verurteilter und die Regelung von Ausnahmesituationen. All diese Funktionen lassen sich nach Locke nicht im voraus regeln. Für das Begnadigungsrecht und für das generelle Ausnahmerecht (das Maßnahmen nicht nur *extra*, sondern auch *contra legem* erlaubt, sofern das Gemeinwohl es fordert) mag Lockes Argument kaum widerlegbar sein. Was jedoch das Einberufungs- und Auflösungsrecht über die Legislative angeht, so wird man seine Argumentation selbst unter Berücksichtigung der bescheidenen Gesetzgebungsbedürfnisse seiner Zeit eher als Rationalisierung von historisch Gewachsenem denn als funktionsbedingtes staatstheoretisches Postulat werten müssen. Daß Lockes Lehre von der föderativen und prärogativen Gewalt der ›Exekutive‹ im wesentlichen als Rationalisierung und Generalisierung der englischen Verfassungswirklichkeit seiner Zeit interpretiert werden muß, wurde immer wieder zu Recht betont. Gleiches kann man aber sicherlich nicht von seiner gesamten Teilungslehre behaupten. Jellineks These, Locke habe in der Zeichnung der »vier« Gewalten[31] die englischen Verhältnisse (»wie sie nach der Revolution sich umzugestalten im Begriffe waren«[32]) ins Abstrakte erhoben, ist jedoch kaum akzeptabel. Ganz abgesehen davon, daß die beiden Abhandlungen – wie bereits eingangs erwähnt – im wesentlichen in der vorrevolutionären Zeit entstanden sind und man nicht noch unbekannte Verfassungsformen abstrahieren kann, entspricht Lockes Funktionenlehre weder der vor- noch der nachrevolutionären englischen Verfassungswirklichkeit. Gewiß, sowohl vor als auch nach der Revolution gab es eine gesetzgebende Versammlung und eine ›Exekutive‹, in deren Rahmen im engeren Sinne vollziehende wie auch judikative, föderative und prärogative Funktionen ausgeübt wurden. Weder vor noch nach der Revolution spielte jedoch das Gesetz die ihm von Locke zugedachte beherrschende Rolle. Vor 1688 stand das *statute law* einerseits im Schatten der Prärogative, andererseits aber im Schatten von *common law* und *equity.* Mit Entschiedenheit betonte dann die *Bill of Rights* das Prinzip der Parlamentssouveränität, das um die Mitte des folgenden Jahrhunderts in Blackstones *Commentaries* seine endgültige Formulierung fand[33]. Den Übergriffen der Prärogative in die Sphäre des Gesetzes wurde also mit der Revolution zumindest theoretisch ein Ende bereitet. In der beherrschenden Stellung des Richterrechtes sollte sich jedoch in England noch lange nichts ändern. Erst das Heraufkommen des industriellen Zeitalters führte zu einer bemerkenswerten Intensivierung der parlamentarischen Gesetzgebung. Heute wird in zahlreichen Teilkodifikationen die Sphäre des reinen Richterrechtes in zunehmendem Maße beschränkt. Neben der zunächst noch bescheidenen Rolle des Gesetzes entsprach aber auch das Verhältnis der Legislative zur Exekutive in den auf die Revolution folgenden Jahrzehnten noch keinesfalls Lockes Forderungen. Erst unter Sir Robert Walpole (1721 bis 1742) wurde das Kabinettssystem (und somit das personale Supremat der Legislative) endgültig verwirklicht.

Die Beziehung der Lockeschen Teilungslehre zur englischen Verfassungsstruktur des 17. Jahrhunderts erweist sich somit als weniger tiefgründig, als es zunächst den Anschein haben mag. In ihrer Gesamtstruktur erinnert sie weit eher an die kurz vor Entstehung des *Second Treatise* von James Harrington (vielleicht aus Anlaß der Cromwellschen Verfassunggebung[34]) entwickelten Konzeption. Nach Harringtons Funktionenlehre – einer Rationalisierung und Generalisierung der republikanischen Verfassungsmodelle von Sparta, Rom und Venedig – wird das auf Vorschlag des (als aristokratische Wahlversammlung gedachten) Senates von einer repräsentativen Volksversammlung beschlossene Gesetz dem exekutive wie judikative Funktionen ausübenden Magistrat zur Vollstreckung anvertraut[35]. Bei Locke steht das Parlament (in dem die beratende und die beschließende Legislativinstanz zusammenfällt) dem organisatorisch gleichfalls Exekutive wie Judikative umfassenden Magistrat gegenüber. Wie Harringtons so entfaltet sich auch Lockes Doktrin aus der Kraft einer zentrifugal vom Allgemeinen zum Besonderen fortschreitenden Mitte. Wie Harrington so propagiert auch Locke das Gesetz als den allgegenwärtigen Angelpunkt seiner Gewaltenkonstellation. Und lediglich dort, wo er Elemente der empirisch gewachsenen englischen Verfassung rationalisiert, in der Lehre von der föderativen und prärogativen Sondergewalt der Exekutive also, wird die Geschlossenheit dieser Konzeption wieder in Frage gestellt.

Im System der Gewaltentrennung und -hemmung vollendet sich das an formalen Sicherungen reiche System von Freiheitsgarantien. Daß der institutionelle Individualschutz dennoch kein vollkommener sein kann, ergibt sich schon aus der Struktur der im Supremat des Parlaments gründenden Gewaltenhierarchie. Wer schützt etwa die Minderheit und die im Parlament nicht Vertretenen vor Mehrheitsgesetzen, die unter dem Schafspelz formaler Gleichheit das Wolfsgesicht der Ungleichheit zeigen? Wer schützt vor der diskriminierenden, wer vor der schlechtweg gesellschaftsschädlichen Norm?

6. Die Garantie des Urgesetzes

Wo der Reigen institutioneller Sicherungen seinen Ausgang nahm, dort schließt er sich auch wieder: in der um soziale Verwirklichung ringenden Idee des Urgesetzes. Erklärtes Ziel des Staates ist die Garantie des Urgesetzes, ist die Garantie von Freiheit, Leib und Leben, von Eigentum und freier Selbstentfaltung. Soll dieses Ziel gesichert werden, so bedarf es neben der institutionell-formalen auch einer rein materialen Bindung staatlicher Gewalt. Locke bekennt sich daher auch direkt zur Wirkungskontinuität des Urgesetzes. »The obligations of the law of nature cease not in society ... the law of nature stands as an eternal rule to all men, legislators as well as others. The rules ... they make for other men's actions must ... be conformable to the law of nature ... and ... no humane sanction can be good or valid against it.« (S. T. XI 135) Die juristische Konsequenz aber dieser Naturrechtsbindung ergibt sich dann unmittelbar aus Lockes Konzeption des Urvertrages. Wie im Aufriß seiner Lehre, so folgt Locke auch im Entwurf des Urvertrages weithin dem Beispiel des *Leviathan.* Der Urvertrag gilt ihm daher nicht als bilateraler Vertrag des (oder der) Regierenden mit den Regierten, sondern vielmehr als multilaterales Übereinkommen staatswilliger Individuen. In diesem Abkommen aller mit allen übertragen die Kontrahenten einer gleichzeitig begründeten Regierung die zur Staatsleitung erforderlichen Rechte zu treuen Händen[36]. »Nemo plus iuris transferre potest quam ipse habet« (niemand kann mehr Recht übertragen, als er selbst hat), betont ein römischer Rechtsspruch. »Nobody can give more power than he has in himself« (S. T. IV 23), wiederholt Locke. Und da schon im Urzustand das Recht eines jeden über Freiheit, Leben und Eigentum seiner selbst und seiner Nachbarn in den Geboten des Urgesetzes seine Schranken fand, kann es auch nur unter dieser Bindung übertragen werden.

Manche Autoren werten Lockes monistische Vertragskonzeption als besonders geschickten Kunstkniff zur theoretischen Rechtfertigung des politischen Liberalismus. In einem Vertrag zwischen Regierenden und Regierten entstünden auf beiden Seiten Rechte und Pflichten. Wo jedoch ein monistisches Treuhandverhältnis bestehe, seien alle Rechte auf Seiten des Treugebers, auf seiten des Treuhänders dagegen nur Pflichten[37]. Hierzu bliebe jedoch zu bemerken, daß sich dies zumindest nicht aus der monistischen Vertragsstruktur ableiten läßt. Ihr Schöpfer Hobbes hatte sie jedenfalls in ganz anderem Sinne erdacht. Nach der germanischen Tradition, im Staatsdenken des Mittelalters (vgl. Marsilius von Padua, Lupold von Bebenburg, Nikolaus von Kues) und in der Doktrin der Monarchomachen schlossen Fürst und Volk einen Grundvertrag, in dem das Volk Gehorsam, der Fürst aber die Förderung des gemeinen Wohles und die Achtung althergebrachter Freiheiten gelobte. Um eine solche wechselseitige Bindung von Regierenden und Regierten schon vorweg auszuschließen, erdachte Hobbes den multilateralen Grundvertrag, in dem die Individuen zugunsten des Herrschers ihrer Rechte weitgehend (und insoweit dann auch unbedingt) entsagten[38]. Erst ihre im Treuhandsgedanken beschworene Überhöhung machte also die monistische Konzeption zu einem brauchbaren Werkzeug in Händen des um bürgerliche Freiheit bemühten Locke. Die von Locke gewählte Lösung war aber weder die zur Begründung einer verantwortlichen Regierung einzig denkbare, noch enthob sie den Bürger der Gehorsamspflicht gegenüber einer das Naturgesetz achtenden Regierung. Ein Rückgriff auf die traditionelle dualistische Vertragskonzeption hätte ihn zu denselben Resultaten geführt. Und so wie sich Locke in der Vertragsstruktur an Hobbes, im Vertragsinhalt jedoch an der Überlieferung orientierte, so hätte umgekehrt auch Hobbes im Entwurf eines zwar wechselseitigen, jedoch nur einseitig verpflichtenden Urvertrages die traditionelle Form im eigenen Sinne nützen können. Das Beispiel der Lockeschen Konzeption erweist jedenfalls wieder klar, daß sich jedwede Vertragskonstruktion im Sinne jedweder Staatsidee instrumentalisieren läßt.

Die juristische Konsequenz der Lockeschen Treuhandlehre ist evident. Die Autorität der Regierung wird durch die Autorität der Urnorm begrenzt. Bei einer Mißachtung der letzteren wird die erstere verwirkt. In jedem Machtmißbrauch sieht Locke eine »Auflösung der Regierung«. Eine solche fiktive Regierungsauflösung mag in einem Treubruch der Legislative wie auch in einem solchen der Exekutive liegen. Wenn Locke von möglichen Übergriffen der Exekutive spricht, so hat er vor allem die folgenden Fälle im Auge:

1. Den Versuch der Errichtung eines absolutistischen Systems durch Anmaßung von Legislativgewalt.

2. Den Versuch, die Legislative am rechtzeitigen Zusammentritt oder an der freien Ausübung ihrer Funktionen zu hindern.
3. Den Versuch der Bestechung von Abgeordneten oder der Beeinflussung der Wählerschaft.
4. Den Versuch einer Änderung des Wahlsystems ohne die Zustimmung und wider das Interesse des Volkes.

All diese Fälle mag man als Ausfluß der politischen Erfahrungen Englands mit den Tudor- und Stuartkönigen werten. Historisch gesehen spiegeln sie das zähe Ringen zwischen Absolutismus und Konstitutionalismus im England des 17. Jahrhunderts. Im Lichte der konzeptionsimmanenten Logik aber unterstreichen sie die Bedeutung, die Locke dem Prinzip der Gewaltenscheidung zuweist – einem Prinzip, das einen solch bedeutsamen Einfluß auf die Verfassungswirklichkeit der folgenden Jahrhunderte haben sollte und heute aufs neue gefährdet ist.

Die Übergriffe der Exekutive mögen die Grundstruktur des Staates in Frage stellen. Ein Treubruch der Legislative wird sich vor allem im Erlaß urvertragswidriger Gesetze erweisen. Urvertragswidrige Gesetze sind Gesetze, die die individuelle Freiheit in höherem Maße beschränken, als es der Staatszweck erfordert. Wenn das Urgesetz die zur freien Selbstentfaltung unentbehrlichen Grundrechte garantiert, so wird damit natürlich nicht jeder Eingriff in die Grundrechtssphäre ausgeschlossen. Die Aufgabe der Regierung, das Urgesetz zu vollstrecken, umschließt etwa die Pflicht, ein gesetzliches Strafensystem zu begründen. Die Ausübung der Strafgewalt aber impliziert die Notwendigkeit von Eingriffen zumindest in Freiheit und Eigentum. Ein weiteres Beispiel eines legitimen Eingriffes in das Eigentum bietet die Steuergesetzgebung. Die Besorgung der zur Staatsleitung erforderlichen Mittel ist ohne Steuererhebung undenkbar. Wer den Schutz der Regierung genießt, mag billigerweise auch einen Teil der ihr entstehenden Kosten tragen. Kurzum: Soweit Sicherung und Förderung des gemeinen Wohles es erfordern, sind Eingriffe in die Grundrechtssphäre erlaubt. Die Legitimationsgrenze der obrigkeitlichen Entscheidungsfreiheit wird durch die Forderungen des *bonum commune* bestimmt. Die von der Urnorm gezogene Grenze zu überschreiten hieße den Staatszweck verleugnen. Wird aber der Staatszweck »offensichtlich« vernachlässigt oder verleugnet, so verwirkt die Regierung mit dem Vertrauen des Volkes zugleich ihre rechtliche Autorität[39]. Nach Wegfall des Vertrauensbandes aber mag sich das Volk in Ausübung seiner ›Reservegewalt‹ (Laski) erneut als *pouvoir constituant* formieren und die Macht (vielleicht unter neuen Garantien) in zuverlässigere Hände legen. Das Recht zur politischen Neuordnung umschließt aber zugleich auch das Recht, die Willensäußerungen der nunmehr illegitimen Regierung zu ignorieren und ihren Machtäußerungen mit Gewalt zu begegnen. Rebellen sind nunmehr nicht diejenigen, die Widerstand leisten, sondern vielmehr diejenigen, die das Gebot der Urnorm mißachten und so den Urzustand aufs neue beschwören.

7. Das Widerstandsrecht

Wie schon erwähnt, verwirkt die Regierung erst bei »offensichtlichem« Treubruch ihre rechtliche Autorität. Das vage Kriterium der Evidenz zum Maßstab der Normverletzung zu erklären heißt jedoch die Entscheidung auf eine rein formale Ebene zu bannen. Die Frage des Treubruchs wird zur Frage *Quis iudicabit?* (Wer soll darüber urteilen?) Und die einmütige Antwort der Locke-Interpreten (von Laski über Strauss und Kendall zu Gough und Polin[40]) lautet: die Mehrheit und nur die Mehrheit hat das Recht des »appeal to heaven«, das Recht, den Himmel anzurufen und die »ew'gen Rechte, die droben hangen unveräußerlich« (Schiller). Die Fragwürdigkeit dieser These mag jedoch ein Blick auf die betreffenden Passagen erweisen. Im Kapitel über die Prärogative (XIV 168) schreibt Locke: »Wo der ganze

Volkskörper oder irgendein einzelner seiner Rechte beraubt wird oder einer unrechtmäßigen Machtausübung unterworfen ist und kein Recht auf Erden findet, da sind sie frei, den Himmel anzurufen, wann immer ihnen der Anlaß gewichtig genug erscheint ... Man darf aber nicht glauben, daß dies den Grund für fortwährende Unordnung im Staate lege; denn es bleibt dies ohne Wirkung, solange nicht die Übelstände so groß sind, daß die Mehrheit sie fühlt und ihrer müde wird und glaubt, daß es notwendig sei, sie zu beheben.«

Die zweite einschlägige Stelle (XVIII 208 f.) entspricht essentiell der erstzitierten: »Wenn aber das von der Obrigkeit begangene Unrecht (kraft der Macht, die sie besitzt) aufrechterhalten wird ..., wird das Recht auf Widerstand die Regierung ... doch nicht sofort und bei der kleinsten Gelegenheit in Unruhe bringen. Wenn das Unrecht nur einige wenige Privatfälle betrifft, haben die Betreffenden zwar ein Recht, sich zu verteidigen und gewaltsam zurückzunehmen, was ihnen ohne Recht mit Gewalt genommen wurde, sie werden sich kraft dieses Rechtes aber schwerlich in einen Streit einlassen, wenn sie sicher sind, darin ihr Leben zu lassen.«

Läßt sich aus diesen Äußerungen die Beschränkung des Widerstandsrechtes auf die Mehrheit entnehmen?

Beide Passagen kommentieren die Frage des Widerstandes auf zwei klar geschiedenen Ebenen, einer rechtsphilosophischen und einer rechtssoziologischen. Locke erklärt einerseits unmißverständlich, daß im Falle eines Treubruchs einem jeden, der seines Rechtes beraubt wurde oder der in der Gefahr schwebt, seines Rechtes beraubt zu werden, das Recht zum Widerstand gegen ungesetzliche oder urgesetzwidrige Handlungen zukomme. Andererseits hält er aber den Ausbruch einer Rebellion für äußerst unwahrscheinlich, solange nur einige Wenige betroffen sind. Diese letztere Bemerkung aber kann man allenfalls als einen empirischen Hinweis werten, die erstere jedoch umschließt eine klare Rechtszuweisung. Nicht nur das in der Mehrheitsentscheidung aktionsfähige Gesamtvolk, auch der einzelne Bürger hat das Recht, dem Unrecht Widerstand zu leisten.

Eine Bestätigung dieser Deutung ergibt sich zudem auch aus der Grundstruktur der Lockeschen Lehre. Im Urzustand fällt der Verächter des Urgesetzes aus der Gemeinschaft der Menschen und verfällt dem Blutbann des Krieges. In gleicher Weise verwirkt aber auch den Frieden des Staates – ob Regierender oder Regierter –, wer unrechtmäßig Gewalt gebraucht. »Who soever uses force without right ... puts himself into a state of war with those against whom he so uses it; and in that state all former ties are cancelled, all other rights cease, and every one has a right to defend himself and to resist the aggressor.« (S. T. XIX 232) Überschreitet daher eine Regierungsinstanz unter Verletzung der individuellen Grundrechtssphäre die ihr vom Gesetz des Staates oder der Natur gezogenen Grenzen, so verwirkt sie ihren Gehorsamsanspruch. Und sucht sie ihn dennoch zu erzwingen, so wird der ihr geleistete Widerstand durch das Recht des Angegriffenen gegen den Angreifer legitimiert[41].

Ob der empirische Hinweis auf die Mehrheit Lockes Überzeugung entsprach oder ob man ihn als bewußten Versuch werten muß, die theoretische Anerkennung des individuellen Widerstandsrechtes auf diese Weise abzumildern, läßt sich nicht mit Sicherheit sagen. Sicher ist jedoch, daß das Ja zum individuellen *appeal to heaven* die Antwort auf die Frage *Quis iudicabit?* umschließt. Wer sonst als der Bedrohte selbst könnte über das Vorliegen eines rechtmäßigen Grundes zum Widerstand entscheiden?

Im Widerstandsfalle schließt sich somit der fließende Kreis zwischen *status naturae* und *status civilis*. Der im Urvertrag zur Ausnahme gewordene Urzustand wird nun im Namen der Norm aufs neue angerufen. Der ›vorsichtige‹ Locke begibt sich seiner Vorsicht. Und wenn er dies tut, so ist er sich der theoretischen Folgen durchaus bewußt. Für diejenigen aber, die sich nicht zur Legitimität politischen Widerstandes zu bekennen wagen, findet er nur verächtliche Worte. Solle man sich etwa Räubern und Piraten unterwerfen, nur um kein Blut zu vergießen? Ja, seine Sprache wird zynisch[42]. Von Polyphems Höhle ist sodann die Rede, vom Schäflein, das sich dem Wolf zum Bisse neigt...

8. Zur Wirkungsgeschichte

Die Lehre vom Widerstandsrecht rundet das Gesamtbild der Lockeschen Staatsphilosophie und bietet zugleich den Schlüssel zum Verständnis ihrer Wirkungsgeschichte. Die Möglichkeit rechtmäßigen Widerstandes setzt der Mehrheitsherrschaft klare Grenzen. *La minorité* ist eben nicht *toujours coupable*, wie Willmoore Kendall in forciertem Vergleich mit Rousseau zu unterstellen suchte[43]. Nicht der Wille der Legislative, sondern der im Urgesetz gründende Staatszweck relativiert alle übrigen Zwecke im Staat. Nicht die Mehrheit, sondern das ihre Entscheidungsfreiheit begrenzende Urgesetz ist souverän. Sowenig man aber von einer Souveränität der Mehrheit im Staate sprechen kann, sowenig kann auch von einer vor- und überstaatlichen Souveränität des Volkes die Rede sein. Locke ist weit entfernt von den Positionen Miltons, der in seiner zur Rechtfertigung der Hinrichtung Karls I. Stuart verfaßten Schrift *The Tenure of Kings and Magistrates* dem Volk das Recht zuerkennt, die Obrigkeit umzuformen oder zu entsetzen »as oft as they shall judge it for the best«[44]. Nach Locke hat sich der *pouvoir constituant* im Urvertrag selbst gebunden. Nach der Errichtung der bürgerlichen Gemeinschaft fällt das politische Neuordnungsrecht nur in den oben genannten Sonderfällen an die Gesamtheit des Volkes zurück[45]. Wie der innerstaatliche *pouvoir gouvernant* der Mehrheit, so ist auch der vorstaatliche *pouvoir constituant* des Volkes der Souveränität des Urgesetzes unterworfen[46]. Die zweifache Bindung im Zeichen des Urgesetzes weist in zweifachem Sinne den Weg zum Konstitutionalismus. Die Bindung des Volkes als *pou-*

voir constituant mündet in die Kontinuität des Verfassungsstaates, die Bindung der Mehrheit als *pouvoir gouvernant* in die Sekurität des Rechtsstaates.

»Wie auf Bodin Althusius, so folgt auf Hobbes Locke«, bemerkt C. J. Friedrich[47] zu Recht. Im *Second Treatise* unternimmt Locke den Versuch, den Leviathan zu zähmen[48]. War Hobbes der Philosoph der Ordnung und des Friedens, so wird Locke zum Herold der Freiheit. Was schon bei Machiavell und dann bei Hobbes in poetischer Subjektivität und Dichte zur Gestaltungsnorm alles Politischen erhoben wurde, das individuelle Selbsterhaltungs- und -entfaltungsstreben nämlich, gewinnt bei Locke ein ausgewogenes Menschenmaß. Als politischen Denker wird man Locke dennoch kaum als originell bezeichnen können. Die Mehrzahl seiner Forderungen waren von früheren Denkern der Naturrechtsschule in dieser oder jener Form geäußert worden oder entpuppen sich bei näherer Betrachtung als Abstrahierungen und Rationalisierungen der englischen Verfassungswirklichkeit des 17. Jahrhunderts. Und dennoch: Locke war der Mann, der zur rechten Zeit das rechte Wort sprach. Locke war – um es noch einmal zu betonen – ein Denker, der um die Kunst des Möglichen wußte, ein Denker, der den politischen Raum mit sicherem Auge durchmaß und seine Theoreme an dem politisch und sozial Wünschenswerten orientierte, ohne dabei die Grenzen des zur Stunde Möglichen zu überschreiten. Locke sichtete und wählte politische Ideen und Institutionen. Und unter seinen geschickten Händen formte sich im politischen Glasperlenspiel wie von selbst ein vom Zeitgeist geprägtes Verfassungsbild. Daß das Bild im Gefolge der ›glorreichen‹ Revolution in England in zunehmendem Maße politische Gestalt annahm, verlieh ihm den Strahlenkranz der Aktualität und des Fortschritts. Locke umriß die Konturen, in deren Rahmen sich die abendländische Verfassungstheorie und -evolution des 18. und 19. Jahrhunderts wesenhaft bewegte. Die europäischen Staatsdenker des 18. Jahrhunderts (von Bolingbroke und Hume bis zu Burke, von Montesquieu und Voltaire bis zu den Vätern der Französischen Revolution) schrieben weithin nurmehr Fußnoten zu den Thesen Lockes, die in zunehmendem Maße geistiges Allgemeingut aller an der politischen Entwicklung Interessierten wurde. Es gehört andererseits zu den Denkwürdigkeiten der Verfassungsgeschichte, daß Lockes vielleicht bedeutsamste Forderung, die Forderung nach Unantastbarkeit der urgesetzlich sanktionierten Individualsphäre, in seiner Heimat bis auf den heutigen Tag keine verfassungsrechtliche Sicherung erfahren hat[49]. Die liberale Prägung der amerikanischen Verfassung dagegen ist ein unverkennbares Vermächtnis Lockes. Auch die geistigen Väter der amerikanischen Verfassung, Männer wie Jefferson, Hamilton, Madison, Franklin und Paine, lebten in der politischen Gedankenwelt von Harrington, Locke und Montesquieu. Wie sehr Lockes politische Vorstellungen das amerikanische Verfassungsdenken durchdringen, beweist u. a. die Selbstverständlichkeit, mit der man noch heute in amerikanischen Lehrbüchern des Verfassungsrechtes auf Lockes *Two Treatises* verweist. Jefferson, dem Verfasser der Unabhängigkeitserklärung von 1776, wurde der Vorwurf gemacht, er habe aus dem *Second Treatise* abgeschrieben. Die Verfassung von 1787 ist im wesentlichen ein Kompositum aus den politischen Vorstellungen der drei genannten Denker. Der vier Jahre später angefügte Grundrechtskatalog jedoch, die *Bill of Rights*, ist unverfälschtes Erbe Lockeschen Denkens. Und die Rückwirkung der amerikanischen Verfassung auf das europäische Verfassungsdenken des ausgehenden 18. und des 19. Jahrhunderts machten Locke zum wohl einflußreichsten politischen Denker der abendländischen Verfassungsgeschichte. Heute gehören Gesetzesherrschaft, Gewaltenteilung und Grundrechtsschutz zum klassischen Bestand unserer geschriebenen Verfassungen.

Das politische Leben aber ist stetem Wandel unterworfen. Wie zu allen Zeiten so wird auch heute weithin eine wachsende Divergenz zwischen der geschriebenen und der gelebten Verfassung spürbar. Während die – nun auch auf übernationaler Basis[50] garantierte – Idee des Grundrechtsschutzes eine deutliche Stärkung erfährt, wird die der Idee der Gewaltenteilung inhärente Beschränkung der Exekutive auf Staatsleitung und Gesetzesvollzug in zunehmendem Maße illusorisch. Die im Gefolge der Industrialisierung fortschreitende Komplizierung der Lebensverhältnisse führt nicht nur zu einer wachsenden Ausdehnung des staatlichen Funktionsbereiches und einer damit verbundenen Begrenzung des (Lockes Eigentumslehre spiegelnden) ökonomischen Liberalismus, sondern auch zu einer vor allem in der Wandlung des Gesetzgebungsprozesses deutlich werdenden Gewichtsverlagerung von der Legislative zur Exekutive. Das Parlament ist heute vielfach nicht mehr in der Lage, die ihm von den geistigen Vätern des Parlamentarismus zugedachte Funktion zu erfüllen. Der gewählten Legislative als einer in ihrer Zusammensetzung stetem Wechsel unterworfenen politischen Instanz steht die Sachnähe und Fachwissen verkörpernde Exekutive als relativ geschlossene und statische Einheit gegenüber. Daß die entscheidenden Impulse zur Gesetzgebung heute zumeist von der unter dem Druck von Sachkunde, Parteiprogramm und Interessenverbänden stehenden Regierung ausgehen, ist daher auch kaum verwunderlich. Die wachsende Teilhabe der Exekutive am Rechtssetzungsprozeß äußert sich aber nicht nur in der Gesetzesinitiative – auch bei der Um- und Ausgestaltung der Gesetzentwürfe werden die Experten der Exekutive immer unentbehrlicher. Und zur intellektuellen Einwirkung der Exekutive auf die Legislative gesellt sich häufig noch die politische. Wo sich im Parlament im wesentlichen nur zwei große Parteien gegenüberstehen (wie es etwa in Großbritannien der Fall ist), kann der Regierungschef als Führer der Mehrheitspartei (oder einer ›kleinen‹ Koalition) in aller Regel der Gefolgschaft der Parlamentsmehrheit sicher sein und dementsprechend frei regieren. Die parlamentarische Gesetzgebung erfolgt dann mehr oder weniger im Schlepptau der Regierung.

Und von einer parlamentarischen Kontrolle kann dann ohnedies kaum mehr die Rede sein. Auch dort also, wo die Exekutive keine institutionelle Eigenständigkeit erhalten hat (wie es etwa in Island, Frankreich und der Schweiz in unterschiedlichem Ausmaß der Fall ist), wo die verfassungsrechtliche Situation mithin dem klassischen Modell der parlamentarischen Demokratie entspricht, gerät die Legislative durch die wachsende intellektuelle (und zum Teil auch politische) Verschränkung mit der Exekutive in gewissem Sinne in den Schatten der letzteren. Das erlassene Gesetz ist daher auch nicht selten weit eher ein Geschöpf der ›vollziehenden‹ als der ›gesetzgebenden‹ Gewalt[51].

Wie immer man diese Entwicklungen bewerten mag, ob man sie als Fortschritt begrüßen oder aber als Entartung beklagen will – stets wird man das Urteil in der Auseinandersetzung mit den Grundvorstellungen des Parlamentarismus zu finden haben. Und in kaum einem anderen Werk der abendländischen Staatsphilosophie wird man diesen Grundvorstellungen in derselben Unmittelbarkeit und Frische begegnen wie im *Second Treatise of Government* John Lockes, des ersten großen Propheten der liberalen Demokratie.

Peter Cornelius Mayer-Tasch

Anmerkungen

1 Vgl. *The English Revolution and Locke's Two Treatises of Government*, in: Cambridge Historical Journal, Vol. XII (1956) Nr. 1, S. 40 ff.; sowie ›Introduction‹, S. 45 ff. zu: John Locke, *Two Treatises of Government*, A Critical Edition by Peter Laslett, Cambridge 1963.

2 ›Second Treatise‹ (S. T.), Kap. II, Art. 14 f., in: *Two Treatises of Government*, with a supplement ›Patriarcha‹ by Robert Filmer, ed. with an introduction by Thomas J. Cook, New York 1947 ff. – Diese Ausgabe S. 12 ff.

3 Vgl. Leo Strauss, *Naturrecht und Geschichte*. Übersetzt von

Horst Boog, Stuttgart 1956, S. 210–262; sowie Richard H. Cox, *Locke on War and Peace*, Oxford 1960.

4 John Locke, *Essays on the Law of Nature*, The Latin Text with a Translation, Introduction and Notes etc., ed. by W. von Leyden, Oxford 1954 (4. Neudruck 1970).

5 Vgl. a. a. O., S. 137 ff. sowie von Leyden, Analytical Summary, a. a. O., S. 97.

6 Vgl. a. a. O., S. 180 ff.

7 A. a. O., S. 181.

8 Vgl. *An Essay Concerning Human Understanding*, edited with an introduction by John W. Yolton, London u. New York 1961, Buch II, Kap. XX, Art. 2 und Kap. XXI, Art. 42.

9 Vgl. dazu Cox, a. a. O., S. 21 ff. sowie S. 50 ff.

10 Vgl. Strauss, a. a. O., S. 239.

11 Vgl. Strauss, a. a. O., S. 234 sowie Cox, a. a. O., S. 72.

12 So Strauss, a. a. O., S. 233.

13 Vgl. dazu Cox, a. a. O., S. 2 ff.

14 Vgl. etwa die Begründung der Interpretationsmethode. Sowohl Strauss (S. 216 ff.) als auch Cox (S. 21 ff., insbesondere S. 35 ff.) berufen sich auf Lockes Äußerungen zur Filmer-Deutung sowie auf seine Äußerungen zur ›Vorsicht‹ Jesu.

15 Dies die Argumentation von Strauss (S. 239 ff.) und Cox (S. 75 ff.): Nach anfänglicher Schilderung des *status naturae* als eines vom Naturgesetz gehegten sozialen Equilibriums sähen ihn spätere Verweisungen unter Aufhebung der ursprünglichen klaren Scheidung von Ausnahme und Norm als »full of fears and continual dangers« (S. T. IX 123), als »pure anarchy« (XIX 225), ja, schlechthin als »state of war« (XIX 226 f.). Hieraus ergebe sich klar, daß Locke seine Leser zunächst durch fromme Reden eingeschläfert, dann aber die Katze aus dem Sack gelassen habe. – Gegen diese Argumentation bietet sich jedoch eine Fülle von Gegenargumenten. Der Hinweis auf die Gefahren des Urzustandes ist unleugbar. Wo die Vollstreckung des Urgesetzes dem Gutdünken der Individuen überlassen bleibt, ist eine gewisse Unsicherheit unvermeidbar. Das rechtfertigt aber noch nicht die Charakterisierung des Urzustandes als *bellum omnium contra omnes* à la Hobbes. Ob Locke den Urzustand wirklich als »pure anarchy« bezeichnet hat, ist aus grammatikalischen Gründen zweifelhaft (vgl. S. T. XIX 225). Hat er es aber getan, so hat er damit nicht mehr als eine Tri-

vialität ausgesprochen. Denn: »... Anarchy is ... to have no ... government at all« (S. T. XVII 198; vgl. auch XVIII 203 und XIX 219). Ein Argument zugunsten der hier bestrittenen These läßt sich also daraus sicher nicht gewinnen. Ebensowenig können sich Strauss und Cox aber schließlich auf den Hinweis auf einen nachgesellschaftlichen Kriegszustand (XIX 226 f.) berufen, den man wahrscheinlich nur als etymologische Paraphrasierung des dort diskutierten Wortes ›re-bellare‹ verstehen darf. In der betreffenden Passage ist also von gewaltsamem Umsturz die Rede. Unrechtmäßige Gewaltanwendung aber führt Lockes Konzeption stets zu einem Zustand des Krieges.

16 S. T. IV 23. Vgl. dazu auch die treffende Bemerkung bei Macpherson, *Natural Rights in Hobbes and Locke* (Vortrag, gehalten auf dem 6. Weltkongreß der International Political Science Association, Genf 1964 – Typoskript, S. 6).

17 Buch II, Kap. XXVIII, Art. 5.

18 Vgl. dazu Von Leyden, a. a. O., Introduction, S. 71.

19 Um den Nachweis, daß sich die im ›Essay‹ eingeschlagene Richtung bereits in einigen Widersprüchen der früheren ›Essays‹ zum Urgesetz andeutet, bemüht sich Leo Strauss in seinem Aufsatz *Locke's Doctrine of Natural Law*, in: What is Political Philosophy?, Glencoe (Illinois) 1959, S. 197–220.

20 S. T. VII 93. – Ein struktureller Vergleich der Lockeschen Position einerseits mit der Hobbesschen und Filmerschen Konzeption andererseits erweist Lasletts Annahme, die Passage wende sich gegen Filmer, als unwahrscheinlich (vgl. Lasletts Anmerkung zu der zitierten Stelle in seiner Edition *Locke's Two Treatises of Government*, Cambridge 1960). Der dem zitierten vorangehende und ihn tragende Satz enthält einen klaren Hinweis auf den Urvertrag Hobbesscher Prägung, in dem die Individuen vereinbaren, »that all of them but one should be under the restraint of laws, but that he should still retain all the liberty of the state of nature, increased with power and made licentious by impunity«. Filmers historisierender Patriarchaltheorie aber ist ein kontraktuelles Verständnis der Staatswerdung fremd. Für ihn »it is one thing to choose a king, and another thing to set up a king over the people ... God must eligere, and the people only do constituere« (*Patriarcha*, a. a. O., Kap. II, Art. 8).

21 Vgl. James Harrington, *The Commonwealth of Oceana, Preliminaries showing the principles of government,* in: The Political Writings of James Harrington, ausgewählt, eingeleitet und herausgegeben von Charles Blitzer, New York 1955, S. 41.

22 Vgl. dazu Wolfgang Mönke, in: Thomas Paine, *Die Rechte des Menschen*, hrsg. und eingel. von Wolfgang Mönke, Berlin 1962.

23 Zur Wahlatmosphäre vgl. die amüsante Schilderung von Gerd Roellecke im Nachwort zu dem von ihm herausgegebenen *Streitgespräch* von W. G. Hamilton, Heidelberg 1962.

24 So J. W. Gough, *John Locke's Political Philosophy*, Oxford 1956, S. 70.

25 Vgl. dazu Leo Strauss (*Naturrecht und Geschichte*, a. a. O., passim), der für Locke in bezwingend einseitiger Deutung die schlichte Formel ›Hobbes plus Wolfskapitalismus‹ findet.

26 Rousseau anerkennt zwar die theoretische Möglichkeit einer Divergenz von Mehrheitswillen und *volonté générale*, zieht jedoch hieraus keine politischen Konsequenzen und sanktioniert letztlich die somit de facto unaufhebbare Identifizierung von Gemein- und Mehrheitswillen.

27 Wenn daher J. W. Gough dem Autor des *Second Treatise* vorwirft, er unternehme keinen Versuch, »to show why the law of nature and reason gives the majority this right« (John Locke's Political Philosophy, Oxford 1956, S. 71), so wird man Locke verteidigen müssen. Wiewohl er dies nicht ausdrücklich betont, sieht er in der Mehrheitsherrschaft die einzige echte Alternative zu Einherrschaft und Dissoziation. Und selbst dann, wenn er noch andere Möglichkeiten gesehen haben sollte, gab er doch durch sein Plädoyer zugunsten der Mehrheitsherrschaft klar zu verstehen, daß er in ihr die vernünftigste (d. h. den Staatszweck am ehesten garantierende) Lösung sah. Eine die Finalität des Urgesetzes fördernde Lösung aber muß mit logischer Notwendigkeit in eben diesem Gesetz verankert sein. – In hohem Maße hypothetisch bleibt daher auch Goughs weitere Annahme, in Wirklichkeit habe das historische Vorbild der englischen Parlamentsordnung, nicht aber die Einsicht in die Funktionsgesetzlichkeit politischer Willensbildung Lockes Feder geführt.

28 Vgl. Bertrand de Jouvenel, *Du Pouvoir*. Histoire Naturelle de sa Croissance, Genève 1947.

29 Vgl. Bertrand de Jouvenel, *The Principate* (Vortrag, gehalten

auf dem 6. Weltkongress der International Political Science Association, Genf, 21.–25. Sept. 1964).

30 Neben der funktionellen bietet Locke aber auch noch eine dogmatische Rechtfertigung für die Handlungsfreiheit der Föderative. Danach ergäbe sich die Autonomie der auswärtigen Gewalt aus der von Hobbes übernommenen Lehre vom zwischenstaatlichen Urzustand: Den Rechtsraum des Staates beherrscht das Gesetz, gesetzesfrei jedoch bleibt die Sphäre der zwischenstaatlichen Beziehungen. – Die logische Achillesferse dieser dogmatischen Argumentation ist jedoch offenkundig. Die Auswirkungen außenpolitischer Maßnahmen verspürt der Bürger in aller Regel im Rechtsraum des Gesetzes. Zudem bietet die Autonomie der Föderative natürlich auch die Versuchung, mit außenpolitischen Mitteln (etwa zwischenstaatlichen Verträgen) zu verwirklichen, was im innerstaatlichen Raum nur durch Gesetz zu regeln wäre. Die Permeabilität des vom Gesetz beherrschten Raumes stellt also offensichtlich die gesamte dogmatische Begründung in Frage.

31 Von mehr als zwei Gewalten zu sprechen ist nur dann berechtigt, wenn man eine streng funktionelle Scheidung vornimmt und die organisatorische Gliederung außer acht läßt. In diesem Falle müßte man dann aber von fünf Gewalten (Legislative, Prärogative, Föderative, Exekutive und Judikative) sprechen.

32 Georg Jellinek, *Allgemeine Staatslehre*, 3. Aufl. (7. Neudruck) Darmstadt 1960, S. 463.

33 Vgl. A. V. Dicey, *Introduction to the Study of the Law of the Constitution*, Ninth Edition (with introduction and appendix by E. C. S. Wade) London u. New York 1956, S. 41 ff.

34 Mit der Niederschrift seines (1656 erschienenen) Hauptwerkes *The Commonwealth of Oceana* begann Harrington im Jahre 1653, im selben Jahre also, in dem Cromwell das ›Instrument of Government‹ schuf, eine neuartige Verfassung, die im Zeichen der Generalität der Norm eine klare Scheidung von Legislative und Exekutive erstrebte. Vgl. hierzu auch Carl Schmitt, *Verfassungslehre* (3. Aufl. Berlin 1957), S. 183.

35 Vgl. hierzu *The Commonwealth of Oceana* und *The Rota. A Model of a Free State*, in: The Political Writings of James Harrington, ed. with an introduction by Charles Blitzer, New York 1955, S. 35 ff. u. 149 ff.

36 Vgl. dazu S. T. VIII passim, sowie X 132. Anderer Ansicht

sind offenbar Alessandro Passerin d'Entrèves (*Hooker e Locke*. Un contributo alla storia del contratto sociale, in: Studi Filosofico-Giuridici dedicati a Giorgio del Vecchio, Bd. 2, Modena 1931, S. 240) und Norberto Bobbio (*Locke e il diritto naturale*, Torino 1963, S. 261 ff.), die in dem – angeblich einem *pactum subiectionis* vorangehenden – *pactum unionis* den staatsbegründenden Akt sehen, dabei aber übersehen, daß Einigung und Treuhandsmandat (Unterwerfungsvertrag) zusammenfallen. Da die Treuhandsbindung vertragsimmanent ist, ist ihr bereits die demokratische Erstregierung unterworfen, deren Recht, die Regierungsform zu ändern, hiervon allerdings unberührt bleibt.

37 Vgl. J. W. Gough, *The Social Contract*, 2. Aufl. Oxford 1963, S. 143; sowie Thomas P. Peardon in der Einleitung zu seiner Edition des *Second Treatise of Government*, New York 1952.

38 Vgl. dazu meine Studie *Thomas Hobbes und das Widerstandsrecht*, Tübingen 1965, S. 78 ff.

39 Vgl. S. T. XIII 149, XVIII 202, XIX 220. 222.

40 Harold J. Laski, *Political Thought in England from Locke to Bentham*, London, New York u. Toronto 1961, S. 37; Leo Strauss, *Naturrecht und Geschichte*, a. a. O., S. 242; Willmoore Kendall, *John Locke and the Doctrine of Majority-Rule*, Urbana (Illinois) 1959, S. 132 ff; J. W. Gough, *The Social Contract*, a. a. O., S. 144, Anm. 1; Raymond Polin, *La Politique Morale de John Locke*, Paris 1960, S. 227 ff.

41 Vgl. S. T. XVIII 202; XIX 222.

42 S. T. XIX 228.

43 Vgl. Willmoore Kendall, a. a. O., S. 132.

44 Vgl. John Milton, *Prose Selections*, edited by Merritt Y. Hughes, New York 1947, S. 269.

45 Vgl. S. T. XI 134; XIX 243.

46. Ähnlich wohl auch C. E. Vaughan (*Studies in the History of Political Philosophy before and after Rousseau*, Manchester 1925, S. 55 u. 185), der vom Individuum als dem wahren Souverän des Lockeschen Staates spricht. Die urgesetzlichen Schranken werden ja im Interesse des Individuums gesetzt. – Die Frage der Souveränitätsverortung ist eine in hohem Maße terminologische. Dem hier zugrunde gelegten Verständnis der Souveränität als letztem Bezugspunkt der Staatlichkeit läßt sich etwa die Konzeption Bodins gegenüberstellen, nach der die göttlichen und natürlichen Gesetze immanente Schranken

der höchsten Gewalt darstellen. Vor dem Hintergrund dieser Konzeption mag man dann auch (wie etwa Cox, a. a. O., S. 107 ff. und Laski, a. a. O., S. 44) die Legislative bzw. den Mehrheitswillen oder auch (wie Bobbio, a. a. O., S. 280 und Polin, a. a. O. passim) das Volk als Souverän bezeichnen. Im *Second Treatise* selbst wird das Wort vermieden.

47 *Die Philosophie des Rechts in historischer Perspektive*, Berlin, Göttingen u. Heidelberg 1955, S. 58.

48 Im *Second Treatise* wird man den Namen Hobbes vergeblich suchen. Der ›vorsichtige‹ Locke selbst leugnete stets, die Hobbesschen Werke zu kennen. In seiner Bibliothek aber standen Hobbes' Schriften, im *Second Treatise* fällt das Wort vom »mighty leviathan« (VIII 98), und ein sorgfältiger Textvergleich zeigt, daß Lockes Werk weithin als direkte Antwort auf den *Leviathan* verstanden werden muß. Vgl. dazu oben S. 195 ff. sowie S. 201 f. Vgl. auch Felice Battaglia, Introduzione zu: *Antologia degli scritti politici di John Locke*, a cura di Felice Battaglia, Bologna 1962, S. 33.

49 Nach Blackstones berühmter Definition der Parlamentssouveränität allerdings wäre die urgesetzliche Bindung als dieser Hoheit immanente Entfaltungsgrenze zu betrachten. Vgl. das Zitat aus Blackstones Kommentaren bei A. V. Dicey, a. a. O.

50 Vgl. die Europäische Konvention zum Schutze der Menschenrechte und Grundfreiheiten von 1950.

51 Auch unter diesem Gesichtspunkt mag man den Vorschlag Peter Schneiders begrüßen, das Prinzip der Gewaltenteilung nicht mehr unter dem überholten Begriffspaar von Rechtssetzung und Rechtsanwendung zu werten, sondern unter dem der Gestaltung und Bewahrung, das Legislative und Exekutive der Judikative gegenüberstellt. Vgl. Peter Schneider, *Zur Problematik der Gewaltenteilung im Rechtsstaat der Gegenwart*, in: AöR, Bd. 82 (1957) H. 1, S. 12 ff.

Biographischer Grundriß

1632 John Locke wird am 29. August als Sohn eines ländlichen Gerichtsbeamten zu Wrington (Somerset) geboren.

1640 Einberufung des ›Kurzen‹ Parlamentes und Beginn der vorrevolutionären Wirren.

1642 Ausbruch des Bürgerkrieges. – Lockes Vater dient als Kapitän eines Kavallerieregimentes unter Alexander Popham in den Reihen des Parlamentsheeres.

1647 Die Vermittlung Pophams führt zu Lockes Aufnahme in die (unter der Leitung eines Royalisten stehende) ›Westminster School‹, eines der angesehensten Internate seiner Zeit. Hier genießt Locke eine ›klassische‹ Schulung und wird in royalistischem Geiste erzogen.

1649 Karl I. Stuart stirbt auf dem Schafott. – Königswürde und Oberhaus werden abgeschafft, England wird Republik.

1651 In London erscheint der *Leviathan*, das politische Hauptwerk des Philosophen Thomas Hobbes. Obwohl der ›vorsichtige‹ Locke die Bekanntschaft mit Hobbes' Schriften zeitlebens geleugnet hat, ist doch in seiner politischen Hauptschrift, dem *Second Treatise of Government*, der Einfluß Hobbesscher Ideen einerseits und die profilierte Gegnerschaft zu Hobbesschen Thesen andererseits unverkennbar.

1652 Locke findet Aufnahme im hochangesehenen Oxforder Christ Church College. – Oxford, das zur Zeit des Bürgerkrieges die Sache des Königs vertreten hatte, steht nun unter puritanischer Kontrolle. Der Rhythmus der mittelalterlichen Erziehung bleibt indessen unverändert. Der Lehrplan umfaßt vor allem Logik, Metaphysik und klassische Sprachen. Gleich einer Großzahl später bedeutender Denker seiner Zeit findet auch Locke in der noch immer von aristotelischem Geiste geprägten Erziehung wenig Befriedigung.

1656 Locke erwirbt den akademischen Grad eines Baccalaureus Artium. Im Verlauf seiner weiteren Studien widmet er sich in zunehmendem Maße naturwissenschaftlichen, vor allem medizinischen Studien. Im Gegensatz zu der (noch immer nach klassischen Texten gelehrten) Universitäts-Medizin bevorzugt er die empirische Methode und folgt insofern dem Beispiel von Francis Bacon, William Harvey (dem Entdecker des Blutkreislaufes) und anderen naturwissenschaftlichen Größen seiner Zeit. – James Harrington (1611–77) erhebt in seinem gegen den *Leviathan* gerichteten Werk *The Commonwealth of Oceana* die Forderung nach einem »Government of law and not of men« – eine Forderung, die später von Locke mit Nachdruck wiederholt und systematisch untermauert werden sollte.

1658 Cromwell stirbt. – Locke erwirbt den akademischen Grad eines Magister Artium und wird als ›Senior Student‹ Mitglied des Lehrkörpers von Christ Church.

1660 Rückkehr Karls II. Stuart und Restauration der Monarchie.

1661 In seinem ersten politischen Pamphlet, einer Polemik gegen politische Toleranz, bekennt sich Locke zu einem nahezu uneingeschränkten Autoritätsglauben. Hobbes' Einfluß auf Locke erreicht zu dieser Zeit seinen Höhepunkt.

1662 Locke wird Dozent für Rhetorik und Philosophie. Sein wachsendes Interesse für naturwissenschaftliche Probleme führt ihn zu Robert Boyle, der in seinem Oxforder Heim einen Kreis an experimenteller Naturwissenschaft Interessierter um sich schart.

1664 Abschluß der in den vorangegangenen Jahren entstandenen (und 1954 erstmals herausgegebenen) *Essays on the Law of Nature.* Die *Essays* bilden in manchem die Grundlage von Lockes philosophischem Hauptwerk, dem *Essay Concerning Human Understanding*, wurden aber von diesem zum Teil auch modifiziert.

1665 Locke begleitet Sir Walter Vane in diplomatischer Sondermission (Sicherung von Brandenburgs Neutralität im englisch-holländischen Krieg) nach Cleve.

1666 Rückkehr nach Oxford und Wiederaufnahme der medizinischen Studien. Die Beschäftigung mit Descartes' *Meditationes de Prima Philosophia* hinterläßt einen nachhaltigen Eindruck auf Locke und beeinflußt sein philosophisches Denken. – Locke begegnet Anthony Ashley Cooper, dem späteren Earl of Shaftesbury, mit dem ihn in der Folge eine lebenslange Freundschaft verbinden sollte. Shaftesbury, ein Politiker von Geblüt, war im Verlauf des Bürgerkrieges in das Lager des Parlaments übergetreten und erwies sich auch nach der Restauration als parlamentarischer Vorkämpfer für religiöse Toleranz und bürgerliche Freiheit.

1667 Shaftesbury ruft Locke als Arzt in sein Londoner Haus. Im Hause Shaftesbury widmet sich Locke wieder medizinischen und philosophischen sowie – auf Anregung seines Gönners – auch in zunehmendem Maße ökonomischen und politischen Studien. Als politischer Ratgeber gewinnt er in der Folge maßgebenden Einfluß auf Shaftesbury. Im ersten Jahr seines Aufenthaltes im ›Exeter House‹ verfaßt Locke das – unveröffentlichte – *Essay Concerning Toleration*, in dem neben der Forderung nach Religionsfreiheit erstmals die Umrisse seiner republikanischen Staatsphilosophie deutlich werden. Der Essay wird zur Grundlage der unter der Regierung Wilhelms III. veröffentlichten drei *Letters for Toleration.*

1668 Locke wird in die um die Förderung der Naturwissenschaften bemühte ›Royal Society‹ berufen. – Als Frucht seiner ökonomischen Studien entstehen die (erst 1692 veröffentlichten) *Considerations of the Consequences of the Lowering of Interest and the Raising of the Value of Money.* – In Zusammenarbeit mit Shaftesbury und dessen politischen Freunden wird

Locke zum Mitautor eines Verfassungsentwurfes für Carolina mit starker Betonung des Toleranzgedankens.

1671 Die ersten Entwürfe von Lockes philosophischem Hauptwerk, dem *Essay Concerning Human Understanding*, gewinnen allmählich Gestalt.

1672 Shaftesbury wird Lordkanzler. – Locke übernimmt das Regierungsamt des (für kirchliche Fragen zuständigen) ›Secretary of Presentations‹.

1673 Locke wird Sekretär des Rates für Handelsfragen.

1675 Locke unternimmt eine Erholungs- und Studienreise nach Frankreich. Längerer Aufenthalt in Montpellier.

1679 Shaftesbury wird nach seiner Entlassung aus dem Amt des Lordkanzlers und anschließender einjähriger Kerkerhaft Präsident des Staatsrates. – Locke kehrt nach England zurück.

1680 Sir Robert Filmers *Patriarcha, or the Natural Power of Kings* wird posthum veröffentlicht.

1681 Lockes langjähriger Freund James Tyrrell läßt eine Polemik gegen Filmer unter dem Titel *Patriarcha non Monarcha* anonym erscheinen. Ebenso wie später Locke (der zur selben Zeit an den *Two Treatises of Government* arbeitet) beruft sich auch Tyrrell auf die Theorie vom Sozialvertrag. – Shaftesbury, der sich der vorgesehenen Thronfolge des katholischen Herzogs von York hartnäckig widersetzt, wird zum zweiten Male verhaftet.

1682 Shaftesbury wird von »whiggish« gesinnten Stadtgeschworenen freigesprochen und widmet sich nun der Vorbereitung einer Rebellion mit dem Ziele, Karl II. zu vertreiben und seinem illegitimen Sohn, dem Herzog von Monmouth, zum Thron zu verhelfen. Die Aufdeckung der Verschwörung zwingt ihn zur Flucht nach Holland.

1683 Shaftesbury stirbt in Amsterdam. – Locke fürchtet für seine Sicherheit und flieht nach Rotterdam. Seine Arbeit gilt nun vor allem dem philosophischen Hauptwerk. In den Briefen an die Freunde Edward und Mary Clarke reifen die (1693 veröffentlichten) *Thoughts Concerning Education.*

1684 Locke wird in Abwesenheit und auf ausdrückliche Anordnung des Königs aus dem Lehrkörper von Christ Church ausgestoßen.

1688 Glorreiche Revolution.

1689 Wilhelm von Oranien besteigt als Wilhelm III. den englischen Thron. – Der König bietet Locke den Posten eines Botschafters in Brandenburg an, den Locke jedoch aus Gesundheitsgründen ausschlägt. – Beinahe gleichzeitig erscheinen der *Essay Concerning Human Understanding* und (anonym) die *Two Treatises of Government.* Der philosophische *Essay* gewinnt Locke schon zu Lebzeiten europäischen Ruhm.

1690 Locke zieht sich aus Gesundheitsgründen nach Oates (Essex), dem Landsitz der Lady Masham, einer alten Freundin, zurück.

1695 Anonyme Veröffentlichung des Traktates *The Reasonableness of Christianity*, in dem Locke nachzuweisen sucht, daß die Lehren der positiven Religion, obwohl nicht durch die Vernunft gefunden, ihr doch nicht widersprächen.

1696 Leibniz verfaßt *Réflexions sur l'Essai de l'Entendement Humain de Monsieur Locke*, auf die er jedoch von Locke keine Antwort erhält. – Locke wird Mitglied einer königlichen Sonderkommission für Handelsfragen.

1704 Locke stirbt am 28. Oktober im Schoße der Familie Masham. Seine letzten Bemühungen hatten der Abfassung eines Kommentars zum Neuen Testament gegolten.

Literaturverzeichnis

Quellen

Das Leben

Thomas J. M. Forster (Ed.): Original Letters of Locke; Algernon Sidney; and Anthony Shaftesbury, Author of the »Characteristics«, London 1830.
John Lough (Ed.): Locke's Travels in France, As Related in his Journals, Correspondence, and other Papers. Cambridge 1953.
Damaris Masham: Letter to Jean le Clerc on Locke's life. University of Amsterdam MSS. J. 57 a, 1705 (1955–1956).
Benjamin Rand (Ed.): The Correspondence of John Locke and Edward Clarke. Oxford 1927.
Esmond S. de Beer (Ed.): The Correspondence of John Locke. 8 Bde. Oxford 1976 ff.

Das Werk

Bibliographie

Christophersen, Hans Oscar: A Bibliographical Introduction to the Study of John Locke. Oslo 1930.
Long, Philip: A summary Catalogue of the Lovelace Collection of the Papers of John Locke in the Bodleian Library. Oxford 1959.

Gesamtausgabe

The Works of John Locke. 10 Bde. London 1823. Nachdr. Aalen 1963.

Einzelausgaben mit Übersetzungen

The Educational Writings of John Locke. Ed. by John William Adamson. Cambridge 1912.
John Locke on Education. Edited, with an introd. and notes, by Peter Gay. New York 1964.
The Educational Writings of John Locke. A Critical Edition. With Introd. by James L. Axtell. Cambridge 1968.

Einige Gedanken über Erziehung. Übers. von Ernst von Sallwürk. Langensalza 1897.
Einige Gedanken über Erziehung. Übers. und besorgt von Johann Bernhard Deermann. Paderborn 1967.
Gedanken über Erziehung. Neubearb. Übers. von Heinz Wohlers. Stuttgart 1970. Rev. Ausg. 1980. (Reclams Universal-Bibliothek. 6147 [4].)

An Essay Concerning Human Understanding. Collated and annotated with Prolegomena, biographical, critical and historical by Alexander C. Fraser. 2 Bde. New York 1959. (Erstaufl. Oxford 1894.)
An Essay Concerning Human Understanding. Ed. by Andrew Seth Pringle-Pattison. Oxford 1924.
An Essay Concerning Human Understanding. Ed. with an introd. by John W. Yolton. 2 Bde. London / New York 1961.
Essay Concerning Human Understanding. Ed. by Maurice Cranston. London 1965.
Über den richtigen Gebrauch des Verstandes. Übers. von Otto Martin. Hamburg 1978. (Philosophische Bibliothek. Bd. 79.)
Versuch über den menschlichen Verstand. Übers. von Carl Winckler. 2 Bde. 4., durchges. und erw. Aufl. Hamburg 1981. (Philosophische Bibliothek. Bd. 75. 76.)

Die Vernünftigkeit des Christentums. Übers. von Carl Winckler. Gießen 1914.

A Letter Concerning Toleration. Ed. by Mario Montuori. Den Haag 1963.
Ein Brief über Toleranz. Engl./Dt. Übers., eingel. und in Anm. erl. von Julius Ebbinghaus. Hamburg 1957. (Philosophische Bibliothek. Bd. 289.)
Scritti editi e inediti sulla tolleranza a cura di Carlo Viano. Turin 1961.

Essays on the Law of Nature. The Latin Text with a Transl., Introd. and Notes, together with Transcripts of Locke's Shorthand in his Journal for 1676. Ed. by Wolfgang von Leyden. Oxford 1954 [u. ö.].

Two Treatises of Government. Ed. with an introd. by William S. Carpenter. London / New York 1924 [u. ö.].
Two Treatises of Government. With a supplement, »Patriarcha«, by Robert Filmer. Ed. with an introd. by Thomas I. Cook. New York 1947 [u. ö.].
Two Treatises of Government. A critical edition with an introd. and apparatus criticus by Peter Laslett. Cambridge 1960. ^{2}1967.
Two Tracts on Government. Ed. with an introd., notes and transl. by Philip Abrams. Cambridge 1967.
Zwei Abhandlungen über Regierung nebst »Patriarcha« von Sir Robert Filmer. Übers. von Hilmar Wilmanns. Halle 1906.
Zwei Abhandlungen über die Regierung. Hrsg. und eingel. von Walter Euchner. Übers. von Hans J. Hoffmann. Frankfurt a. M. 1977.
The Second Treatise of Government. Ed. with an introd. by Thomas P. Peardon. New York 1952.
Second Treatise of Government. Ed. by Richard H. Cox. Arlington 1982.

Several Papers Relating to Money, Interest and Trade etc. Writ upon several occasions and published at different times. New York 1968. (Nachdr. der Erstausg. London 1696.)

Sekundärliteratur

Zur Biographie

Bourne, Henry R.: The Life of John Locke. 2 Bde. New York 1876. Nachdr. Aalen 1969.
Christie, William Dougal: A Life of Anthony Ashley Cooper, First Earl of Shaftesbury. 1621–1683. 2 Bde. London / New York 1871.
Cranston, Maurice: John Locke. A Biography. London 1957 [u. ö.].
Dewhurst, Kenneth: John Locke (1632–1704), Physician and Philosopher. A medical biography with an edition of the medical notes in his journals. London 1963.
Harrison, John / Laslett, Peter: The Library of John Locke. In: The Times Literary Supplement (27. 12. 1957) S. 792.

King, Peter: The Life of John Locke, with Extracts from his Correspondence, Journals and Commonplace Books. 2 Bde. London ²1830.
Laslett, Peter: Locke and the First Earl of Shaftesbury. In: Mind 61 (1952) S. 89–92.
– Masham of Otes: The Rise and Fall of an English Family. In: History Today 3 (1953) S. 535–543.
– The English Revolution and Locke's »Two Treatises of Government«. In: Cambridge Historical Journal 12 (1956) S. 40–55.
– John Locke, The Great Recoinage and the Board of Trade, 1695–1698. In: William and Mary Quarterly 14 (1957) S. 370–402.
Ogg, David: England in the Reign of Charles II. 2 Bde. Oxford ²1955.

Zum Menschen- und Staatsbild

(Monographien, Aufsätze und Würdigungen im Rahmen von Gesamtdarstellungen zur Geschichte der Staatsphilosophie)

Aaron, Richard I.: John Locke. Oxford ³1965.
Abbagnano, Nicola: Giovanni Locke e l'empirismo. Turin 1952.
Ashcraft, Richard; Revolutionary Politics and Locke's »Two Treatises of Government«. In: Political Theory 8 (1980) S. 429–468.
Bartolomeis, Francesco de: John Locke. Florenz 1949.
Bastide, Charles: John Locke. Ses théories politiques et leur influence en Angleterre. Paris 1907.
Baumgartner, Wilhelm: Naturrecht und Toleranz. Würzburg 1979.
Becker, Carl: The Declaration of Independence. New York 1922.
Becker, Lawrence C.: Property Rights. Philosophic Foundations. London 1977.
Berlin, Isaiah: Hobbes, Locke and Professor Macpherson. In: The Political Quarterly 35 (1964) S. 444 ff.
Bobbio, Norberto: Locke e il diritto naturale. Turin 1963.
– Studi lockiani. In: N. B.: Da Hobbes a Marx. Saggi di storia della filosofia. Neapel 1965. S. 75 ff.
Brandt, Reinhardt (Ed.): Locke. Symposium Wolfenbüttel 1979. Berlin 1981.
Brogan, R. P.: John Locke and Utilitarianism. In: Ethics 69 (1958/1959) S. 79–93.

Bull, George: What Did Locke Borrow from Hooker? In: Thought 7 (1932) S. 122 ff.
Campe, Joachim H. (Hrsg.): Allgemeine Revision des gesamten Schul- und Erziehungswesens. Wien 1787. Nachdr. Vaduz 1979.
Cherno, Melvin: Locke on Property: A Reappraisal. In: Ethics 68 (1957/58) S. 51–55.
Coleman, Frank M.: Hobbes and America. Exploring the Constitutional Foundations. Toronto 1977.
Cox, Richard H.: Locke on War and Peace. Oxford 1960.
– Justice as the Basis of Political Order in Locke. In: Nomos 6 (1963) S. 243 ff.
Cranston, Maurice W.: Locke on Politics, Religion, and Education. New York 1965.
Crippa, Romeo: Studi sulla coscienza etica e religiosa del Seicento. Esperienza e libertà in J. Locke. Mailand 1960.
Curti, Merle: The Great Mr. Locke: America's Philosopher 1783–1861. In: The Huntington Library Bulletin 11 (April 1937) S. 107 ff.
Czaykowski, Casimir J.: The Theory of Privat Property in John Locke's Political Philosophy. Ann Arbor (Mich.) 1941.
Dangelmayr, Siegfried: Methode und System. Wissenschaftsklassifikation bei Bacon, Hobbes und Locke. Meisenheim 1974.
Dunn, John: The Political Thought of John Locke. Cambridge 1969.
– Political Obligation in its Historical Context. Cambridge 1980.
Emrich, Ignaz: Die geldtheoretischen und geldpolitischen Anschauungen John Lockes. München 1927.
Euchner, Walter: Zum Streit um die Interpretation der politischen Philosophie John Lockes. In: Politische Vierteljahresschrift 3 (1962) S. 283 ff.
– Locke zwischen Hobbes und Hooker. Zu neuen Interpretationen der politischen Philosophie John Lockes. In: Archives Européennes de Sociologie 7 (1966) S. 127 ff.
– Locke. In: Klassiker des Politischen Denkens. Hrsg. von Hans Maier, Heinz Rausch, Horst Denzer. Bd. 2. München [4]1979. S. 1–26.
– Naturrecht und Politik bei John Locke. Frankfurt a. M. 1979.
Faurot, Jean H.: The Philosopher and the State. From Hooker to Popper. San Francisco 1971.
Figgis, J. Neville: The Divine Right of Kings. Cambridge [2]1922.

Filmer, Sir Robert: Patriarcha, and other Political Works. Ed. from the original sources and with an introd. by Peter Laslett. Oxford 1949.

Fowler, Thomas: Locke. New York 1899.

Franklin, Julian H.: John Locke and the Theory of Sovereignty. Cambridge 1979.

Fraser, Alexander C.: Locke. London 1890.

– John Locke as a Factor in Modern Thought. In: Proceedings of the British Academy 1 (1903/04) S. 221 ff.

Friedrich, Carl Joachim: Die Philosophie des Rechts in historischer Perspektive. Berlin/Göttingen/Heidelberg 1955. S. 58 ff.

Giganti, Maria Antonietta: John Locke e i limiti della scienza. Padua/Mailand 1957.

Gough, John W.: John Locke's Political Philosophy. Oxford 1956.

– The Social Contract. A Critical Study of its Development. Oxford ²1957. S. 135 ff. [und passim].

Green, Thomas H.: Lectures on the Principles of Political Obligation. London 1941.

Habermas, Jürgen: Naturrecht und Revolution. In: J. H.: Theorie und Praxis. Neuwied/Berlin 1963. S. 52 ff.

Hampsher-Monk, Ian W.: Tacit Concept of Consent in Locke's »Two Treatises of Government«. A Note on Citizens, Travellers, and Patriarchialism. In: Journal of the History of Ideas 40 (1979) S. 135–139.

Hancey, James O.: John Locke and the Laws of Nature. In: Political Theory 4 (1976) S. 439–454.

Hazard, Paul: John Locke (1632–1704) und sein Zeitalter. Übers. von Harriet Wegener. Neu hrsg. von Albert Erich Brinckmann. Hamburg 1947.

Hinton, R. W. K.: On Recovering. The Second Treatise. In: The Locke Newsletter 8 (1977) S. 69–76.

Hundert, E. J.: The Making of »Homo Faber«. John Locke between Ideology and History. In: Journal of the History of Ideas 33 (1972) S. 3–22.

James, David G.: The Life of Reason: Hobbes, Locke and Bolingbroke. London 1949.

Jeffreys, Montagu V. C.: John Locke. Prophet of Commonsense. London 1967.

Jellinek, Georg: Allgemeine Staatslehre. Darmstadt ³1960.

John Locke – Begründer des »bon sens«, Ideologie der konstitutionellen Herrschaft. Hrsg. von der Karl-Marx-Universität Leipzig. Leipzig 1980.

Johnson, James T.: Ideology, Reason and the Limitation of War. Religious and Secular Concepts, 1200–1740. Princeton 1975.

Johnston, Herbert: Locke's »Leviathan«. In: Modern Schoolman 26 (1949) S. 201–218.

Kallich, Martin: The Association of Ideas and Critical Theory: Hobbes, Locke and Addison. Diss. Baltimore 1945.

Kelly, Patrick: Locke and Filmer. In: The Locke Newsletter 8 (1977) S. 77–91.

Kendall, Willmoore: John Locke and the Doctrine of Majority Rule. Urbana (Ill.) 1941. Nachdr. 1965.

Kraus, John L.: John Locke. Empiricist, Atomist, Conceptualist and Agnostic. New York 1968.

Lamprecht, Sterling P.: The Moral and Political Philosophy of John Locke. New York 1918. Nachdr. 1961.

Larkin, Paschal: Property in the Eighteenth Century, with Special Reference to England and Locke. New York 1930. Nachdr. 1969.

Laski, Harold J.: Political Thought in England from Locke to Bentham. London / New York / Toronto 1920. Nachdr. 1961.

– The Rise of European Liberalism. New York 1936.

Lenz, John W.: Locke's Essays on the Law of Nature. In: Philosophy and Phenomenological Research 17 (1956) S. 105–115.

Leyden, Wolfgang von: Hobbes and Locke. The Politics of Freedom and Obligation. New York 1982.

Lezius, Friedrich: Der Toleranzbegriff Lockes und Pufendorfs. Ein Beitrag zur Geschichte der Gewissensfreiheit. Leipzig 1900. Nachdr. Aalen 1971.

Maag, Urs: Die psychologischen Ansichten John Lockes. Diss. Basel 1960.

Maclean, A. H.: George Lawson and John Locke. In: Cambridge Historical Journal 9 (1947) S. 68 ff.

Macpherson, Crawford B.: Locke on Capitalist Appropriation. In: Western Political Quarterly 4 (1951) S. 550 ff.

– The Social Bearing of Locke's Political Theory. In: Western Political Quarterly 7 (1954) S. 1 ff.

– The Political Theory of Possessive Individualism. Hobbes to Locke. Oxford 1962. [Dt.: Die Politische Theorie des Besitzindividualismus. Übers. von Arno Wittekind. Frankfurt a. M. 1967.]

Martin Charles Burton / Armstrong, David Maler (Ed.): Locke and

Berkeley. A Collection of Critical Essays. London/Melbourne 1968.
Medick, Hans: Naturzustand und Naturgeschichte der bürgerlichen Gesellschaft. Göttingen [2]1981.
Monson, Charles H.: Locke and his Interpreters. In: Political Studies 6 (1958) S. 120 ff.
Moulds, Henry: John Locke's Four Freedoms, Seen in a New Light. In: Ethics 71 (1961) S. 121–126.
Nozick, Robert: Anarchy, State, and Utopia. New York 1974.
O'Connor, Daniel J.: John Locke. London/Baltimore 1952. Nachdr. New York 1967.
Ogden, H. V. S.: The State of Nature and the Decline of Lockian Political Theory in England 1760–1800. In: The American Historical Review 46 (1941) S. 21 ff.
Opitz, Peter: John Locke 1632–1704. In: Heinz Rausch (Hrsg.): Politische Denker II. München [5]1977. (Bayerische Landeszentrale für politische Bildungsarbeit. A 23.)
Parry, Geraint: Individuality, Politics and the Critique of Paternalism in John Locke. In: Political Studies 12 (1964) S. 163 ff.
Parsons, J. E.: Essays in Political Philosophy. Washington 1982.
Passerin d'Entrèves, Alessandro: Hooker e Locke. Un contributo alla storia del contratto sociale. In: Studi Filosofico-Giuridici dedicati a Giorgio del Vecchio. Bd. 2. Modena 1931. S. 228 ff.
Pennock, Roland J. / Chapman, John W. (Ed.): Property. New York 1980.
Polin, Raymond: La politique morale de John Locke. Paris 1960.
– Justice in Locke's Philosophy. In: Nomos 6 (1963) S. 262 ff.
Pollock, Sir Frederick: Locke's Theory of the State. In: Proceedings of the British Academy 1 (1903/04) S. 237 ff. Repr., with an Appendix »The Social Contract in Hobbes and Locke«, in: F. P.: Essays in the Law. London 1922. S. 80 ff.
Rauch, Leo: The Political Animal. Amherst 1981.
Reiniger, Robert: Locke, Berkely, Hume. München 1922.
Ricci Garotti, Louis: Locke e i suoi problemi. Urbino 1961.
Richards, Judith / Mulligan, Lotte / Graham, John K.: »Property« and »People«: Political Usages in Locke and Some Contemporaries. In: Journal of the History of Ideas 42 (1981) S. 29–52.
Rostock, Michael: Die Lehre von der Gewaltenteilung in der politischen Theorie von John Locke. Meisenheim 1974.
Russell, Bertrand: Philosophie des Abendlandes. Ihr Zusammen-

hang mit der politischen und sozialen Entwicklung. Übers. von Elisabeth Fischer-Wernecke und Ruth Gillischewski. Frankfurt a. M. 1950. S. 501 ff.
Sabine, George H.: A History of Political Theory. 3., rev. Aufl. London 1963.
Schmidt, Hermann: Seinserkenntnis und Staatsdenken. Der Subjekts- und Erkenntnisbegriff von Hobbes, Locke und Rousseau als Grundlage des Rechts und der Geschichte. Tübingen 1965.
Seaton, Alexander A.: The Theory of Toleration under the Later Stuarts. Cambridge 1911.
Seliger, Martin: Locke's Natural Law and the Foundation of Politics. In: Journal of the History of Ideas 24 (1963) S. 337–354.
– The Liberal Politics of John Locke. London 1968.
– Zum Problem der Wahlkreisreform bei John Locke. In: Politische Vierteljahresschrift 10 (1969) S. 99 ff.
Simmons, A. John: Moral Principles and Political Obligations. Princeton 1979.
Simon, W. M.: John Locke, Philosophy and Political Theory. In: The American Political Science Review 45 (1951) S. 386 ff.
Singh, Raghuveer: John Locke and the Theory of Natural Law. In: Political Studies 9 (1961) S. 105–118.
Solari, G.: Il fondamento naturale del diritto successorio in Giovanni Locke. In: Atti della R. Accademia delle Scienze di Torino 59 (1924) S. 745 ff.
Sternberger, Dolf: Der Begriff der Repräsentation im Staat zwischen Burke und Paine. In: Politische Vierteljahresschrift 8 (1967) S. 526 ff.
– Replik auf: Seliger: Zum Problem der Wahlkreisreform bei John Locke. In: Politische Vierteljahresschrift 10 (1969) S. 101 ff.
Strauss, Leo: Persecution and the Art of Writing. Glencoe (Ill.) 1952.
– Natural Right and History. Chicago 1953. S. 202 ff. [Dt.: Naturrecht und Geschichte. Übers. von Horst Boog. Stuttgart 1956. S. 210 ff.]
– Locke's Doctrine of Natural Law. In: L. S.: What is Political Philosophy? Glencoe (Ill.) 1959. S. 197 ff.
Tarlton, Charles D.: The Exclusion Controversy, Pamphleteering, and Locke's Two Treatises. In: Historical Journal 24 (1981) S. 49–68.

Tellkamp, August: Das Verhältnis John Lockes zur Scholastik. Münster 1927.

Vaughan, Charles E.: Studies in the History of Political Philosophy before and after Rousseau. 2 Bde. Bd. 1. Manchester 1925. [S. 130–204: The Social Contract, Locke.]

Vecchio, Giorgio del: Lehrbuch der Rechtsphilosophie. 2., neubearb. deutsche Aufl., übers. und mit einer Einf. versehen von Friedrich Darmstaedter. Basel 1951. S. 136 ff.

Verdross, Alfred: Abendländische Rechtsphilosophie. Wien 1958. S. 113 ff.

Viano, Carlo Augusto: John Locke. Dal razionalismo all'illuminismo. Turin 1960.

Vossler, Otto: »Federative Power« und »Consent« in der Staatslehre John Lockes. In: Festgabe für Paul Kirn. Berlin 1961. S. 223–233.

Wahl, Dietrich: Die Analyse des Übergangs von der sinnlichen Erkenntnis bei John Locke und im Marxismus. Greifswald 1961.

Waldmann, Theodore: A Note on John Locke's Concept of Consent. In: Ethics 68 (1957/58) S. 45–50.

Yolton, John W.: Locke and the Seventeenth Century Logic of Ideas. In: Journal of the History of Ideas 16 (1955) S. 431–452.

– John Locke and the Way of Ideas. London/Oxford 1956.

– Locke on the Law of Nature. In: The Philosophical Review 67 (1958) S. 477–498.

– (Hrsg.): John Locke. Problems and Perspectives. A Collection of New Essays. Cambridge 1969.

Zillig, Paula: Die Theorie von der gemischten Verfassung in ihrer literarischen Entwicklung im Altertum und im Verhältnis zur Lehre Lockes und Montesquieus. Würzburg 1916.

Inhalt

Texte zur politischen Theorie

IN RECLAMS UNIVERSAL-BIBLIOTHEK

Aristoteles, *Der Staat der Athener.* 128 S. UB 3010
Werner Becker, *Elemente der Demokratie.* 142 S. UB 8009
Jean Bodin, *Über den Staat.* Auswahl. 151 S. UB 9812
Carl von Clausewitz, *Vom Kriege.* Auswahl. 423 S. UB 9961
Moses J. Finley, *Antike und moderne Demokratie.* 146 S. UB 9966
Friedrich der Große, *Das Politische Testament von 1752.* 195 S. UB 9723
Thomas Hobbes, *Leviathan.* Erster und zweiter Teil. 327 S. UB 8348
Otfried Höffe, *Den Staat braucht selbst ein Volk von Teufeln.* Philosophische Versuche zur Rechts- und Staatsethik. 174 S. UB 8507
Wilhelm von Humboldt, *Ideen zu einem Versuch, die Grenzen der Wirksamkeit des Staats zu bestimmen.* 223 S. UB 1991
John Locke, *Über die Regierung.* 247 S. UB 9691
Niccolo Machiavelli, *Il principe / Der Fürst.* Ital./dt. 225 S. UB 1219
Marsilius von Padua, *Der Verteidiger des Friedens.* 247 S. UB 7964
Karl Marx und Friedrich Engels, *Manifest der Kommunistischen Partei. Grundsätze des Kommunismus.* 96 S. UB 8323
Der Mensch – ein politisches Tier. Essays zur politischen Anthropologie (Hrsg. O. Höffe). 213 S. UB 8825
John Stuart Mill, *Über die Freiheit.* 184 S. UB 3491
Charles de Montesquieu, *Vom Geist der Gesetze.* 442 S. UB 8953
Thomas Morus, *Utopia.* 192 S. UB 513
Thomas Paine, *Common Sense.* 123 S. UB 7818
Samuel Pufendorf, *Die Verfassung des deutschen Reiches.* 220 S. UB 966
Jean-Jacques Rousseau, *Vom Gesellschaftsvertrag oder Grundsätze des Staatsrechts.* 239 S. UB 1769
Ulrich Steinvorth, *Stationen der politischen Theorie.* Hobbes, Locke, Rousseau, Kant, Hegel, Marx, Weber. 396 S. UB 7735
Thomas von Aquin, *Über die Herrschaft der Fürsten.* 93 S. UB 9326
Alexis de Tocqueville, *Über die Demokratie in Amerika.* 391 S. UB 8077

Philipp Reclam jun. Stuttgart